東京外国語大学150年のあゆみ

東京外国語大学文書館編

東京外国語大学出版会

東京外国語大学１５０年のあゆみ

東京外国語大学文書館編

『東京外国語大学１５０年のあゆみ』刊行によせて

東京外国語大学は、二〇二三年、建学一五〇周年を迎えました。東京外国語大学文書館の努力によって一五〇年の月日を追った本書がまとめられ、こうしてお手にとっていただけることを大変うれしく思います。

一五〇周年を祝う行事は、実はこのところ、日本中で続いています。鉄道一五〇周年、県政一五〇周年、博物館一五〇周年、公営公園一五〇周年などなど、です。これらは、明治維新から数年を経て、近代化・西洋化が具体的な形をとりはじめた頃にできた組織や仕組みが、続々と一五〇年目を迎えていることを意味します。日本における外国語教育研究の端緒として一八七三年に開設された東京外国語学校もその一つです。本学も、一五〇年の間、日本の中で外国語教育、そして日本と海外との交流で重要な役割を演じてきました。

一五〇年を迎えた鉄道が、蒸気機関車からリニアモーターカーに変わろうとしているように、外国語の教育研究、海外との結びつきのあり方も大きく姿を変えてきました。明治期には外国からの知識や技術を受け入れるのに必要だった外国語への需要が、やがて、海外に進出するために必要な知識へと変わり、そして今は、世界の人々と共生していくために必要な手段に変わっています。外国、あるいは外国語という、日本・日本語以外を表す言葉そのものにも、今となっては違和感を抱く人も少なくないでしょう。ただ、「外」と表現するのが適切かどうかは別にして、現在が、違う言葉、違う背景を持つ人々が一緒に暮らす時代であることは明らかです。だからこそ、一人ひとりが、自分のバックグラウンドに誇りを持ち、そして他者の立場にたってものを考えることができるようにすることが必要になっています。そのための第一歩は、相手の言葉を理解することです。東京外国語大学は、言葉を入り口としつつ、人と人をつなぐ、そして、人と世界を理解するための教育研究に注力する大学として、今を生きています。

東京外国語大学は、本書にあるように、一八七三年の建学後、一八八五年に東京商業学校に統合され、一八九九年にそこから独立するという歴史をたどります。それに応じ、場所も神田一ツ橋、神田錦町、麹町元衛町・竹平町、滝野川区（北区）西ヶ原と変遷し、一九九〇年代に首都機能移転の議論のなかで多摩地区への移転が決まり、現在の府中市で二三年目を迎えました。新制大学発足時には外国語学部一学部の単科大学でしたが、戦後日本の国際社会復帰を受けて、一九六四年にアジア・アフリカ言語文化研究所、一九七〇年に附属日本語学校（のちの留学生日本語教育センター）が附置されました。一九六六年に大学院修士課程が設置され、一九九二年から博士後期課程を持つ大学となりました。現在は、言語文化学部、国際社会学部、国際日本学部の三学部と大学院総合国際学研究科を教育組織として持ち、アジア・アフリカ言語文化研究所の他、語学研究所、海外事情研究所、総合文化研究所、国際関係研究所、国際日本研究センター、現代アフリカ地域研究センター、南アジア研究センター、TUFS地域研究センター、TUFSフィールドサイエンスコモンズなど多数の研究組織や、多言語多文化共生センター、ワールド・ランゲージ・センターなどを擁する大学に発展しています。

こうした諸研究所の名称が示すように、東京外国語大学は、様々な学問分野を横断し、世界の多様な言語、文化、社会を総合的に教育研究する大学です。グローバル化が進み、世界が一体化しようとするなかで、逆に世界の分断は進み、文化的差異を理由にした差別や衝突が頻発、自国中心主義や覇権主義がはびこっています。こうした動きに抗し、世界の多様性を尊重し、世界のすべての人々とともに歩くための教育研究を使命とする本学の役割はますます重要になっています。

共生の未来への寄与を目指し、東京外国語大学は新しい一五〇年へ歩みだします。

二〇二三年一〇月吉日

東京外国語大学長　林佳世子

『東京外国語大学150年のあゆみ』 目次

凡例

本書の記述に当たって、次の諸点に留意した。

一．『東京外国語大学史』（一九九九年刊）との重複は、通史を理解するために必要な事象以外できるだけ避け、同書の編さん後の歴史の叙述に力点を置いた。

二．叙述に当たって使用した歴史資料や参照した文献は、巻末「主要参考文献・資料一覧」に章ごとに掲載した。

三．本文の叙述では、漢字は常用漢字を用い、旧字・異体字・略字も常用漢字に改めた。ただし、人名、地名、社寺名等については、原史料の表記を使用している箇所がある。

四．本文中に引用した歴史資料は、原史料にしたがうことを基本としたが、漢字は常用漢字を用い、旧字・異体字・略字も常用漢字に改めた。ただし、人名、地名、社寺名等については、原史料の表記を使用している箇所がある。また、史料解読の便宜上、読点と並列点をほどこした。

五．一八七二（明治五）年までの年月日は旧暦（和暦）を用い、年は和暦に対応する西暦で表記した。

はじめに

一八七三（明治六）年、東京外国語学校が建学された。本書は、この建学の年から起算して一五〇年目に当たることを記念し、『東京外国語大学150年のあゆみ』として刊行されるものである。

すでに本学の年誌は、『東京外国語大学史』（本巻・資料編）が一九九九（平成一一）年に刊行されているが、これは「独立百周年」＝「建学一二六年」を記念した出版であった。東京外国語大学の場合、「建学」と「独立」と二度大きな節目がある。「独立」とは、高等商業学校の附属外国語学校として再設置された東京外国語学校が、日清戦争後、対ロシアや大陸進出を念頭に置いて、朝鮮語・中国語・ロシア語、列強の英・仏・独・伊・西語などを教授する単独の外国語学校として独立したことをいう。この一八九九（明治三二）年の独立の年から一〇〇年を記念して、分厚い通史と資料編が編まれたのである。

戦前、東京外国語学校は官立の学校として政府が必要とする人材を育成することを使命とした。そのため、日本を取り巻く国際的環境による影響を大きく受けることとなった。

そもそも鎖国体制下にあった江戸時代の日本でも、長崎、薩摩藩、対馬藩、松前藩という四つの「口」を通して海外とつながっていた。直轄都市長崎ではオランダ・中国と、また中国船を通して東南アジアと、薩摩藩では琉球、対馬藩では朝鮮、松前藩では蝦夷（アイヌ）と交易が行われていた。そのため、長崎ではオランダ通詞・唐通事・モウル（ペルシア語）通詞が、対馬藩では朝鮮通詞が養成された。しかし、一八世紀末からロシア船やイギリス船など外国船が来航するようになると、これ以外の外国語や海外情勢を知る必要性が自覚されはじめ、一八一一（文化八）年、幕府の天文方附属機関として蛮書和解御用が置かれ、洋学者やオランダ通詞らが蘭書を翻訳した。

一八五三（嘉永六）年、ペリー来航と、それにつづく諸外国との和親条約締結を契機に、老中阿部正弘のもとで設置が計画され、洋学書の翻訳や洋学教育、翻訳書の検閲、翻訳書の刊行などを任務とする蕃書調所が、一八五六（安政三）年に設立された。そして、翌年正月一八日に、幕臣とその子弟一九一人を生徒とする洋学教育機関として開校された。それまでのオランダ語と中国語にかわり、国際的に英語の必要性が認識され、蕃書調所（一八六三年、開成所と改称）とは別に、一八五八（安政五）年には長崎に英語伝習所、一八六二（文久二）年には横浜に英学所が設立された。また幕府は、一八六五（元治二）年、横浜に仏語伝習所を設立した。

幕府の倒壊、明治新政府による接収を経て、一八七三年、学制二編追加の発布により、専門学校に対し、通訳を養成する学校として外国語学校が、東京・大阪・長崎に、翌年には愛知・広島・新潟・宮城に設立された。当時主流の外国語は英語であり、東京外国語大学以外は外国語学校＝英語学校であった。東京外国語学校は、一八七三年末に東京英語学校として英語部門を独立させると、以後、英語以外の多言語を教授する日本で唯一の官立外国語学校となった。そして一八七七（明治一〇）年、西南戦争が終わると、政府の財政難から官立の外国語学校が廃校してゆくなか、東京外国語学校は多言語を教授する外国語学校として生き残ったのである。

ところが、官営工場の払い下げを進めるなど、明治政府は民間の経営能力の育成、経済活動の推進を図る方向に舵を切っていた。そこで、期待されたのが、実業界で活躍できる経営・管理能力を身につけた人材を育成する学校であった。一八八五（明治一八）年文部省年報には、専門学校一〇一校（官立二、府県立四九、町村立五、私立四五）について、「目下緊急の学科」であるとし、とくに「商業学校の如きは総て商売輻輳《ふくそう》の地に設けたるものにして、多くは該地人民の其必要なるを感し、町村費併に寄附金等を以て維持せるものとす、蓋し地方に於て此等の実業学校の漸次興起する傾向にあるは甚た嘉《よ》みすへきなり」と、商業学校は専門学校のなかでもとくに必要なものとされた。その必要性は、政府というより、多くはその地の人々が必要性を認識し、町村費と寄付金で維持している実態を述べ、地方でこうした実業学校が起こってきているのはたいへん喜ぶべき事態であると評価するのである。

こうした動静のもと、一八八四（明治一七）年、文部省は、東京外国語学校のカリキュラムや教員、校舎をそのまま転用できることの利点に目をつけ、東京外国語学校内に高等商業学校を附属させた。さらに、翌年には、別に農商務省管轄で運営されていた東京商業学校を文部省に移管したうえで、高等商業学校と東京商業学校を合併して東京商業学校とし、高等商業学校の母体であった東京外国語学校もこれに合併した。通訳に必要な知識や技能を尽くした東京外国語学校のカリキュラムが、皮肉にも高等商業学校が求める経営に通じた人材教育にも利用できると判断された結果であった。この翌年、語学部も廃止され、事実上、東京外国語学校は姿を消すことになったのである。

その後、再び東京外国語学校が誕生するのが、日清戦争後、日露戦争前、再び海外に目を向けてゆく時期にあたる。政府や財界の求めに応じて姿を現すことになるのである。

このように、東京外国語大学の歴史は、日本近代の政治・経済から直接影響を受けて動いてきた。その意味では、東京外国語大学の歴史を学ぶことで、日本近代史を勉強することになる。日本史を苦手とする学生たちも、自分の学校の歴史を知るのであれば、日本近代の政治外交史を受け入れやすいのではないか。そこで、二〇一四（平成二六）年度から「東京外国語大学からみた日本近現代史」という授業を始めた。東京外国語大学文書館が主催し、世界教養科目の一つである授業科目「世界の中の日本」（二単位）として開講された。授業は、通史編とテーマ編に分け、複数教員によるリレー講義である。初年度の授業は、次の一四回で構成されていた。

1. 導入　授業の目的と概要説明（吉田ゆり子）
2. 通史　蕃書調書から東京外国語大学へ（吉田ゆり子）
3. 各論1　植民政策と外語（米谷匡史）
4. 各論2　南米への海外展開と五人男（鈴木茂）
5. 各論3　イスラム世界と外語（小松久男）
6. 各論4　南方進出と外語（今井昭夫）
7. 各論5　校名存続運動と同窓会（倉方慶明）
8. 各論6　日新寮と大学紛争（倉方慶明）
9. 各論7　留学生別課から日本語学科へ（野本京子）
10. 各論8　日本の留学生政策と留学生日本語教育センター（小林幸江）
11. 各論9　語劇の歴史（倉方慶明）
12. 各論10　日本の高等教育政策と大学改革（岩崎稔）
13. 各論11　東京外国語学校魯語科と虚無党精神
——メーチニコフから二葉亭まで（渡辺雅司）
14. 各論12　ボート大会の歴史（倉方慶明）

この授業は、毎年続けられ、担当教員の交替は若干あるものの、東京外国語大学文書館の倉方慶明研究員の力で、二〇二三（令和五）年度の今に至るまで連綿と続いている。受講生も多く、最大では一年に二〇〇人を超える学生が単位を取得していった。このリレー講義に登壇した教員たちは、各々の専門分野の知見を活かし、東京外国語大学にまつわる歴史を調べ講義した。その蓄積が、今回の一五〇年史の記述に反映されているともいえる。二〇一五年度以降登壇していただいた教員は以下の通りである。（敬称略・順不同）菊池陽子、島田志津夫、河路由佳、藤井毅、篠原琢、花園悟、武内進一、青山弘之。

今回の一五〇年史編纂が、一九九九年の百年史編纂と大きく異なるのは、次の二点である。第一に、一九九九年以降に東京外国語大学が歩んできた足跡が、新たに加えられていることである。最も大きな変化は、二〇〇四（平成一六）年の国立大学の法人化であり、次いで二学部化である。新制大学以降、外国語学部という一つの学部からなる大学であったものが、二〇一二（平成二四）年に二学部化され、さらに二〇一九（令和元）年には三学部に改編された。こうした近接した歴史に関しては、二〇一六（平成二八）年に国立公文書館等に指定された本学文書館に、歴史的公文書として移管された史資料をもとに記述されている。第二は、百年史では十分に扱われなかった学生や卒業生の活動を意識的に取りあげたことである。これまで多くの卒業生を輩出しているなかの、ほんの一部ではあるが、就職状況なども取りあげながら、学生の動向を浮き彫りにしようと努めている。

本書は、本学文書館の館員会議、運営委員会の議論を経て、倉方研究員一人が執筆することになった。それは、一人の書き手が東京外国語大学の歴史を描くことで、卒業生や大学関係者のみならず、一般の読者に、日本近現代史の一側面を記した書物として手にとって読んでいただきたかったからである。倉方研究員は文書館設立の最大の功労者であり、唯一人の正規研究員として、文書館運営のかたわら、調査研究に勤しんできた。その成果がこの本に存分に表れている。

最後に、貴重な史資料をご寄贈くださった卒業生等の方々、聞き取り調査に協力してくださった方々、そして館員をはじめとする教員の皆さまのお力添えに、感謝の意を表したい。そして、一人でも多くの方々にこの書が読まれることを祈念している。

二〇二三年八月三〇日

東京外国語大学文書館館長　吉田ゆり子

第一章　前史　開国と外国語・外国事情の教育・研究のはじまり

東京外国語大学の「興り」は、幕末における外国語と外国事情の教育研究のはじまりに端を発している。その起源を探り、前身校である東京外国語学校が誕生するまでの、いわば前史を見ていきたい。

第一節　東京外国語大学の起源

東京外国語大学の起源としての「蕃書調所」

東京外国語大学の起源はいつまで遡ることができるだろうか。大学によっては、その起源を大学として発足した日、あるいは前身校が開設された日に定め、場合によっては建学者が私塾を開いた日に遡る例もある。

東京外国語大学では、沿革を図1－1「東京外国語大学沿革略図」としてまとめ、その起源

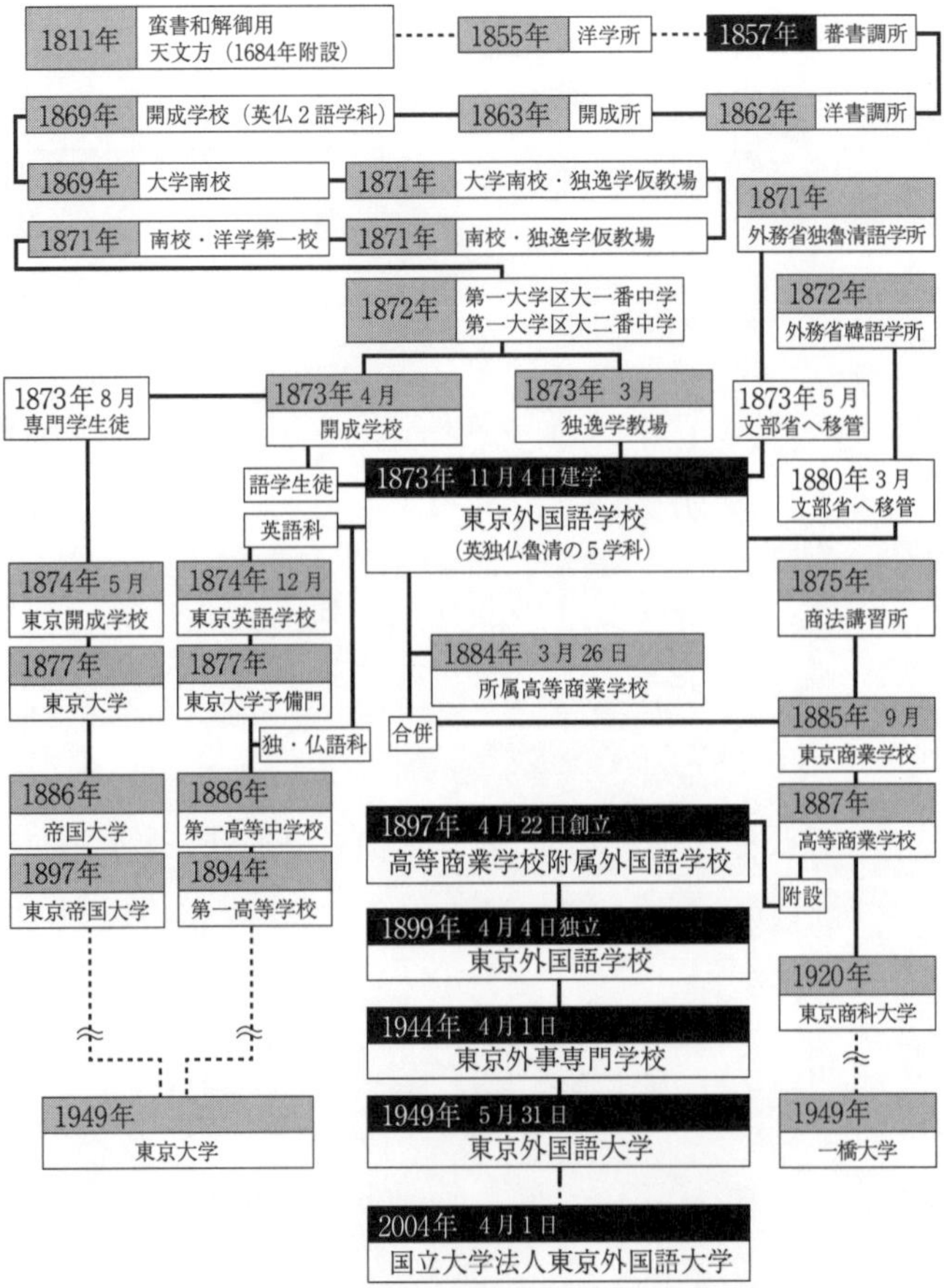

図 1-1　東京外国語大学沿革略図

を一八五七（安政四）年の「蕃書調所」としている。他方で、沿革略図には蕃書調所の前に「1811年　蛮書和解御用　天文方（1684年附設）」、「1855年　洋学所」が並んでいる。これは何を意味するのであろうか。まず、その起源を探るべく、東京外国語大学で過去に刊行された年史を振り返ってみたい。

東京外国語大学の前身である東京外国語学校において、最初の年史がまとめられたのは一九三二（昭和七）年のことである。この時刊行された『東京外國語學校沿革』（写真1－1）という小冊子は、東京外国語学校長に着任以来、その歴史に関心を持っていた長屋順耳校長が一九三〇（昭和五）年頃に友枝照雄教授と出村良一助教授に調査を依頼し作成したもので、東京外国語学校時代唯一となる年史であった（刊行は長屋校長の後任となった戸沢正保校長の時代）。

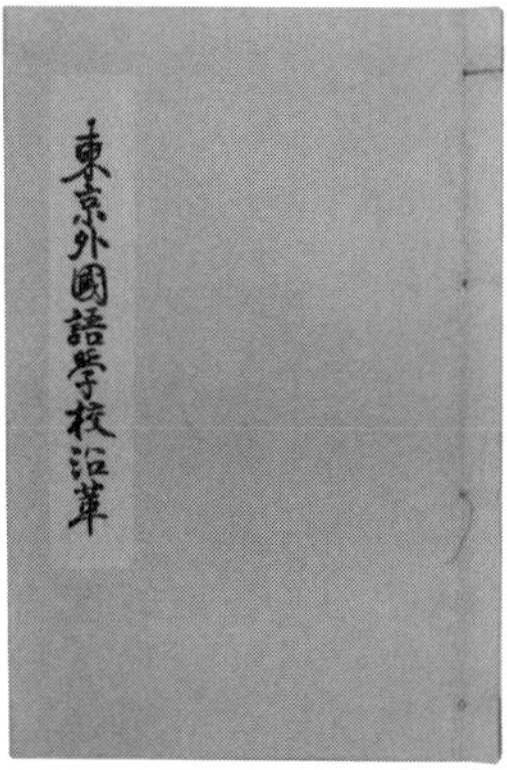

写真 1-1　『東京外國語學校沿革』（1932年）

同書に掲載された「東京外国語学校沿革史論」は、江戸時代以来の「洋学」史からはじまり、「幕末より明治初年に亘る外国語研究学修の歴史」のなかに東京外国語学校を位置づけた。そして、一八一一（文化八）年に設置された「蛮書和解御用」を「之れ即ち外国語学校の起因」として位置づけ、巻末に付された「東京外国語学校系図」では、そのはじまりを

「天文方　貞享元年　一六八四」とした。

この天文方とはもともと暦の作成のために、一六八四（貞享元）年に渋川春海が任命された役職であり、編暦・改暦に西洋の暦学の知識を必要としたことから蘭書の読解に通じていた。一八世紀末になると、一七九二（寛政四）年のロシア使節ラクスマンの根室来航を皮切りに、一八〇四（文化元）年のロシア使節レザノフによる長崎入港と樺太・択捉攻撃、さらには一八〇八（文化五）年のイギリス艦フェートン号の長崎侵入が続き、異国の脅威が現実化していく。そうした異国研究が必要に迫られるなか、江戸幕府は一八一一年、天文方に蛮書和解御用を設置し、蘭学の研究と海外の地理書をはじめとした翻訳事業を進めることとなった。

『東京外國語學校沿革』では、この蛮書和解御用の設置を「外国語研究に一新時期を画した」と評価しており、幕末から続く東京外国語学校の設置につながる外国語研究の起源として、「一八一一年　蛮書和解御用」と、その母体となった「天文方　貞享元年　一六八四」を位置づけていた。そして、同書では「蛮書和解御用方と云ふ翻訳局が置かれてから明治六年八月東京外国語学校と云ふ名を見る迄連綿として六十二年」発展してきたと主張し、「其目的は終始一貫外国の事情外国の文化を知り外国人と交渉を持たんとするに在って外国語研究が其第一目的であった所から見ても東京外国語学校は蛮書和解御用方の直系である」としている。

この沿革史および学校系図が、その後引き継がれていき、東京外国語大学では長らく「天文方に設置された「蛮書和解御用」」をその起源と定め、学生便覧や大学紹介の冊子において紹介してきた。

しかし、二〇〇〇（平成一二）年に刊行された『東京外国語大学史』の編纂に際して、東京外国語大学では、この起源について議論を重ね、「大学とは教育・研究機関」であり、「研究ばかりでなく、学生を入学させ、教育カリキュラムを持つ教育機関としての性格を明確にもつ組織」であるとの観点に立って、再検討が行われた。その結果、従来起源とされてきた蛮書和解御用については、外国語研究機関として本学の系譜の一つに位置づけられるものの、教育機関ではないことから、東京外国語大学の起源は新たに「一八五七（安政四）年正月十八日に開校した蕃書調所」と定められることとなった。

そのため、今日では図1－1「東京外国語大学沿革略図」のように、「蕃書調所」がその起源として、実線によりその系譜が描かれ、その前身の研究機関である「蛮書和解御用」「洋学所」については破線で描かれるようになっている。なお、「蕃書調所」は「洋書調所」「開成所」「開成学校」とその名を変え、一八七三（明治六）年に設置される「東京外国語学校」へとつながっていく。

東京外国語大学の歴史と「建学」「創立」「独立」の三つの節目

東京外国語大学の歴史をひも解いていくと、不思議なことはその「起源」だけではない。その歴史のなかに「建学」「創立」「独立」という三つの節目が存在している。一般的に、大学の歴史を語るうえで建学と創立とは学校のはじまりという意味で同義であり、学校のはじまりが二度あることは珍しいであろう。ましてや「独立」なる言葉が追加されるとなると、東京外国語大学以外に例を見ないのではないだろうか。

その背景には、後述するように、明治初頭の近代教育の黎明期において、前身校である東京外国語学校が歩んだ複雑な歴史がある。詳しくは後段に譲るとして、その歴史を概観すると、東京外国語学校は一八七三（明治六）年、英・独・仏・魯・清の五学科からなる官立外国語学校として設置された。しかし、富国強兵・殖産興業が推進され、商業教育が隆盛するなか、外国語は商業に附属する学問とみなされ、一八八五（明治一八）年に東京商業学校へ統合され、翌年廃校の憂き目にあっている。

その後、日清戦争を経て外国語と外国事情に通じた専門家の養成が国家的急務となるなか、一八九六（明治二九）年帝国議会に「外国語学校設立ニ関スル建議案」が提出される。この建議を受け、翌一八九七（明治三〇）年、高等商業学校（東京商業学校の後継校）に附属外国語学校が設置され、二年後の一八九九（明治三二）年、ついに東京外国語学校は分離独立を果たすこととなった。

この統廃合による分断と、二度にわたる設置、そして高等商業学校からの独立を経たことで、先に紹介した起源とは別に、近代高等教育機関としての系譜の起点を複数持つこととなってしまった。そのため、過去に学内で催された周年行事については、一五周年・二五周年・六〇周年の式典は一八九七年の設置を記念して、八〇周年の式典は一八九九年の独立を記念して挙行されており、その起点が曖昧であった。

そのため、一九九〇年代後半に始まった『東京外国語大学史』の編纂に際して、この起点についても整理がなされ、

一八七三年　東京外国語学校の「建学」
一八九七年　高等商業学校附属外国語学校の「創立」
一八九九年　東京外国語学校の「独立」

と呼称することが決定された。この決定を受け、一九九九（平成一一）年には「独立百周年（建学百二十六年）」を祝う一〇〇周年記念事業が行われ、二〇二三（令和五）年には「建学一五〇周年」を祝う一五〇周年事業が予定されている。

第二節　前史　開国と蕃書調所の開設

ペリー来航と洋学に関する研究・教育機関の設置

まず東京外国語学校の前史とも呼ぶべき、蕃書調所の開設とその教育体制を概観したい。

一八五三（嘉永六）年六月三日、ペリーが浦賀に来航して開国を要求し、翌年には日米和親条約が締結された。この日本の転換期とも言える事件のさなか、その実務面として外交文書の翻訳への対応が急務となった。幕府は「蛮書和解御用」の人員を拡充してこれに対処するが、この事件を機に幕府の内部において海外事情を知る重要性が認識されていく。老中阿部正弘は、洋書の翻訳と、諸外国における軍事・外交事情をはじめとした洋学研究、翻訳・通訳などの人材養成を目的とする洋学教育・研究機関「洋学所」の設立を進めていく。

一八五五（安政二）年の安政大地震により一時、設立候補地を失ったものの、同年一二月には飯田町九段坂下竹本図書頭正雅屋敷に用地決定し、一八五六（安政三）年二月、正式名称を「蕃書調所」とする教育・研究機関の設立が決定する。なお、蕃書調所は、単に洋書の翻訳などを通じて外国語と外国事情について教育・研究する組織ではなく、砲術など外国の軍事技術の研究と習得も行うことから、その用地選定においては火薬による引火に配慮し、広い水辺の敷地が求められていた。竹本図書頭屋敷は、内堀に面した広大な屋敷で、まさにその条件に合致し

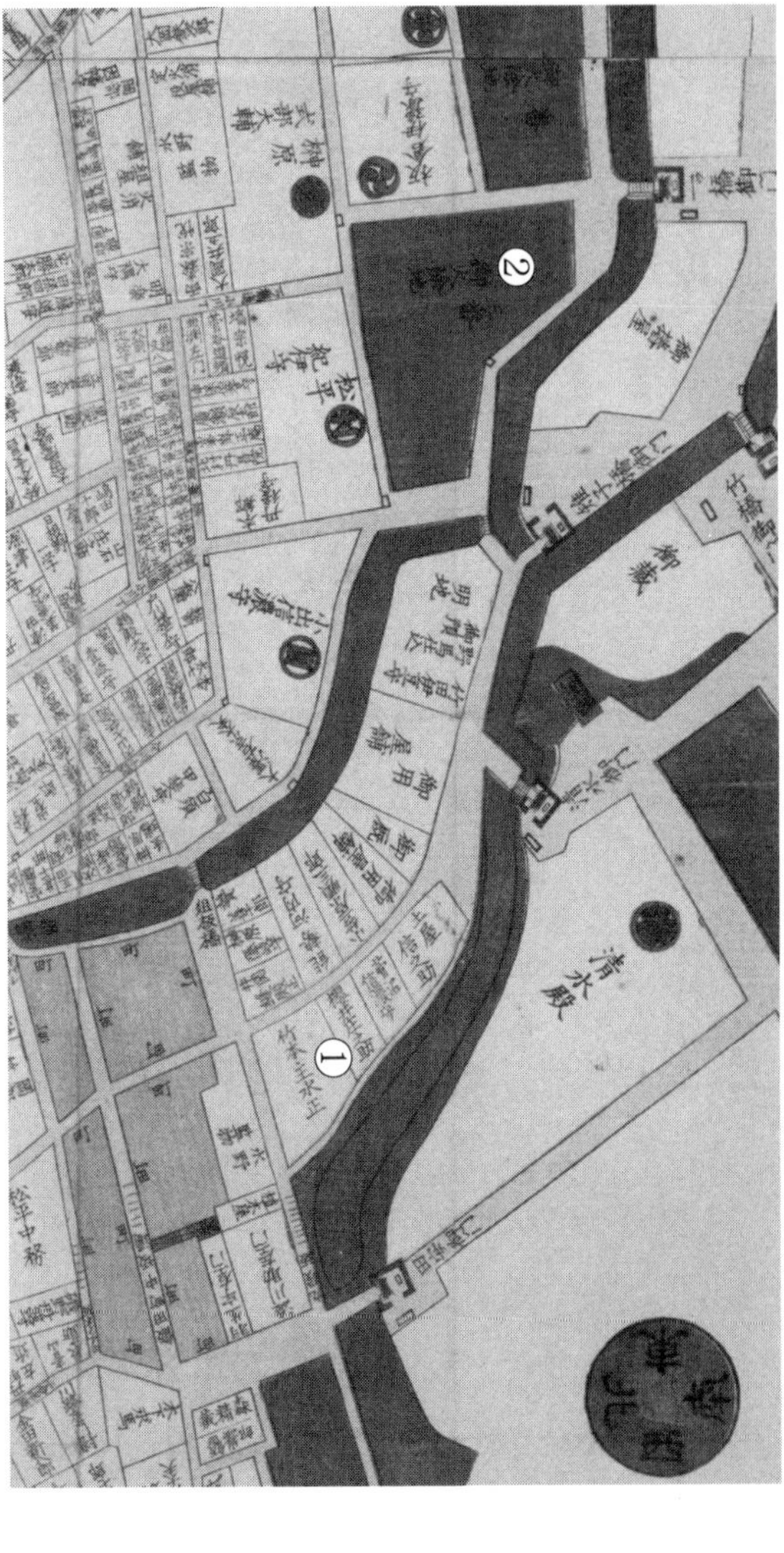

①竹本図書頭屋敷
②護寺院原（1873年、この場所に東京外国語学校が建学）
写真1-2　飯田町駿河台　小川町絵図（嘉永3年尾張屋版、国立国会図書館所蔵）

ていた（写真1－2）。

明くる一八五七（安政四）年正月一八日、幕臣一九一人を生徒とする蕃書調所が開校した。当初、生徒は将軍家に仕える幕臣に限定されていたが、翌年五月には最低限の蘭語を修得済みであるとの条件はありながらも、諸大名に仕える陪臣にも門戸が開かれ、一八六二（文久二）年六月にはその条件も撤廃され、陪臣の希望者は誰でも生徒となることが可能となった。外国との接触が拡大するなか、幕府は幕臣・陪臣問わず優秀な生徒の確保に力を入れるようになったと言えよう。

蕃書調所の教育はどのように進められていたのだろうか。学則に当たる「蕃書調所規則覚書」によると、稽古期間は正月一一日から一二月二〇日と定められ、休業は五節句（一月七日人日、三月三日上巳、五月五日端午、七月七日七夕、九月九日重陽）と、八朔（八月一日）、盆（七月一三～一六日）であったが、稽古は出席・退席時に記録所に申告すれば自由であり、忌中を除き欠席する際にもとくに報告する必要がなかったという。稽古時間は当初、朝五ッ時（午前七～九時頃）から夕七ッ時（午後三～五時頃）であった。

稽古は、句読（一人で読む）、輪読（順番に読む）、会読（数人で集まって読み、討論をする）の順に進められ、講義はほとんどなかったという。教科書は「両文典」（「和蘭文典前編」「和蘭文典後編」、写真1－3・写真1－4）が使用され、前編では蘭語（オランダ語）の文法（Grammatica）を、後編ではその構文（Syntaxis）を学んだ。

開校当初は蘭語を中心とした語学修得に限定されていたが、徐々に教育・研究分野の領域が広がっていく。

一八五八（安政五）年、日米修好通商条約をはじめとして、オランダ、ロシア、イギリス、

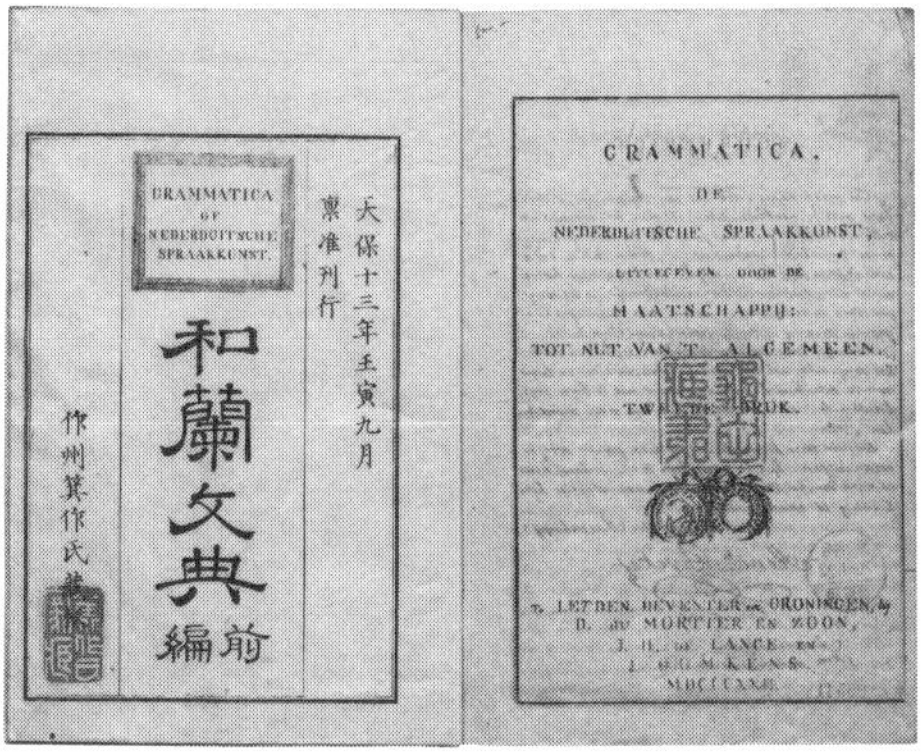

写真 1-3　『和蘭文典前編』
江都、須原屋伊八［ほか］、1857年、原書 *Grammatica of Nederduitsche spraakkunst*, Uitgegeven door de Maatschappij tot Nut van't Algemeen. 2. Druk. Leyden, D. Du Mortier en Zoon, 1822（国立国会図書館所蔵）

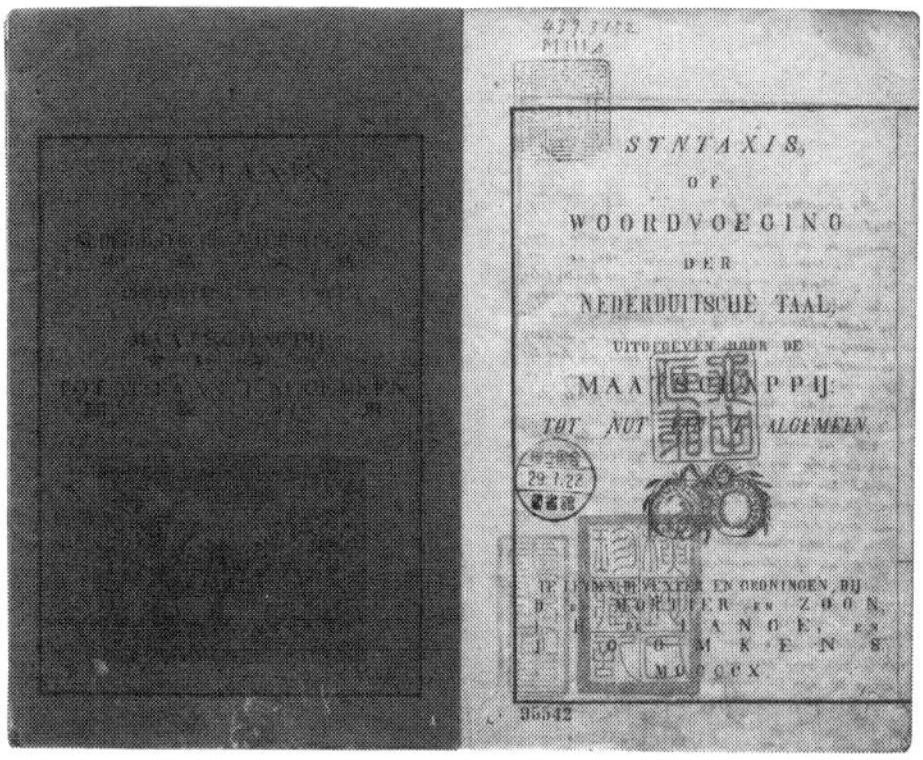

写真 1-4　『和蘭文典後編』
作州、箕作氏蔵版、1848年、原書 *Syntaxis, of woordvoeging der Nederduitsche taal*, Uitgegeven door de Maatschappij tot Nut van't Algemeen. Leyden, D. Du Mortier en Zoon, 1810（国立国会図書館所蔵）

フランスと同様の条約が締結されると、向こう五年間については外交文書に蘭語を使用できるが、それ以降については相手国の言語を使用することが義務づけられた。これを受け、蘭語以外の語学修得が目指されていく。加えて、一八六〇（万延元）年には日孛（日本・プロイセン）修好通商条約締結交渉のため、プロイセンから使節団が来日すると、ドイツ語の修得も課題となった。また開港以降、貿易関係が拡大するなか、とりわけ英語の修得は、官民問わず、その需要が高まっていた。

こうした外交・貿易関係を背景として、一八六〇年八月には蕃書調所に「英学」が開設され、従来の蘭語に代わって英語が語学教育の正科へと変更されていった。その後、翌一八六一（文久元）年には「仏蘭西学」、一八六二（文久二）年には「独乙学」が開設される。ロシア語については、ロシア語に通じていた小野寺丹元が仙台藩医となり帰郷したことで、この間の整備は進まなかったものの、一八六四（元治元）年一一月に制定された開成所規則では蘭・英・仏・独・魯の五か国語が学習対象とされた。

また、蕃書調所は洋学に関する調査研究機関としての一面も持っていた。そのため、軍事をはじめとする欧米諸国の技術研究が行われるとともに、その修得に不可欠な語学以外の「数学」などの学問分野の教育も進められた。一八六二年頃までには、「絵図調方」「活字方」「翻訳方」「精錬方」「書籍調」「筆記方」「西洋書画」「物産方」「数学」「器械方」が開設された。このうち「絵図調方」は地図制作や描画作業を担う部門、「活字方」は印刷・出版を担う部門、「精錬方」は薬品の製造などのちの「化学」部門で、「器械方」は写真機や電信機などの操作を研究する部門であった。

蕃書調所は、一八六二年にその名称を「洋書調所」へ、翌年には「開成所」へと改称していく。その後、幕府の倒壊が進むなか、洋式の軍事知識や技術の必要性が高まると、その修得の前提となる語学や数学の知識を求め、開成所には入門者が増加していった。また、開成所の教官も洋式軍制の研究と軍事書翻訳、さらには陸海軍への出役を命じられていった。

明治維新と開成所の変転――国学・漢学・洋学の対立から洋学重視へ

維新を経て新政府が樹立され、近代国家の構築が進められるなか、新政府にとっても洋学の研究とその人材育成は引き続き重要課題であった。そのため、幕府における洋学の教育・研究機関であった開成所は、昌平坂学問所、医学所と同様に新政府により接収され、再構築が進められていく。しかしその後、明治初頭の近代教育の黎明期において、政府の教育政策は二転三転し、国学・漢学・洋学のそれぞれの学者たちを巻き込みながら、紆余曲折を経ていく。以下、開成所の変遷を中心に概観する。

新政府は、一八六八（慶応四）年六月一三日、開成所の引き渡しを命じ、同年九月一二日に開成所は鎮将府の管轄下に置かれた。開成所は「開成学校」と改称され、翌一八六九（明治二）年正月一七日に開校される。

この間、新政府は新たな時代に沿った教育体制の整備を目指し、「大学」創設計画を模索していく。一八六九年六月一五日、国学者を中心とする神道国教化運動が高まりを見せるなか、太政官達により、昌平学校（旧昌平坂学問所）を大学校（本校）とし、医学校（旧医学所）・開成学校を「分局」とし、三校をあわせて大学校とする計画が示される。この達は同校の「学校規則」となっており、そのなかで主体となる本校については「神典国典ニ依テ国体ヲ弁ヘ兼テ漢籍ヲ講明シ実学実用ヲ成ヲ以テ要トス」と、国学と漢学をその中核に据えたものであった。洋学を担う開成学校もまた「普通学ヨリ専門学科ニ至ル迄其理ヲ究メ其技ヲ精フスルヲ要トス」と規定され、蕃書調所以来の洋学の研究と技能の修得が、最高学府である大学校の一分局と定められた。

しかし、この大学構想は国学を中心に据えたものであったことから、昌平坂学問所の系譜を継ぐ漢学者から反発が起こり、国学派と漢学派に激しい抗争が生じ、大学校（本校）はその機能を停止してしまう。大学校が「大学」、開成学校が「大学南校」、医学校が「大学東校」とその名称を変えた明くる一八七〇（明治三）年二月、新たに「大学規則及中小学規則」が制定された。

「大学規則」では、「学制」として大学は全国に一つ、府藩県に中学・小学を設置することが規定され、「生徒凡ソ三十歳以下」で、「各自好ムトコロノ科業ニ就キ」と自由に学科を選択でき、「在学三年」とされた。また大学には教科（神学）、法科、理科、医科（予科・本科）、文科の五つの学科が置かれることとなり、これまでの国学、漢学、洋学と国別に分けられていた学問の枠組みが一掃され、欧米の大学の学問体系に沿った大学のあり方が示された（表1－1）。

教科		神教学、修身学
法科		国法、民法、商法、刑法、詞訟法（訴訟法）、万国公法（国際法）、利用厚生学（経済学）、典礼学、施政学（政治学）、国勢学（統計学）
理科		格致学（物理学）、星学（天文学）、地質学、金石学（鉱物学）、動物学、植物学、化学、重学（力学）、数学、器械学、度量学、築造学
医科	予科	数学度量、格致学（物理学）、化学金石動植学
	本科	解剖学、原生学、原病学、薬物学、毒物学、病屍剖験学医科断訟法、内科外科及雑科治療学兼摂生法
文科		紀伝学、文章学、性理学

表1-1　「大学規則」に定める学科
（　）内は筆者追記。
『東京大学百年史　通史一』（139-140頁）より作成。

この大学規則に対して、当然のごとく国学派・漢学派は大いに反発し、規則がそのまま実施されることはなかったようであるが、時代の趨勢を反映して、政府は洋学重視に傾いていく。一八七〇年七月一三日、ついに政府は大学本校に対して「学制御改正ニ付当分本校被止候事」と通達し、大学本校は事実上廃止され、洋学の系譜を継ぐ大学南校と大学東校のみが継続されることとなった。

その後、一八七一（明治四）年七月一四日の廃藩置県の直後となる同月一八日、文部省が設置される。これにより、それまで諸藩が担ってきた教育が文部省のもとに一括されることとなった。同月二一日には旧大学本校を文部省とし、大学南校を南校、大学東校を東校とすることが通達される。

大学本校の廃止を受け、大学南校では新たに「大学南校規則」を制定し、制度改革が進められた。「大学南校規則」によると、生徒定員は一〇〇〇名で、入学年齢は一六歳以上とされた。教育コースは外国人教師が語学・学科を担当する正則と、日本人教師が担当する変則に分かれ、両コースともに一般教育課程である普通科で学んだ後に、専門課程である専門科に進学することとなっていた。生徒は学力により初等、八等から一等の合計九等に分けられ、初等から五等までが普通科、四等以上が専門科であり、春秋二回の定期試験の成績により等級が定められた。また当初の大学南校では英学と仏学が中心であったが、のちに独逸(ドイツ)学の重要性が主張され、一八七一年には独逸学仮教場が開設された。同年四月には、手狭となったため神田錦町三丁目に別校舎を建て、独逸学教場が開設されている。

その履修内容は、普通科では語学の修得が中心であり、初等では綴字・習字・単語会話からはじめられ、八等から五等にかけ文典(文法)・会話・書取・翻訳・作文が課された。加えて、普通科では数学、万国史(世界史)や地理が課されており、蕃書調所から続く外国語と外国事情を知るうえでの基礎教養の修得が目指されていたと言えるだろう。専門科に進学すると法科、理科、文科に分かれ、表1－2の学科内容を履修することとなっており、南校の専門教育は先の大学学則を踏襲し、学問別となっていた。

この「開成学校」「大学南校」「南校」と名称が変わりながらも、専門科に進学する学生に不可欠の語学教育を施してきた教育課程が、さらに名称を変えながら一八七三（明治六）年に誕生する東京外国語学校の下地となっていく。

一八七二（明治五）年八月、「学制」が公布される。序文となった太政官布告には「邑に不学の戸なく家に不学の人なからしめん事」と、全国に教育を普及させるという政府の意思が示され、以後、全国規模で文部省の管轄のもと近代教育体制の整備が進められていく。この発布により、全国は八つの「大学区」に分けられることとなり、これを受け南校は「第一大学区第一番中学」へと改称された。新たな学制において、中学は「小学ヲ経タル生徒」に「普通ノ学科」を教授するところと定められた。

翌一八七三年四月一〇日には、第一大学区第一番中学は、

法科	民法、商法、詞訟法（訴訟法）、刑法、治罪法、国法、万国公法（国際法）、利用厚生学（経済学）、国勢学（統計学）、法科理論
理科	究理学（物理学）、植物学、動物学、化学、地質学、器械学、星学（天文学）、三角法、円錐法、測量学、微分、積分
文科	レトリック、ロジック、羅甸語（ラテン語）、各国史、ヒロソヒー

表1-2　大学南校の専門科内容
（　）内は筆者追記。
『東京大学百年史　通史一』（161頁）より作成。

かつての名称である「開成学校」と改称される。時を前後して分教場にあった独逸学教場については「洋学第一校」と改称された後、「第一大学区第二番中学」「第一大学区独逸学教場」へと改称されている。

そして、同月二八日文部省により「学制二編追加」が公布されると、後述するように、開成学校の生徒の一部と分教場にあった独逸学教場に、外務省所管の語学所が合併して、東京外国語学校が設立されていく。

第二章　明治の近代教育体制の構築と外国語学校の設置

　前章において見た通り、明治初期における近代教育体制の構築は、たび重なる試行錯誤を伴うものであった。それは近代国家を整備するうえで、どのような国民をつくっていくか、という問いの連続であり、政府にとっての「必要性」はその後も短期間に変転を繰り返していく。一八七三（明治六）年に誕生する東京外国語学校もまた、そうした変転のなかで、翻弄されていく。

第一節　東京外国語学校の建学

東京外国語学校の建学の経緯と外務省所管語学所

東京外国語学校の設立には、二つの系統の違う学校の統合が背景にあった。

『文部省第一年報　明治六年』（一八七五年、写真２－１）によると、東京外国語学校の設立は「元

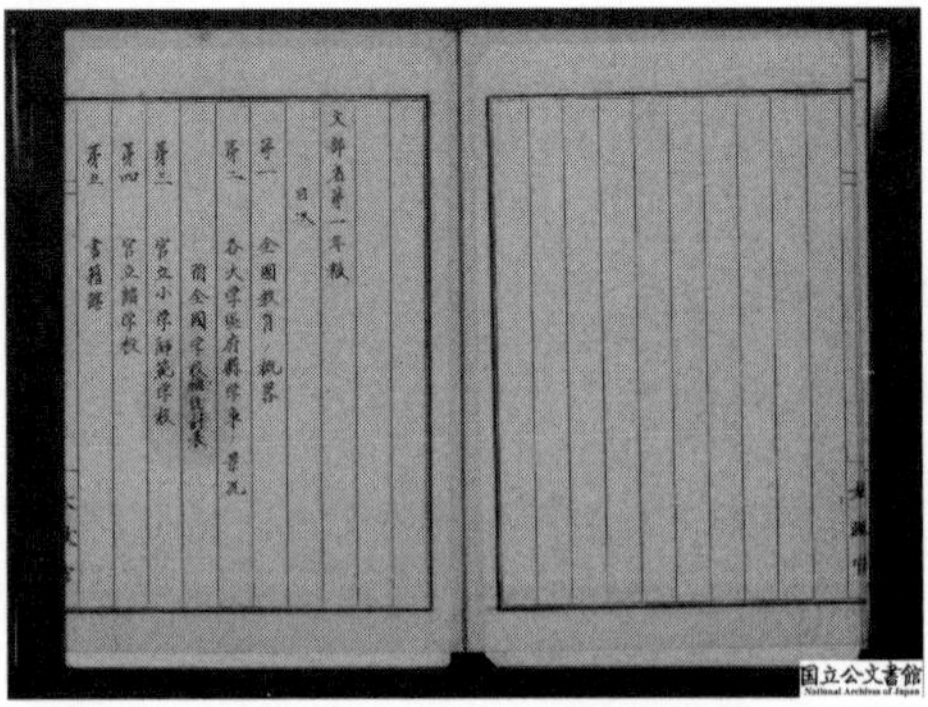

写真 2-1　『文部省第一年報 明治六年』（1875 年）

開成学校」において「各国ノ語学ヲ教フルニ始リ」、「外務省所管語学所ヲ収管スルニ成ル」と、開成学校において語学を教えはじめた点に淵源があり、そこに外務省所管の語学所を合併して成立した、とされている。

　開成学校については、先に、蕃書調所以来の外国語と外国事情の教育・研究の系譜を見てきたが、外務省所管の語学所とはどのような組織であったのだろうか。

　外務省所管の語学所とは、一八七一（明治四）年二月、福岡藩邸跡に「通弁」（通訳）の養成を目的に設置された「外務省漢洋語学所」を指している。外務省漢洋語学所の設立の経緯を追ってみよう。

　外務省は一八七〇（明治三）年五月、清（中国）との交流・貿易が拡大するなか、とりわけ「支那語」（中国語）の通訳が不足していることに鑑み、外務省内に通訳養成のための「支那語学所取設ノ儀伺」を上申し、支那語学所の設立を計画した。なぜ支那語であったのだろうか。

　この時の上申書によると、かつては長崎には支那語の「通弁ノ者」がいたが、今では「通弁ノ者モ英仏語学へ転志」している状況が生まれ、とりわけ支那語通訳が不足していたという。そのため、外務省内の「支那語学精熟ノ者」と、長崎にいる経験豊富な「唐通事」（支那語通訳）を呼び寄せ、彼らを教師に省内に通訳養成施設を設置することを目指した。加えて、当時は西洋の学術が流行するなか、「支那語学」は最も流行から「迂遠」であり、「誰一人トシテ有志ノ者有之間敷」との物言いで支那語への関心を持つ者がいないとの理由で、優秀な生徒を集めるため、生徒に「就学手当」を与える給費制度の構築を進めた。まさに明治政府の国際感覚が表れていると言えよう。

定員三〇名の生徒たちは五等級に分けられ、一か月一等金一両、二等金二両、三等金三両、四等以上は省内に「小塾」（寮）を建て入塾させ、さらに四等金一両、五等金二両をそれぞれ給費することとした。生徒の選抜に際して出身身分は不問とされ、年齢一一、一二歳から一六、一七歳までを対象とした。これらから、給費制度を整備するほどに支那語通訳の養成に緊急性があったと言えるだろう。

この上申については同一八七〇年七月に大蔵省において検討が進められ、大蔵省でも「支那通信通商盛大」であることを踏まえて、「教授方」一名、「助教」一名、「俗事掛」一〜二名、生徒三〇名の支那語学所の設置が認められるところとなった。このように外務省における語学所の設立は、通訳の養成を目的としたものであり、かつ英仏語の流行のあおりを受け、とくに不足していた支那語通訳の養成構想からはじまった。

支那語学所の整備が進められるなか、外務省はさらなる通訳不足に直面する。外国公使応接のため、神奈川県庁、長崎県庁に通訳派遣を要請したところ、人員不足を理由に派遣を断られたという。まさに通訳不足を目の当たりにした外務省は、今後開港が進むことで将来的にも通訳不足が生じることを懸念し、「洋語通弁」の育成も目指していく。これにより支那語と洋語を対象とする通訳育成機関として「漢洋語学所」の整備が進められ、翌一八七一年二月開校の運びとなった。なお同月には、独・魯（ロシア）語の二か国語を担う外国人講師セレウィチ（ロシア人）と英・仏二か国語を担うジョートン（アメリカ人）の雇用が決定している。

通訳養成を目的に設置された外務省漢洋語学所であったが、設置後間もなくして、大蔵省は各省庁がその「利便ノ為」に学校を設置することを問題視し、「学術文芸」については文部省所轄とするよう申し立てを行っている。この申し立てについては、当分の間「従前ノ通」に据え置くとの判断がなされたが、外務省漢洋語学所は設立直後から文部省へと移管することが検討されていた。

なお、設置に至る過程で語学所の名称は「漢洋語学所」とされているが、公文書によっては「魯清漢語学所」「外国語学所」の名称が用いられている例もあり、その名称の表記は統一されていない。以降、外務省所管の語学所については、引用した資料の名称に則って表記したい。

話を東京外国語学校設立に戻そう。このように明治初期において、学校は文部省所管以外にも各省庁が所管する学校が乱立しており、学校体系を整備することが求められていた。

「学制二編追加」頒布と「外国語学校」の整備

文部省が公布した学制は、一八七二（明治五）年八月の公布時点では、「大中小学区ノ事」「学校ノ事」「教員ノ事」「生徒及試業ノ事」「海外留学生規則ノ事」「学費ノ事」の項目から成る全一〇九章であったが、翌年三月には「海外留学生規則」「神官僧侶学校ノ事」「学科卒業証書ノ事」の条文が追加され、その後も相次いで条文の追加あるいは削除が進められた。一八七三（明治六）年四月、「学制二編追加」が公布されると、これが東京外国語学校を含む官立外国語学校が誕生する直接のきっかけとなった（写真2－2）。

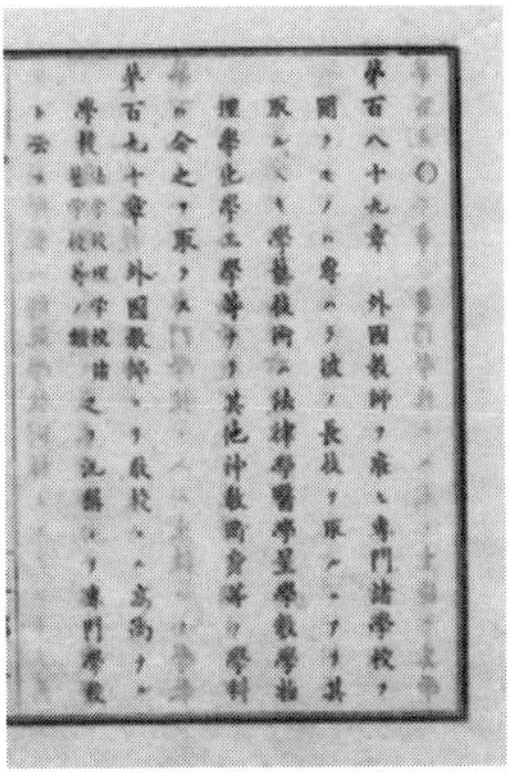

写真 2-2　「学制二編追加」
（1873 年 4 月）

「学制二編追加」では、第一八九章から第二一〇章の条文が追加され、主として専門学校および外国語学校に関する規則が定められることとなった。

専門学校とは「外国教師ニテ教授スル高尚ナル学校」（第一九〇章）と定義され、獣医学校、商業学校、農業学校、工業学校、鉱山学校、諸芸学校、理学校、

		1	2	3	4	5	6	7	8	9	10
下等	第4級	綴字	習字	読方	暗誦	算術	体操				
	第3級	習字	読方	暗誦	会話	書取	文法	算術	体操		
	第2級	習字	読方	暗誦	算術	会話	書取	文法	作文	体操	
	第1級	読方	暗誦	算術	会話	書取	文法	作文	地理	歴史	体操
上等	第4級	読方	暗誦	算術	会話	書取	文法	作文	地理	歴史	体操
	第3級	読方	暗誦	算術	会話	書取	文法	作文	歴史	体操	
	第2級	読方	暗誦	算術	会話	書取	文法	作文	善論	体操	
	第1級	読方	暗誦	数学	会話	書取	文法	作文	善論	画学	体操

表2-1　「学制二編追加」に定める外国語学校の教科
「外国語学校教則」より作成。

医学校、法学校（第一九三章）がこれに該当する学校とされた。専門学校は外国人教師が専門的な学術・技能を教授する学校であることから、各言語に通じていなければ、その学術・技能を得ることができず、専門学校進学を志す者は必然的に外国語を修得しなければならなかった。そうした専門学校進学を志す者に事前に「外国語学」を修得させる学校として外国語学校が設立されることとなった（第一九四章）。そのため、専門学校への入学資格は小学教科を卒業し、かつ「外国語学校下等ノ教科」を経た年齢一六歳以上と定められた（第一九一章）。

では、外国語学校とはどのような学校とされたのだろうか。外国語学校については「外国語学ニ達スルヲ目的トスルモノ」と定義され、専門学校進学を志す者と通弁（通訳）を志す者の二種類の学生が入学する学校と定められた（第一九五章）。その入学資格は小学教科を卒業した年齢一四歳以上で、修業年限は四年とされた（同章および第一九八章）。

外国語学校の教科は表2－1の通り、下等第四級からはじまり上等第一級に終わる上下二等（計八級）に区分され、各等級は「六ケ月ノ課程」と定められ、専門学校進学を志す者は下等の教科修了後に進学し、通弁を志す者は上下二等を履修した。すなわち、専門学校進学を志す者は、外国語学校において二年間外国語を中心に学んだうえで、専門学校への進学をしなければならず、専門学校の「予備門」として位置づけられた。なお専門学校進学予定者が修学する下等の教科を見ると、綴字、習字、読方、暗誦、文法、会話、書取、作文といった語学の修得に重点が置かれるとともに、算術（数学）、地理、歴史が課されていることがわかる。教科内容からも外国語学校が開成学校の普通科を引き継ぐものであったことがうかがえる。

他方で、通弁を志す者に対しては、「二三ケ国ノ語学ヲ修業スルコトアルヘシ」（第一九六章）と複数言語の修得が推奨された。その履修の方法についても、例えば英語を最初に学ぶ者はまず英語を修めたうえで、次にフランス語の修得に向かうことと、一か国語ずつ修得することが定められていた。

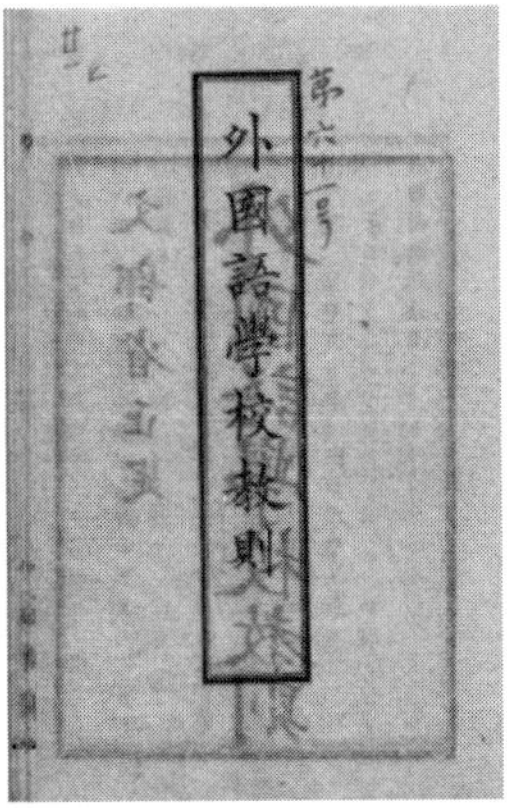
写真2-3 「外国語学校教則」（1873年5月3日）

同一八七三年五月三日には、文部省は「外国語学校教則」（写真2－3）を公布し、外国語学校の整備を進めた。そこでは「学制二編追加」の条文を踏襲して、外国語学校の「外国語学ニ達スルヲ以テ目的」とし、専門学校進学を志す者への予備教育と通弁（通訳）の養成を担うこと、上下二等（計八級）に区分され、各級六か月の教育課程とすることなどが規定された（第一条〜第三条）。

加えて、教育課程の詳細も定められた。授業時間は一日六時間・週四日間の計二四時間と定められ、入学者は小学教科を卒業した年齢約一三歳以上とされた（第三条・第四条）。専門学校への進学希望者は、下等語学を卒業し試験を経てすぐに専門学校に進学できたが、上等語学を学んだうえで進学することも可能であった（第五条）。また、外国語学校における語学の種類は英・仏・独逸・魯・支那語に加え、場合により「西班牙、伊太利、蘭、其余ノ語」を置くことができるとされたが、語学を一か国語あるいは複数か国語とするかどうかは、「土地ノ形情」によるものと、校地の条件に応じて決定することが定められた（第七条・第八条）。そして、各級の六か月間の修業期間が終わるごとに学力の優劣を判定し、等級を定める「試業」が課され、通弁を志す者は上下二等の修了後に「大試業」が課され、合格者には免状が与えられることとなった（第一〇条・第一一条）。

この「学制二編追加」と「外国語学校教則」により新たに整備された外国語学校という枠組みに沿って、東京外国語学校をはじめとする官立外国語学校の設立が進められる。『文部省第

写真 2-4　東京外国語学校（神田一ツ橋通町一番地校舎）（日本カメラ財団所蔵）

一年報』によると、「学制二編追加」が頒布された一八七三年四月に、開成学校の「下等中学一級以上ヲ専門学生徒トシ以下ヲ語学生徒トス」ることが定められ、翌五月には外務省所管の「独魯清語学所」が文部省所管へと移管された。なお、この外務省所管語学所の文部省への移管に際して、語学所生徒に対して五月二七日から三〇日までの四日間にわたり、学業試験が課されている。文部省に所管を統合するに当たり、外国語学校教則を踏まえ、語学所生徒の学力（等級）を判定するためであったのだろう。

そして、八月に開成学校の校舎が新築され、専門学生が新校舎に移動した後、一ツ橋通町一番地にあった開成学校の旧校舎と語学生徒を引き継ぎ、そこに語学所生徒を統合する形で、「外国語学校」の設置が進められる（写真２－４）。『文部省往復及同省直轄学校往復』によると、八月から一〇月にかけて両校の統合が進められる段階では、合併の核となる開成学校の語学生徒の所属は、まだ「開成学校語学校」（あるいは「開成学校外国語学校」「開成学校語学教場」）と呼称されていた。一一月四日、ついに文部少輔田中不二磨より、開成学校語学校に外国語学所を合併し、開成学校から分離して「外国語学校」と呼称することが通達され、外国語学校が開設されることとなった。最初に設置された学科は英・仏・独・魯・清の五学科であった。

なお、「学制二編追加」に伴い東京の外国語学校以外にも、全国に官立外国語学校が開設されている。一八七三年には大阪（開明学校、のちに大阪外国語学校に改称）、長崎（広運学校、のちに長崎外国語学校に改称）に外国語学校が設置され、翌年には愛知、広島、新潟、宮城に設置された。東京の外国語学校を除き、英語一語学を教授する学校であり、主として専門学校進学者への予備教育を担っていた。

こうした官立外国語学校が全国に並立することとなったことに伴い、東京の外国語学校の呼称もまた「東京外国語学校」へと変化していく。『文部省往復及同省直轄学校往復』に含まれる通達を見る限り、一八七四（明治七）年二月頃より「東京外国語学校」の呼称が用いられた文書が散見される。正式に「東京外国語学校」の呼称が使用されたのは、文部卿木戸孝允より直轄学校名称に関する通達が送られた同年四月一七日以降のことである。

東京外国語学校における最初期の教育課程

開設間もない東京外国語学校の様子はどのようなものであったのだろうか。

まず初年度の生徒数は、『文部省第一年報』によると、表2-2の通り、五四二人であった。

このうち「試験未済」と記載され等級が不明な八九人を除いた四五三人の内訳を見ると、言語別では英語学が二三六人（五二・一%）と圧倒的人気を誇り、次いで、独語学九六人（二一・二%）、仏語学七五人（一六・六%）、清語学三二人（七・一%）、魯語学一四人（三・一%）の順であった。また上等・下等の区別では、下等が三五九人（七九・二%）と圧倒的多数を占めていることがわかる。これらの生徒に教授していたのは、日本人教師が一七人、外国人教師が一五人（英人六人・仏人三人・孛人（プロイセン人）三人・魯人一人・米人一人・清人一人）であった。

（単位：人）

学科	等	第1級	第2級	第3級	第4級	合計
英語学	上等	28		24		52
	下等	29	29	28	98	184
仏語学	上等				32	32
	下等	20	14	9		43
独語学	上等				10	10
	下等	20	27	21	18	86
魯語学	下等	5			9	14
清語学	下等	9	9	5	9	32
合計		111	79	87	176	453
試験未済	英					58
	仏					21
	独					10
総計						542

表2-2　1873年における東京外国語学校の生徒数
『文部省第一年報 明治六年』より作成。

次に教育課程を見ていこう。週の時間数については「外国語学校教則」よりも多い週三〇時間と定められ、各語学に共通していた。その学科内容については、語学別に見ると、表2－3の英語学と清語学の学科名称に見られるように、各語学の特性を踏まえてか、その内容が異なっており、教育課程が語学別に設計されていたことがわかる。

とくに清語学については、もともと「外国語学校教則」においても「支那語学教則」については別に定める（第七条）と記載されており、当初より他の諸語学とは別の教育課程が想定されていた。

また、表2－3の英語学の学科時間数に見られるように、読方、会話、文典、書取、作文、綴字、習字、暗誦など語学授業に多くの時間が割かれている一方で、すべての学年で算術の授業が実施され、下等第一級からは地理、歴史、上等一級からは代数学、幾何学、論理、画学といった一般教育が行われている。その開始時期（等級）に差異は見られるものの、英語学だけではなく、仏語学、独語学にも共通しており、専門学校への進学者を想定した教育課程であったことがうかがえる。

なお開設二年目を迎えた一八七四（明治七）年には「生徒試験ノ方法及進歩ノ概略」が定められ、試験の実施方法と評価の方法が決定している。『文部省第二年報　明治七年』（一八七五年）によると、試験は学校長臨席のもと各級の受け持ち教諭（外国人教諭・日本人教諭）により実施された。各学科の最高点は六点、最低点は〇点とされ、試験終了後に教員が集まり各生徒の「平常ノ品行学力勤惰等」を協議して評点を出すこととなっていた。試験終了後には、各生徒に対して「学業品行勤惰学力等」を記載し、受け持ち教官の所見を記載した通知表を授与することとなった。

写真2－5は一八七五（明治八）～一八七八（明治一一）年頃の仏語学の通知表である。通知表はフランス語と日本語で併記され、右下には担当教諭（日本人・仏人）の名前と、当時学校長を務めていた内村良蔵の印が確認できる。左上には「点格」として六点の「優（Très-bien）」を筆頭に、〇点の「拙（Très-mal）」までの評価が記載され、その下には学科ごとの「課業評」（評点）が記載された。また評点の合計と席順（席次）のほか、学習態度への所見も記載されており、生徒の学習意欲向上が図られた。

　他方で、東京外国語学校は、開成学校の校舎を引き継ぎ開設された（写真2－4）。連綿と続く学問の系譜とともに学舎を引き継いだと言えば聞こえはいいが、実際のところ開設当初より老朽化が進んでおり、『文

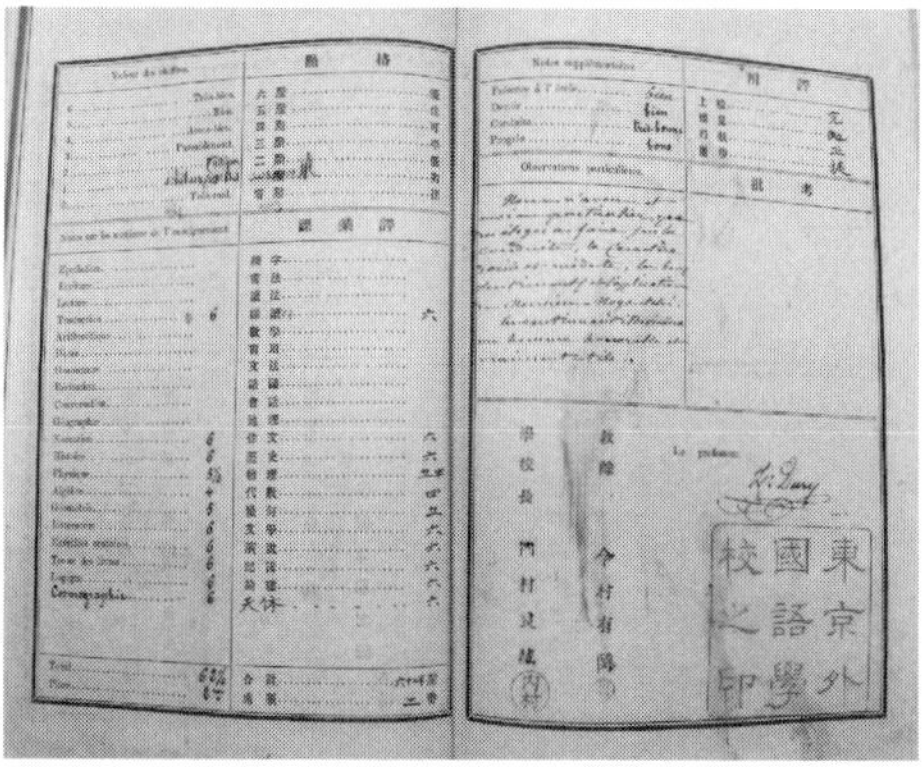

写真 2-5　1875〜1878 年頃の仏語学成績表

英語学

	下等						上等	
	第４級丙	第４級乙	第４級甲	第３級	第２級	第１級	第３級	第１級
読方	5	5	5	6	6	5	4	3
会話	6	6	6	6	4	4	3	2
文典				2	4	5	6	3
書取				2	3	3	3	2
作文					2	2	3	2
綴字	6	6	6	3	2			2
習字	6	6	6	4	2	1		2
暗誦	1	1	1	1	1	1	1	1
算術	6	6	6	6	6	6	6	2
代数学								2
幾何学								2
地理						2	2	2
歴史						1	2	2
論理								1
画学								2
合計	30	30	30	30	30	30	30	30

仏語学

	下等			上等
	第３級	第２級	第１級	第４級
読方	6	3	4	4
会話	6	6	6	3
文法	4	3	5	4
書取	3	5	4	3
作文		2	2	4
書方	6	6		
暗誦	2		1	1
単語		3		
算術	3	2	6	5
地理			2	3
歴史				3
合計	30	30	30	30

独語学

	下等				上等
	第4級	第3級	第2級	第1級	第4級
読方	6	6	5	5	4
会話	6	4	4	4	3
文法	3				
文典		3	3	3	5
書取	4	3	4	3	3
作文	2	3	3	3	2
暗誦	3	3	3	2	2
算術	6	6	6	5	5
地理		2	2	2	3
歴史				3	3
合計	30	30	30	30	30

清語学

	下等			
	第4級	第3級	第2級	第1級
作文			3	3
写誦	6	6	6	6
授読	6	6	6	6
授算	6	6	6	6
話稿			6	6
解文			3	3
学字	6	6		
撮句	6	6		
合計	30	30	30	30

表 2-3（右頁の表・上の表ともに）
東京外国語学校学科時間数
『文部省第一年報　明治六年』より作成。なお魯語学の記載はない。

部省第二年報』には「本校ノ位置、学校ニ適セス其建築タルヤ卑矮古朽屡改補修繕ヲ以テ保持セシモノナレハ風雨ノ際或ハ壊頽センコト測リガタシ」と修繕により何とか維持していた状態が記載されている。そのため一八七八年には改修工事が行われている。

「外国語学校教則」の改正と官立外国語学校の役割の変化

外国語学校の教育課程を定めた「外国語学校教則」は、公布から一年を迎えた一八七四（明治七）年五月二九日、大きく改正されることとなる。この改正が早くも制度化されたばかりの官立外国語学校の廃止の発端となっていく。その改正内容と影響を見ていきたい。

外国語学校教則は、目的を定めた第一条から大きく変更された。従来の教則では、その教育の対象として「通弁ヲ志スモノ」と「専門諸科ニ入ラント欲スルモノ」、つまり通訳志望者と専門学校進学者が挙げられていたが、前者の「通弁ヲ志スモノ」への教授という文言がなくなり、「外国語学ヲ志スモノ」と「専門学校ニ入ラント欲スルモノ」を教授する学校へと変更された。これは通訳の養成にとどまらない「外国語学」の教育へと、その間口を広げた点で大きな変化であった。他方で、専門学校進学者への教育が継続して目的に明記されたことで、専門学校進学への予備門としての性格を強めていくこととなる。

この目的の改正を踏まえ、教育課程についても修正されている。まず上下二等に区分された内訳が、従来の各四級計八級から各三級計六級に再編、各級の修業期間は六か月から一年に延長され、結果として修業年限は四年から六年へと大幅に延長された（第二条・第三条）。これにより増加した授業時間数には、物理学や博物学、経済学など一般教育の学科が増設されており、「通弁」（通訳）の養成という職業教育から「外国語学」の教育という学問の教育へと目的が変化したことで、語学にとどまらない幅広い学科の修得が目指されたと考えられる。

また、外国語学校で取り扱う語学の種類については、「此学校ハ専ラ英語ヲ以テ教授スルモノトス」と英語に特化することが明記された（第八条）。この条文の変更は、社会における英語への関心の高まりを背景に、文部省が、外国語とは英語である、と英語の重要性を認識したことの表れであった。但し書きで「東京外国語学校教則ハ此例ニ非ス」と明記されたことで、東京外国語学校のみは、その後も複数語の教育を担うこととなるが、この条文がその後の官立外国語学校の位置づけに大きな変化をもたらしていくこととなる。

東京英語学校の分離と外国語学校の役割の変化

「外国語学校教則」の改正にも見られるように、外国語のなかでも、とりわけ英語への関心が高まっていた。英語は、外交交渉といった公的な場だけではなく、開港以来、外国人との取引が増えるなか民間の場においても、その需要は増しており、慶應義塾をはじめとする私塾も

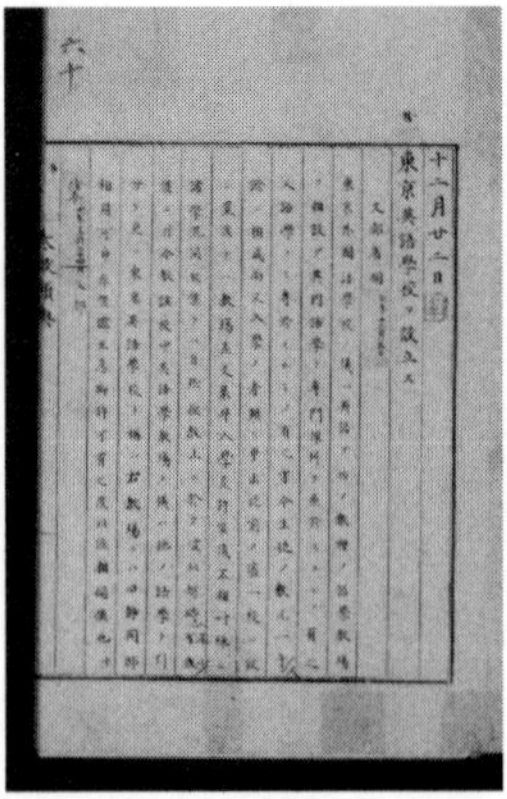

写真 2-6 「東京英語学校ヲ設立ス」

多数開設されていた。その影響は東京外国語学校においても、英語学への人気の集中という形で顕在化していく。

『太政類典』に収録された公文書「東京英語学校ヲ設立ス」（写真2－6）によると、一八七四（明治七）年一二月には、英語学への人気が集中した結果、「生徒ノ数凡一千人余」となり、およそ東京外国語学校一校に収容できないほど生徒数が膨れ上がっていた。校内では「諸学混同」し、授業に支障が出るほどであった。そこで文部省は、同じ年の一二月、英語学を東京外国語学校から分離し、「旧静岡邸」を教場に、東京英語学校を設置することを決定した。加えて、愛知、大阪、広島、長崎、新潟、宮城にあった官立外国語学校の名称を、英語学校に改称することを決定した。

これにより、東京外国語学校は英語学を教授しない学校となっていくが、この時点において、東京外国語学校では、この変革を「語学校ノ名実共ニ行ハルヘキ機」と高評価していた。『文部省第二年報』によると、従来は「外国語学」の名を冠していながらも魯語、清語を除いて、その実態は「専門予備校ノ如キ者」であったという。専門学校進学者の多くを抱えていた英語学を分離したことで、専門学校進学者への予備教育を行う役割もまた分離し、名実ともに語学校として「外国語学」の教育を進めていくことが可能となったと、自己評価している。

東京外国語学校内では一八七六(明治九)年三月に校則が改正される。『文部省第四年報 明治九年』(一八七七年)によると、新たな校則では「本校ハ仏語学、独語学、魯語学、清語学ヲ教授スル所」であることが明記され、その定員は五〇〇名とされた。他方で、この校則改正により、上下二等の区分のうち下等が三年、上等が二年とされ、修業年限が計六年から計五年に改められた。翌一八七七(明治一〇)年には「仏独魯語学課程表」「漢語学課程表」が作成されるなど、学科の改正が進められ、外国語学の充実が図られていく。

東京外国語学校において外国語学のあり方が模索されていく一方で、世間の外国語への関心とその評価は大きく変化していく。『文部省第六年報 明治一一年』(一八七九年)には、「我邦人ノ多ク英語ヲ用フル事ヲ知ル」と日本人の多くが英語を使えるようになったと記す一方で、外国語学校の生徒数の減少と、外国語学校の必要性に懐疑的な見解が見られるようになった。『文部省第六年報』によると、数年前を回顧すると、地方に外国語学校の設立が進み、その生徒数は約七〇〇〇人に迫っていたが、一八七七年以降、官立英語学校が廃止され、公私立中学校の多くにおいて外国語を兼修させたことで、外国語学校の生徒数はわずか一七〇〇、一八〇〇人程度にまで減少したという。加えて、開港以来、多くの年月を経て、すでに「外国語学者」は不足しておらず、その需要も低下しており、「別ニ専修ノ学校ヲ要セサルモノアルカ如シ」と、外国語を専修する学校は不要とも主張されている。そして、生徒も「本邦ノ学」を捨てて、「外国語学」を学ぶ場合には「日用ニ不便」が生じることもあると、外国語を学ぶ意義に疑問を投げかけ、現在の外国語学校についても二、三校を除き、数年以内にその性質を変えることになると指摘されている。

なお、このような外国語学校に対する批判的主張が並ぶ一方で、同じ『文部省第六年報』には、諸外国が貿易・工業で競争を繰り広げているなか、日本が各国に対抗するためには「専門修学ノ方法ヲ改良シ益々工芸農商等ノ学術ヲ究明」して、産業を育成することが必要であると、商工業の教育を担う「専門学校」設立の必要性が訴えられていた。政府の教育政策における外国語学校の地位の低下と、商業教育への需要の増大が、後述する外国語学校の商業学校への統合と、廃校の下地となっていく。

このように明治一〇年代（一八七七年以降）に入り、文明開化への批判的な論調が高まると、わずか数年の間に外国語と外国語学校の必要性に陰りが見えはじめることとなった。しかも前出の見解は、雑誌などに投稿された一個人のものではなく、文部省の見解であった点は重く受け取るべきであろう。事実、先述の通り、一八七七年には愛知、広島、長崎、新潟、宮城の外国語学校は廃止され、東京英語学校も東京大学予備門へと改称される。一八七九（明治一二）

年には大阪英語学校が大阪専門学校へと改組され、事実上、外国語学を教育する外国語学校は東京外国語学校を残すのみとなった。

さらに、一八七九年九月には学制に代わり、教育令が発布されている。学制は全国民を就学させることを目指し、学校制度の普及に大きく貢献した一方で、欧米の制度を模倣し、なかば画一的に全国に推し進めたこともあり、多くの弊害と不満を生じさせていた。そのような批判を受け、新たに教育令が発布され、近代教育体制の再構築が目指されていくこととなる。教育令の改正に伴い、東京外国語学校においても学科課程が改正されていく。また、一八八〇(明治一三)年に新たに朝鮮語科が設置された。その生徒は外務省、陸軍省、海軍省の三省の官費生徒を核としていた。

第二節　商業学校の隆盛と東京外国語学校の統廃合

商業教育の隆盛と所属高等商業学校の設置

外国語学校の勢いに陰りが見える一方で、商業振興を図るため、商業教育の拡張が進められていく。文部省は、一八八四(明治一七)年一月には「商業学校通則」を制定し、商業学校の

写真 2-7　大木喬任文部卿
（国立国会図書館所蔵）
（https://www.ndl.go.jp/portrait/datas/30/）

整備に着手している。

同年三月、文部卿大木喬任（写真2－7）は、商業教育の体系を整備し、他の公立私立の商業学校の模範とすること、地方の商業学校の教員を養成することを目的に、「東京外国語学校ノ所属トシテ該校内ニ商業学校ヲ設置スルノ儀ニ付上申」を提出し、東京外国語学校内に官立の高等商業学校を設立することを上申した（写真2－8）。すでに同様の学校としては、一八八一（明治一四）年に東京職工学校が設立されており、他の工業学校の模範となり、卒業生は地方の工業学校の教員に任用されていた。大木は内外の商業が日進月歩の発展を遂げているなか、商業教育の教員養成は「緊要」であるとして、高等商業学校の設立の必要性を説いている。

ではなぜ、東京外国語学校内での設置が目指されたのであろうか。上申では、その理由を、教育カリキュラム面、人員・経費面での合理化を図るうえで「便宜」があるとして以下のように説明している。従来、東京外国語学校では仏・独・露・支那・朝鮮の五語学の教育に加え、普通学科として「商業学科ニ須要ナル外国語学、数学、地理学、物理学其他ノ科目等ト同一類似ノモノ」が教育されてきた。また支那語と朝鮮語については、各言語に通じた者を養成する需要が多いが、独・仏・露語についてはすでに需要がなく、「仏、独語学ノ如キハ他ニ学習ノ道モ有」ると、外国語学校以外での学習の道がある点を指摘している。加えて、生徒数についても減少すべきところは減少し、教官についても「不要ナル者」は「必需ナル者」に替え、校舎などについても併用することを提起し、人員・経費面での合理化を図るために、東京外国語学校内に高等商業学校を併設することを提起している。

この上申を受け、一八八四年三月、東京外国語学校に所属高等商業学校が設置されることとなった。『東京外国語学校一覧畧 本校所属高等商業学校規則 明治十七、八年』（一八八四年、一八八五年）によると、「本校所属高等商業学校ハ高等ノ商業学科ヲ授ケ将来商業学校ノ教員タルヘキ者及商業ヲ処理スヘキ者等ヲ養成スル所トス」（第一条）とされ、修業年限は四年とされた（第三条）。その学科課程は表2－4の通りで、四年間にわたり毎週の合計授業時間数三三時間のうち約四分の一となる八時間が外国語の授業に充てられた。また東京外国語学校に附設された特性を活かし、「但外国語ハ英語、及仏、独、露、支那、朝鮮、語ノ中一語ヲ以ス」（第三条）と外国語は英語に限らず修得が可能であった。

写真2-8 「東京外国語学校ノ所属トシテ該校内ニ商業学校ヲ設置スルノ儀ニ付上申」（国立公文書館所蔵）

（単位：毎週時間）

物理学	地理温習	習字	図書	外国語	体操	通計
3	2	2	2	8	4	33
物理学	地理温習	習字	図書	外国語	体操	通計
3	2	2	2	8	4	33
化学	商業地理			外国語	体操	通計
3	2			8	4	33
化学	商業地理			外国語	体操	通計
3	2			8	4	33
商業法規	商業地理	関税統計	商品 工芸誌	外国語	体操	通計
2	2	2	2	8	4	33
商業法規	商業地理	関税統計	商品 工芸誌	外国語	体操	通計
2	2	2	2	8	4	33
商業法規		関税統計	商品 工芸誌	外国語	体操	通計
2		2	4	8	4	33
商業法規		関税統計	商品 工芸誌	外国語	体操	通計
2		2	4	8	4	33

第1年	第1期	修身学	和漢文	算術温習	記簿法	代数学	幾何学
		1	2	3	2	2	2
	第2期	修身学	和漢文	算術温習	記簿法	代数学	幾何学
		1	2	3	2	2	2
第2年	第1期	修身学	和漢文	商業算術	記簿法	商業実習	商業経済 経済史
		1	2	3	2	6	2
	第2期	修身学	和漢文	商業算術	記簿法	商業実習	商業経済 経済史
		1	2	3	2	6	2
第3年	第1期	修身学		商業算術	商業書信	商業実習	商業経済 経済史
		1		2	2	6	2
	第2期	修身学		商業算術	商業書信	商業実習	商業経済 経済史
		1		2	2	6	2
第4年	第1期	修身学			商業書信	商業実習	商業経済 経済史
		1			2	8	2
	第2期	修身学			商業書信	商業実習	商業経済 経済史
		1			2	8	2

表2-4　所属高等商業学校学科一覧
『東京外国語学校一覧署 本校所属高等商業学校規則 明治十七、十八年』より作成。

東京外国語学校の合併と廃校

所属高等商業学校が設置される一八八四（明治一七）年三月、東京商法講習所が農商務省に移管され、官立では最初の商業学校となる東京商業学校が設置されていた。この東京商業学校は、明治初期から日本における商業教育の普及を目指した森有礼が一八七五（明治八）年に私設した商法講習所の流れをくむ商業学校であり、東京府への移管、一時廃校といった紆余曲折を経て、官立商業学校として成立した。そのため、文部省と農商務省に官立商業学校が並立することとなった。

時を同じくして、同年三月、駐英公使であった森が帰国する。参事院議官・文部省御用掛を兼務した森は、大木喬任文部卿に両校の統合を働きかけていく。その結果、翌年五月には農商務省所管の東京商業学校が文部省へ移管される。さらに、東京外国語学校の仏・独語学については、東京大学予備門に移管されてしまう。この結果、東京外国語学校は露語・漢語・朝鮮語の三語学となった。

そして、一八八五（明治一八）年九月七日「東京外国語学校同校所属高等商業学校及東京商業学校合併ノ儀伺」が提出される。そこでは、所属高等商業学校が商業教育の教員養成を目指していたことから、商業教育を担う東京商業学校とは「学科ニ高低ノ差別」はあるものの、両校ともに「商業上必須ノ学業ヲ授クル所」であり、「管理上及ビ経済上ノ便宜ヲ図」る観点から東京商業学校一校に統合することが提起された。

加えて、高等商業学校が所属する本体の東京外国語学校についても、「外国語学ハ商業上須要ノ関係」、すなわち外国語学が商業に必須の学問であることから、東京商業学校に合併したいと提起された。

この合併提案は一八八五年九月一九日、太政官により許可され、一八八五年九月二一日、文部省所管の東京外国語学校所属高等商業学校と東京商業学校、それに東京外国語学校は合併することが決定し、その校名は東京商業学校となった。校長は元の東京商業学校長であった矢野二郎が務め、旧学校はそれぞれ第一部（所属高等商業学校）、第二部（東京商業学校）、第三部（東京外国語学校）となった。

統合の翌年一月には、第一部は高等部、第二部は普通部、第三部は語学部に改称される。しかし翌月には高等部・語学部は廃止され、遂に一八七三（明治六）年に始まった東京外国語学校の歴史は一度幕を閉じることとなった。

なお、この統廃合については、その後も東京外国語学校関係者のなかでは「恨み節」が語られることとなった。とくに東京商業学校の校舎は東京外国語学校の一ッ橋通町の校舎であったことから、一九三二（昭和七）年に刊行された『東京外国語学校沿革』では「庇を貸して主家を取られ、家族は分散し、一団は大学予備門即ち後の第一高等学校に引き取られ、一団は借家人の所へ這入り込んで各其姓を冒し、桓武天皇より出たか清和天皇より出たか知らぬが此由緒正しき東京外国語学校と云ふ旧家、名門は一朝にして絶家の悲運に遭遇した」（読点は筆者追記）と記載されている。東京商業学校はのちに東京高等商業学校とその名称を変えていくが、その校舎は東京外国語学校時代のものを引き継いでおり、東京外国語学校時代の写真2－4と、東京高等商業学校時代の写真2－9を比較すると、看板こそ異なるものの、校舎が引き継がれた様子がよくわかる。「庇を貸して主家を取られ」たとは言い得て妙である。

写真 2-9　東京高等商業学校の校舎

　このように東京外国語学校は、明治初期の近代教育の黎明期において、通弁（通訳）の養成と高等教育に不可欠な外国語を教授する学校として誕生したが、政府の外国語教育に対する認識が変転し、外国語学校が商業学校に付属する道具として、その地位を低下させるなか、廃校されていった。

東京外国語学校生徒の見た統廃合

この統廃合を、当事者であった東京外国語学校の生徒たちは、どのように捉えていたのだろうか。

東京外国語学校の生徒の大半が東京商業学校に再入学し、一部学生が退学した。統合に伴う生徒数の詳細は表2－5の通りである。生徒の内訳を見ると、第二部（東京商業学校）の生徒数が二二七人と圧倒的に多かったことがわかる。第一部（所属高等商業学校）五五人と第三部（東京外国語学校）八五人と比較するとその差は歴然である。また表中の「給費」とは、月謝を免除され毎月金六円を支給された成績優秀者である給費生を意味し、その割合が多い第三部（東京外国語学校）の優秀な学生たちにとっては、この統廃合は面白くなかったであろう。

（単位：人）

種別	第1部		第2部	第3部		
	本科	予科		露語	漢語	朝鮮語
5年			21	10	5	8
4年			37	5	10	
3年			30	3	8	1
2年	10		65		4	
1年	11	34	74		17	14
計	21	34	227	18	44	23
給費	5			17	22	7
自費	50		227	1	22	16
寄宿	5			18	23	7
通学	50		227		21	16
士族	38		81	17	15	16
平民	17		146	1	29	7

表2-5　統合に伴う東京商業学校の生徒数内訳
「生徒明細表」（『文部省第十三年報 明治十八年』1885年）より作成。

この時、東京商業学校へと転学をせず、退学の道を歩んだ者のなかには、東京外国

写真 2-10　東京外国語学校在籍時代の長谷川辰之助（二葉亭四迷）（２段目一番左）

語学校露語科に在籍した長谷川辰之助（二葉亭四迷）（写真2－10）がいる。彼は「気に喰わない学校の卒業証書を恩恵的に貰う必要は無いと、キビキビ跳付けてプイと退学して了った」（『二葉亭四迷の一生』より抜粋）という。

他方で、この時東京外国語学校から東京商業学校へと転学し、卒業した者のなかには、のちに教育者あるいは実業家として活躍した者も少なくない。例えば、露語科から東京商業学校へと移った平生（田中）釟三郎は、統合を「母屋を取られて檐下に住んでいるような外語の残党は一向に冴えぬ気持ち」であったとし、廃校が伝えられた時の模様を以下のように語っている。

「『語学部は、政府の命令により、本日限りこれを閉鎖する。但し、明日は孝明天皇祭にて休校なれば明日中に退去しても差支えない。』これが室内体操場に集合した語学部生徒の頭上へ、矢野二郎校長の投げつけた宣告であった。語学生の間にはたちまち名状しがたい絶望が一脈の

殺気を呼び起こした」（『平生釟三郎自伝』より抜粋）

同様に露語科に在籍し、商業学校を卒業した大田黒重五郎もまた「外国語学校が廃校となつたと云ふ当時、級友学友は非常に狼狽したものであつた」（『大田黒重五郎翁口述 思ひ出を語る』より抜粋）と、在学生たちの動揺を語っている。

また同じく露語科に在籍し、商業学校を卒業した藤村義苗は、東京外国語学校生徒が商業学校に移った背景と廃校の状況を以下のように語っている。

「併し露清韓の三語学生は人物も極めて少く且つ給費で拘束されて居るのだから、涙を飲んで教場の一隅で居候的の扱ひを受て居た所が、半ヶ年も経たぬうちに、終にその語学部といふものは全廃せられてしまつた。丁度我等が外国語学校へ入つてから四年半の日子を経過した十九年の二月であつた。もうあと半ヶ年で卒業するところを突然廃校せられ、卒業証書の代りに、四年半の間修業せるを証すといふ証明書様のものを貰ふことになつた」（「旧外国語学校時代」『二葉亭四迷』所収）より抜粋）

商業学校への転学、あるいは退学のいずれにしても、学校の突然の統合と廃校に、生徒たちは虚をつかれ困惑したことは間違いない。

第三章　日清戦争と「外国語ニ熟達スルノ士」の養成

東京商業学校への統合と語学部の廃止を経て、東京外国語学校は「消滅」したが、日清戦争を一つの契機とする日本の対外進出の拡大は、直ちに外国語と外国事情に通じた実務者養成の必要性を生じさせた。戦後の帝国議会において、対外進出に不可欠な「外国語ニ熟達スルノ士」の養成が求められるなか、その養成機関として東京外国語学校は「復活」していく。

第一節　日清戦争と附属外国語学校の附設

日清戦争と戦後の外交政策における「外国語学校」の必要性

一八九四（明治二七）年、朝鮮半島における甲午農民戦争を契機に、朝鮮政府が清に出兵を要請すると、日本もまた朝鮮半島に出兵した。両国は乱鎮圧後も撤兵せず対立を深め、同年八月、日本は清が「朝鮮ヲ以テ属邦ト称シ陰ニ陽ニ其ノ内政ニ干渉」していることを批判し、朝鮮の独立を確保することを名目に清に宣戦布告を行った。これにより日清戦争が開始された。翌年四月、日清講和条約（下関条約）が調印され、清国は朝鮮の独立を認め、日本に対して賠償金を支払うとともに、遼東半島、台湾、澎湖諸島を割譲することとなった。

日清戦争が勃発すると、通訳の確保が急務となる。『東京日々新聞』（一八九四年九月一九日）には、陸軍省が通訳募集をしている旨が掲載され、その確保が喫緊の課題であったという。この対外戦争に伴う通訳の不足が、東京外国語学校が「復活」する契機となっていく。

執筆者不明であるが『校友會雑誌　明治三十九年五月』（一九〇六年五月）に掲載された「松籟」と題された論考によると、日清戦争が開始すると「清韓の語学者」の需要が高まり、「旧外国語学校出身者の需要頓に増加し、当時の政府及び国民は旧語学校の単に予備学校としての価値を有したるのみならず、一朝事あるの日に於ては欠くべからざる人士を養成する機関たることを認むるに至りぬ」（読点は筆者追記）と、日清戦争に伴う清語・韓語の需要拡大が、かつての東京外国語学校への認識を、上級学校への進学のための「予備学校」から「欠くべからざる人士」を養成する機関へと改めさせる契機となったことが指摘されている。

他方で、日清戦争とその後の台湾植民地化に至る時点においては、通訳の身分・待遇は低く、その養成計画もまた杜撰であった。当時、戦時における通訳は、戦地の事情に通じる重要な役割を担う者であった一方で、配属後の待遇は「下士卒」あるいは「傭人」と同等であり、結果として軍人のなかには通訳を下に見る者もいたという。この待遇問題は、日清戦争後の台湾領有を機に清語通訳官が恒常的に必要となるにつれ、問題視されていく。

『廿七八年戦役日記　甲』に収録された「大本営より　清語通訳官身分取扱の件（勅令）」によると、一八九五（明治二八）年八月二一日に参謀総長から陸軍大臣にあて「清語通訳官身分」の詮議が提起され、通訳官の「実力ト技能」に応じた地位・俸給を与えること、一定以上の俸給の者は奏任官待遇とすることなどの要望が示された。そうした要望に加え、「殊ニ台湾及占領地ニ於ケル為政ニ至テハ、僅ニ欧米文物ノ一端ヲ窺フノ人ニシテ、能ク其用ヲナスヘキニアラス、必ス清国ノ語ニ通シ清国ノ制度人情ニ熟スル者ニアラサレハ、充分ノ成果ヲ望ム可ラサルモノアリ」（読点は筆者追記）と、台湾・占領地の開発のためには、清の言語と社会制度・文化に熟達した者の必要性が指摘されている点は、特筆すべきであろう。この待遇問題については、戦後の一八九五年九月、駐屯地や朝鮮等への派遣部隊や台湾総督府において「益々清語ニ通スル人ノ必要」が生じており、その必要を満たすために通訳官の身分を「鄭重」にすべきとして、閣議請議案「清語通訳官身分取扱ノ件」が提出され、翌月「陸軍ニ於テ通訳ニ従事スル者待遇ノ件」（明治二八年勅令第一三九号）により、通訳の待遇に関する改善策が定められた。

また大本営は通訳の不足を補うために、日清戦争中、各師団に対して、通訳の現場での養成を命じていた。これに対して一八九五年二月、近衛師団からは「清国通訳官下士卒教育方到底為し能はざる旨回答」がなされており、そこでは「支那語学ハ之ヲ速成セントスルモ殆ント為シ得ベカラサルノミナラズ亦之レガ教官ニ充ツルノ通訳官無之唯今士官学校ニテ僅カニ修学セシ士官アルヲ以テ之レニテ仮ニ教授スルニ過キサル事ニ有之右ノ次第ニ付下士卒ヲ通訳官トシテ使用シ得ル如ク教育スルハ到底無覚束ニ存候」と、通訳官を指導する教官もない状況において支那語の速成は不可能と回答している。その後、通訳の速成については断念したようであるが、通訳養成を軽んじていた様子がうかがえる。

このように日清戦争は、外国語と地域事情に通じた専門家の不足を顕在化させた。戦後においても、ロシア、ドイツ、フランスが、日本による遼東半島の領有に関して、「東洋永遠ノ平和ニ利アラス」として、その返還を要求した。いわゆる三国干渉である。これに対して日本は清との間に遼東半島還付条約を調印し、還付報償金三〇〇〇万両と引き替えに遼東半島を返還したが、ロシアとの間には不協和音が生じていく。

また新たな領土となった台湾の経営や清、朝鮮半島における権益拡大において清語・韓語は不可欠であった。加えて、台湾領有を機にスペイン領フィリピンと国境を接したことで、一八九五年八月には「国境確定ニ関スル日西両国宣言」が調印され、西語（スペイン語）の需要も生まれた。

さらには明治期の日本にとって、幕末に締結された「安政の不平等条約」の改正は、外交上の主要課題であった。陸奥宗光外相のもと青木周蔵在英公使により進められた改正交渉の結果、一八九四年七月一六日には日英通商航海条約が締結され、各国との交渉を進めるうえで欧米諸言語は不可欠であった。

こうした日本の対外進出に伴う外国語と地域事情の専門家への需要が、外国語学校再興の議論を呼ぶこととなる。

外国語学校の設置に向けた帝国議会における議論

一八九六（明治二九）年に入ると、外国語学校の必要性が第九回帝国議会において建議されることとなる。

同年一月一三日、貴族院において近衛篤麿、加藤弘之、山脇玄が発議人となって、「外国語学校設立ニ関スル建議案」が提出される。

［外国語学校設立ニ関スル建議案］

征清ノ大捷ハ頓ニ中外交通ノ繁忙ヲ促スニ至レリ今日以後外政上ニ工商業上ニ及学術上ニ於ケル中外ノ交通ハ日ニ益隆盛ナラサルヲ得ス而シテ是時ニ際シ先ツ要スル所ノモノハ外国語ニ熟達スルノ士ナリトス然ルニ今日外国語学ノ教授ヲ以テ専務トスル所ノ学校ハ官

私共ニ殆ト之ヲ見ル能ハス豈遺憾トセサルヘケムヤ故ニ政府ハ速ニ外国語学校ヲ創設シ英仏独露ヲ始メ伊太利西班牙支那朝鮮等ノ語学生ヲ育成セムコトヲ要ス依テ政府ハ適当ナル計画ヲ定メ之ニ要スル経費ヲ明治二十九年度追加予算トシテ本期ノ議会ニ提出セラレムコトヲ望ム茲ニ之ヲ建議ス　（貴族院議事速記録第四号『官報号外』一八九六年一月一四日）

この建議案では、日清戦争の勝利が「外政上ニ工商業上ニ及学術上ニ於ケル中外ノ交通」、つまり外交・貿易・学術上の国際交流を活性化させ、「外国語ニ熟達スルノ士」の需要が高まっていることが指摘された。加えて、「今日外国語学ノ教授ヲ以テ専務トスル所ノ学校」がないことを「遺憾」とし、政府に対して「速ニ外国語学校ヲ創設」する計画の策定と必要な予算計上を求めた。また、この建議案では育成すべき「語学生」として「英仏独露ヲ始メ伊太利西班牙支那朝鮮等」としている。

建議案の提出後、加藤が登壇し、その趣旨の補足説明を行っている。そのなかでは、官立外国語学校の廃止以降、大学をはじめ中学校、商業学校、師範学校など多くの学校において「外国語学ハ必ズ学科ニハ有ルコトハアル」が、あくまで「補助ノ学科」であり、「外国語学ヲ専門トシテ教ヘルト云フ学校ハ其後ハ殆ト無イト云フ有様」で、「語ニ熟達シタ人ガ段々減ツテ仕舞ツタヤウナ有様」と、外国語の専門の学校がなくなった弊害を指摘した。そのうえで、日清戦争後における外交上、工商業上、学術上で「中外ノ交通」（国際交流）の拡大の具体的事例として、条約改正の交渉、清との貿易拡大、ロシア・朝鮮との関係拡大、将来的なシベリア鉄道開通に伴うヨーロッパとアジアの関係の変化の可能性、台湾領有後のスペイン領フィリピンとの隣接、ヨーロッパの新興国イタリアとの関係強化を挙げ、一朝一夕には養成が困難な「外国語ニ熟達スルノ士」の養成を求めた。

貴族院において、この建議案への異論が生じることはなく、即日「起立者　多数」により可決された。

同様に一月一六日、衆議院においても柏田盛文により、以下の「外国語学校設立ノ建議案」が提出された。

［外国語学校設立ノ建議案］

今ヤ我国ハ一躍シテ東洋ノ表ニ雄視シ宇内生存競争ノ衝路ニ当ル固ヨリ百般ノ事物一大刷新ヲ加ヘテ膨張的ノ資性ニ順応スルノ準備ヲナサヽルヘカラス殊ニ列国ノ事情ヲ詳悉シ其ノ趨勢ヲ観察シ談笑ノ際外政ニ商略ニ光栄ヲ発揮シ利益ヲ拡充スル敏快ノ手腕ヲ保ツノ人材ヲ養育スルヲ要ス魯清韓ノ如キハ将来益々密接ノ関係ヲ有スルモノニシテ今猶其ノ言語ヲ教授スルノ学校ナク外交モ商業モ殆ント模索以テ之レニ応セムトス樽俎《そんそ》ノ際折衝ノ時

麻姑ノ癢ヲ掻クノ快ナキハ豈雄資ノ一大欠点ニアラスヤ英独仏ノ如キハ頗ル流行ノ観アルモ要スルニ科学ヲ研究スルノ階梯ニ過キス今総テ是等ノ語学ヲ専修セシムルノ必要アリ茲ニ学校規程ノ要領及学課表ヲ添附シテ参考ニ供ス政府ハ速ニ採納シテ設立ノ挙アラムコトヲ望ム（衆議院議事速記録第九号『官報号外』一八九六年一月一七日）

建議案の趣旨と提出後に登壇した柏田の説明については、貴族院における議論に近いが、東アジアの現状について「生存競争ノ衝路」と称し、日本が対外進出を進めるうえで不可欠なより強《したた》かな人材の養成を主張している。彼は養成すべき人材について、「列国ノ事情ヲ詳悉《しょうしつ》シ其ノ趨勢ヲ観察」する地域事情に通じた人材であり、談笑の際にも「利益ヲ拡充スル敏快ノ手腕ヲ保ツノ人材」と、交渉の才に長けた人材としている。また、とりわけ「魯清韓ノ如キハ将来益々密接ノ関係ヲ有スル」として、その言語教育を行う学校の必要性を説いている。

加えて、柏田はその趣旨説明のなかで、日本の対外発展に伴い、外国語を必要とする裾野が広がっている点を指摘し、その具体的な場所として、外務省翻訳官や公使館・領事館の書記など外交に従事する者、文部省所管の高等学校・師範学校・中学校・実業学校などの語学教員、大蔵省税関や逓信省通信局・鉄道局の官吏、海陸軍省の編輯局の翻訳官・通訳官および同省所管学校の語学教員、国内外の商館・銀行・殖民会社、鉄道・保険・汽船・物産などの諸会社、新聞や著述編集者を挙げている。これらは、後述するように、東京外国語学校の卒業生の主な進路となっていく。

また柏田は、過激な表現であるが、これまで、「外国語学ヲバ修メル者」は「唯外国人ノ通弁」であり、その弊害は「軽薄才子」のみが就く職業であったが、日本の対外発展に伴い、「真ノ俊才ト云フモノヲバ選デ、サウシテ其成業ノ後ニハ重ナル地位ヲバ与ヘテ遣ルト云フ望ヲ負ハセナケレバナラヌ」と主張し、外国語に通じた者の地位向上を主張している点は興味深い。柏田の意図するところは、新たに設立を目指す外国語学校が、単に誰かの代わりになって通訳をする人材を養成する機関ではなく、外国語を用い社会を動かす実務者を養成する機関であり、通弁（通訳）と大学進学者の予備教育を目的としていたかつての東京外国語学校と一線を画していることを暗に示す点にあったのではないだろうか。

衆議院では、この後、九名の委員に付託することを決定し、一月二五日特別委員会を経て、同二八日衆議院において「外国語学校設立ノ建議案」に関する特別委員長報告が賛成多数で可決された。

在野における外国語学校再興論

帝国議会における外国語学校設立の議論は、在野における外国語学校再興論によって後押しされていた。そうした議論の中核を担ったのは、かつての東京外国語学校でドイツ語を学んだ卒業生であり、当時学習院教授であった大村仁太郎である。大村は学習院教授のほか、一八九〇（明治二三）年九月には、先の貴族院における建議案提出を進めた加藤弘之や山脇玄らも設立に関与した独逸学協会（獨協学園の前身）の学校教員に就任しており、その縁で加藤らと関係していたと考えられる。また一八九五（明治二八）年には同様に建議案提出にかかわった近衛篤麿が学習院長に就任しており、彼とも接触する機会を持っていたとされる。

大村は教育界において外国語学校の必要性を唱えた。一八九六（明治二九）年の『教育時論』（第三九一号、一八九六年二月二五日）に掲載された「帝国外国語学校設立趣意書ノ綱要」では、その冒頭において「戦捷ノ結果トシテ教育ヲ盛ニスヘキコト、殊ニ外国語奨励ノ最モ必要ナルコト」が主張され、「条約改正実施後ニ於テハ、外人内地ニ雑居スルモノ益々多キヲ加フベシ。是レ我国ノ農工商等、百般ノ事物革新ノ時期ナリ」と、条約改正実施を見据えた準備として「外国語ニ精通スル人士ヲ養成スルノ必要ナルコト」を強調している。また各国語の必要性について、朝鮮語については朝鮮の独立保護と関係強化のため、支那語については清国の新市場における貿易のため、ロシア語についてはシベリア鉄道の敷設に伴う通商と外交のためなどと具体的に触れている。

このように、日清戦争後の日本の対外発展を考えるうえで、外国語学校再興は急務となっていた。

外国語学校の附設とその教育

明くる一八九七（明治三〇）年四月一六日、「高等商業学校ニ附属外国語学校ヲ附設スル」ことが閣議決定され、同年四月二二日高等商業学校に英・仏・独・露・西・清・韓の七言語からなる附属外国語学校を附設することが決定した。かつての東京外国語学校が合併により東京商業学校の語学部となり、その後、語学部が廃止された一八八六（明治一九）年二月から実に一一年ぶりの外国語学校の復活であった（写真3－1）。

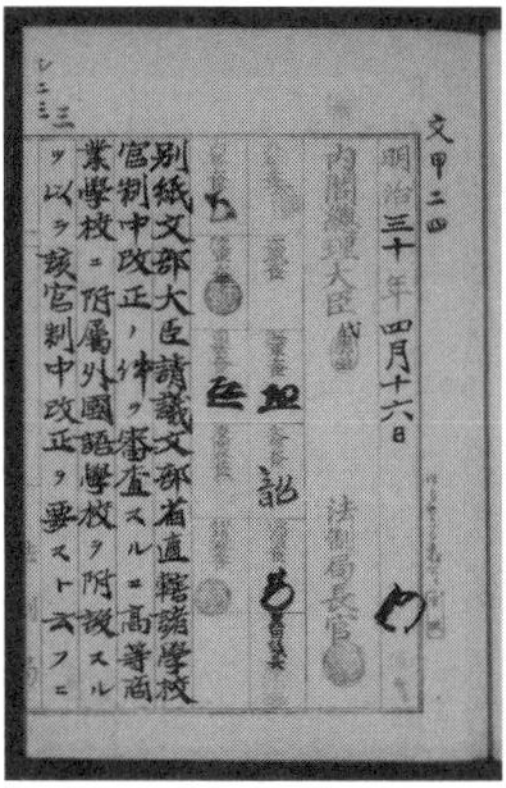
文甲二四
明治三十年四月十六日
内閣総理大臣
法制局長官
別紙文部大臣請議文部省直轄諸學校官制中改正ノ件ヲ審査スルニ高等商業學校ニ附屬外國語學校ヲ附設スルヲ以テ該官制中改正ヲ要スト云フニ

写真3-1　「文部省直轄諸学校官制中ヲ改正ス」（1897年4月16日、国立公文書館所蔵）

附属外国語学校に助教授として在籍した石川文吾の回想「創立当時の外国語学校」によると、附属外国語学校は、一八九七年九月一一日、高等商業学校の商品陳列所を改造した木造二階建ての校舎を本拠に開校することとなった（写真3－2）。しかし、英語科を除く他科については、生徒募集が進まず再募集を行うなど混乱もあり、ようやく二〇日開校式が行われ、翌日から授業が開始した。開校式は、高等商業

写真 3-2　附属外国語学校校舎（神田錦町 3 丁目 14 番地）

学校の講堂において催され、高等商業学校長の小山健三教授の訓辞があったという。附属外国語学校に校長は置かれず、高等商業学校教授の神田乃武が外国語学校主事として、その運営を任された。

『高等商業学校一覧　従明治三十年至明治三十一年』に所収された「高等商業学校附属外国語学校規則」の第一条には「高等商業学校附属外国語学校ハ欧州及東洋近世語ヲ教授スル所トス　現今ニ於テハ英語、仏語、独語、露語、西班牙語、清語、朝鮮語ヲ教授ス」と定められ、七つの言語に関して、「近世語」つまり現代語の教育が行われた。「現今ニ於テハ」とあるように、時世に合わせ、言語を追加する心づもりが当初よりあったと考えられる。

修業年限は三年とされ、設立時の英語科、仏語科、独語科、露語科、西班牙語科、清語科、韓語科には、それぞれ正科と特別科が置かれた。特別科とは、日中就労している者を対象に夕方から授業が行われるいわゆる「夜間学校」であり、官立学校としては初めて外国語学校に設置された科であった。先の石川の回想によると、特別科は正科とは異なり入学者数を制限しな

	学年	学科	毎週時間数
英・仏・露・独・西班牙語（英語科については読方、綴字、習字は省く）	第1年	読方、綴字、習字、書取、会話、作文、訳解	24
	第2年	会話、作文、訳解、文法	24
	第3年	会話、作文、訳解、修辞	24
清語	第1年 第2年	音読、会話、翻訳、作文	24
	第3年	漢文	3
朝鮮語	第1年	諺文、会話、翻訳	24
		漢文	3
	第2年	会話、翻訳、作文、講話	24
	第3年	漢文	3

表3-1　附属外国語学校の授業編成
「高等商業学校附属外国語学校規則」第4条（『高等商業学校一覧 従明治三十年至明治三十一年』所収）より作成。

かったこともあり、多くの生徒が入学し、入学者数から見ると「夜学の方が盛んであった」という。

その授業編成は表3-1の通り、週二四時間の授業のほぼすべてが専攻言語の授業に充てられていた。二年目の一八九八（明治三一）年より全学科・全学年に体操が追加されるが、経済学や国際法等、後述の通り、外国語の実務者として役立つ科目の欠如は、生徒の不満を生み、のちに独立運動につながる請願のきっかけとなっていく。

また、生徒の入学資格については、尋常中学校以上の学校の卒業証書を有する者は入学試験を免除され、私立学校出身者については「学校長ノ適当ト認ムルモノ」と定められた。志望者が募集人員を超過した場合には外国語・国語・

漢文の試験が課されたという。初年度の入学志願者数については記録がないが、一八九八年度においては正科二三九人（うち入学者一一四人）、特別科二四八人（同一六五人）であったという。退学者も多く、正科四三人、特別科一五三人を数え、設立当初の学校運営は困難を極めたものと推察される。

第二節　東京外国語学校の独立

東京外国語学校の独立に向けた動向

独立に向けた経緯については、『外国語学校同窓会会報』第一号に掲載された「同窓会の創立を賀し併せて委員諸氏の労を謝す」との記事によると、その発端は生徒らによる請願にあったという。以下、同記録を中心に独立に向けた動向を紹介したい。

附属外国語学校の附設から一年を経た一八九八（明治三一）年五月二八日、生徒有志が同窓会の組織化に向け、相談会を開催するなか、商業学校からの分離独立と「経済学国際法等の如き語学を以て立つ者には適切必要なる専門諸学科」の増設を求める声が高まった。翌月、この「二大要件」ついて、夏季休業中に検討を進めるため、各語科より委員を選出し、七月一九日、生徒代表は神田乃武主事に対し、この分離独立と学科増設について請願を行った。神田はこれに同意するとともに、文部省への働きかけを行うこととなった。他方で、この時、すでに前文部大臣外山正一により語学校の独立経費案の検討が進められていたという。

この結果、同年九月には、高等教育会議に、外国語学校同窓会賛助会員であった井上哲次郎の手で、「外国語学校独立に関する建議案」が提出されることとなった。

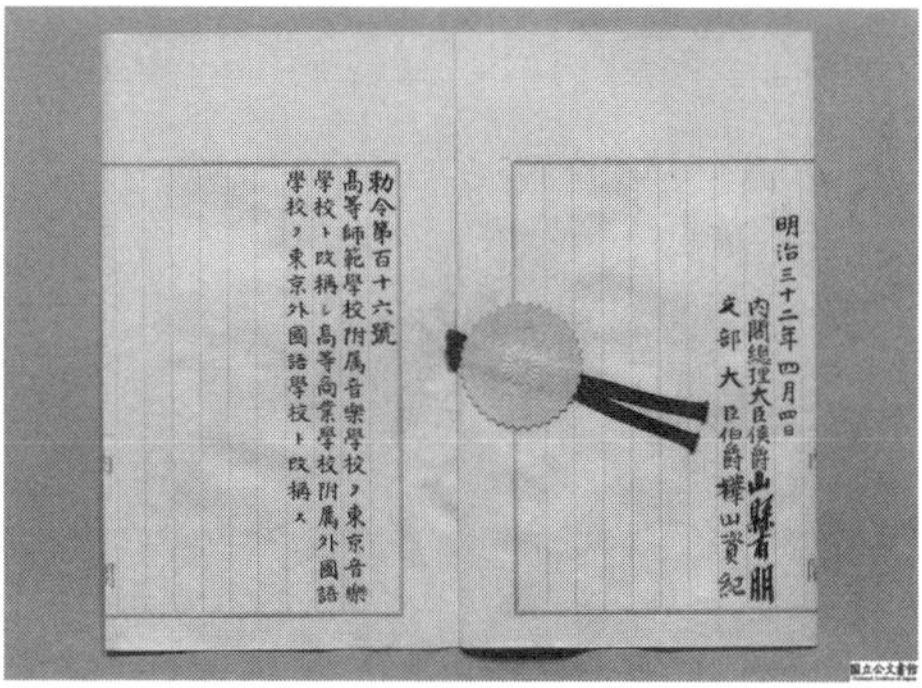

写真 3-3　「高等師範学校附属音楽学校及高等商業学校附属外国語学校改称ノ件」（国立公文書館所蔵）

井上は、附属外国語学校が「国家の大計上必要欠くべからさるもの」であるにもかかわらず、「独立したる一学校」ではないため、十分な措置が講じられていないこと、「特に其保護奨励」が求められている露語、清語についても生徒の養成や教師の充実が進んでいないことを指摘し、独立した暁には「教師をして、子弟を養成する傍、有益なる著述及び翻訳に従事せしめ、生徒をしては、国家必要の語学及び学術に達せしむると同時に、一方に於ては、勉めて敢為進取の元気を養成せしめざるべからず」と教師・生徒が奮起すること

写真 3-4　東京外国語学校校舎（神田錦町 3 丁目 13 番地）

を主張し、附属外国語学校の独立を求めた。この建議案には、先の第九回帝国議会貴族院において「外国語学校設立ニ関スル建議案」の建議者であった加藤弘之と、第一高等学校長であった沢柳政太郎が賛成者として名を連ねた。

折しも官立の専門学校の設立が求められていた時期であったことも功を奏し、一八九九（明治三二）年四月四日「高等師範学校附属音楽学校及高等商業学校附属外国語学校改称ノ件」（写真3－3）が裁可され、附属外国語学校を独立させ東京外国語学校（写真3－4）と改称することが決定した。

他方で、生徒の要望であった学科の増設については、同年九月に規則改正により達成された。これにより、第三学年より国際法、経済学、教育学の三科を増設し、「専門的智識ヲ注入」することが定められ、正科生はそのうち一科もしくは二科を専修することが可能となった。また正科生のうち清語、韓語二年級以上の者については希望により英語の兼修が認められたほか、正科生については希望により自身の専修言語以外の特別科の生徒になることが認められることとなった。その後、この第一期生の請願により追加整備されることとなった専門学科は、東京外国語学校が外国語に通じた実務者の養成を果たしていくうえで、重要な存在となる。

独立後の東京外国語学校の教育課程と行事のはじまり

独立後の東京外国語学校には、英語、仏語、独語、露語、西語、清語、韓語に、伊語が加えられ八言語となり、従来の正科・特別科は、それぞれ本科・別科へと改称された。また副科として経済学、国際法、教育学の三科が置かれ、附属外国語学校時代の教育改革が引き継がれることとなった。

そして、一九〇一（明治三四）年四月には東京外国語学校規則が改正され、その第一条は「本校ハ外国語ニ熟達シ実務ニ適スベキ者ヲ養成スル目的ヲ以テ欧州及東洋ノ近世語ヲ教授スル所トス」と、外国語の実務者養成が本校の目的であることが明記された。同時に、副科に言語学と、英語、仏語、独語からなる副科外国語が増設され、本科生徒は少なくとも二つの外国語を修得することとなった（表3－2）。また、第二・第三学年の「正科語学」の授業に際しては「当該各国ノ歴史地理及文学ノ大要ヲ教授スルコト」が定められ、教育課程上において言語教育だけではなく、地域事情の教育を実施することが規定された。この点は、東京外国語学校が単に通訳の養成を担う機関ではなく、当該地域の専門的な実務者を養成する機関となったことを示しており、重大な変化であった。なお、副科の履修条件は語科により異なり、前学年の総評点の平均が七〇点以上の者については副科をさらに一科追加して履修することが可能であった。

東京外国語学校において独立後の教育体制の整備が進められる一方で、高等教育制度における東京外国語学校の位置づけもまた整理されていく。独立当初より、東京外国語学校は東京美術学校、東京音楽学校とともに、初の官立の専門学校として設置されていたが、一九〇三（明治三六）年三月、「専門学校令」が公布され、専門学校の制度上の枠組みが整備された。同法令では、専門学校は「高等ノ学術技芸ヲ教授スル学校ハ専門学校トス」（第一条）と定められた。帝国大学が一八八六（明治一九）年の帝国大学令において、学術技芸の教授だけでなく、「其蘊奥ヲ攷究スル」ことを目的に定められていたことと比較すると、戦前の東京外国語学校は、教育機関として位置づけられていたことがよくわかる。

独立間もない頃に、東京外国語大学において今なお続く二大行事である「外語祭」と「学内競漕大会」がはじまっている。

（単位：時間）

清・韓語学科		
第１年	第２年	第３年
18	18	18
4	4	4
3	2	2
	(2)※	(2)※
	(2)※	(2)※
	(1)	(1)
	(1)	(1)
3	3	3
28	29	29

科目		英・仏・独語学科			露・伊・西語学科		
		第1年	第2年	第3年	第1年	第2年	第3年
正科語学		18	18	18	18	18	18
副科語学	英語	(4)	(4)	(4)	(4)	(4)	(4)
	仏語	(4)	(4)	(4)	(4)	(4)	(4)
	独語	(4)	(4)	(4)	(4)	(4)	(4)
国語		2	(1)	(1)	(2)	(1)	(1)
漢文			(1)	(1)	(2)	(1)	(1)
経済学			(3)※	(3)※		(3)※	(3)※
国際法			(3)※	(3)※		(3)※	(3)※
教育学			(2)※	(2)※		(2)※	(2)※
言語学			(2)※	(2)※		(2)※	(2)※
体操		3	3	3	3	3	3
計		27	28	28	27	28	28

表3-2　1901年4月に改定された教育課程

なお教育課程の注意書きとして、以下が記載された。多少長いが副科の履修条件を定めた文面であるため、原文通り引用する。

一、正科語学第二年若クハ第三年ニ於テハ当該各国ノ歴史地理及文学ノ大要ヲ教授スルコトヲ要ス

二、表中（ ）印ヲ付シタルモノハ随時選修スルヲ得選修セル学科ハ総テ必修科トナシ正科語学体操ト同一ニ扱フモノトス

第一項　英、仏、独、露、伊、西、語学科ニ於テハ通常一週四時ノモノ一科及一週三時ノモノ一科若クハ一週二時ノモノ一科ト一週一時ノモノ一科ヲ選修スルモノトス但前学年総評点ニ於テ平均七十点以上ヲ得タルモノハ許可ヲ経テ更ニ一科ヲ加フルコトヲ得

第二項　表中※印ヲ付シタル学科ハ一学年ニ於テ完結スベキモノトス故ニ次学年ニ於テ同一ノ学科ヲ選ブコトヲ得ス

第三項　清韓語学科ニ於テハ通常一科ヲ選修スルモノトス更ニ、一科ヲ兼修セントスルモノハ第一項但書ニ準シテ許可ス

三、以上各学科ノ外委託生、研究生、ソノ他ノ生徒ノ為臨時科外講義ヲ開キ必要ナル補修学科ヲ授クルコトアルベシ

『日本帝国文部省第二十九年報 自明治三十四年至明治三十五年』（1902年）より作成。

外語祭は、一九〇〇（明治三三）年にはじまった講演会を起源としている。『校友會雑誌』（第一号、一九〇〇年八月発刊）によると、独立後の一八九九（明治三二）年一二月九日、生徒の有志からなる同窓会は「校友会」へと改称され、文芸部・運動部の二部制となり、その活動の幅を広げていった。翌年四月中旬、校友会の委員会議において「各語学科総合して、一大講演会と挙行」することが決定され、四月二八日、神田一ッ橋の高等商業学校講堂において第一回講演会が開催された。全八語科の代表により各外国語を用いた朗読・演説・演劇が執り行われ、一〇〇〇人を超す来場者があったという。その後、講演会（一九〇〇～一九〇八年）は、語学大会（一九一九～一九二八年）、語劇大会（一九三〇～一九三六年）、語劇祭（一九四七～一九五四年）、外語祭（一九五五年～）へと、その名称を変えながら続いていく。

そして学内競漕大会は、一九〇二（明治三五）年秋に開催された「外国語学校秋季瑞艇競漕大会」に端を発している。東洋組（清・韓）と西洋組（英・仏・独・露・西・伊）に分かれた選手たちが、六人漕ぎの固定席艇に乗り接戦を繰り広げたという。翌年の第二回大会後、競漕大会は「Foreign Languages School」の頭文字をとり、F組（英・仏・独）、L組（露・西・伊）、S組（清・韓）の三組対抗レースに改められ、一九〇七（明治四〇）年の第六回大会に際して第一選手レースの覇者に贈る大優勝旗が作製された。その後、一九二三（大正一二）年からは主として開催時期が春季に代わり、春季大会では第一選手レースに加え、「一年級分科レース」が開催されることとなった。翌年、一年級分科レースがF・L・S三組の一年生対抗レース「覇業レース」と名称を変えていく。戦中の中断を経て、一九五一（昭和二六）年には「戦後第一回」大会が開催され、学内競漕大会は復活し、今日まで継続していく。

第三節　「語学専門なるも通弁たるなかれ」——初代主任教授　浅田栄次の教育方針

附設、そして独立間もない東京外国語学校において、どのような教育が行われていたのであろうか。東京外国語学校初代主任教授を務め、「中興の祖」とされている浅田栄次（写真3－5）の活動を通じて、その教育のあり方を探ってみたい。

写真 3-5　浅田栄次（1865～1914 年）

浅田は、現在、東京外国語大学の府中キャンパスに、唯一碑文が建立され、その業績が讃えられている人物である。二〇〇一（平成一三）年に東京外語会有志により建てられた「浅田栄次博士顕彰碑」には、「明治三十（一八九七）年、高等商業学校附属外国語学校設立に際して英語科教授に就任、二年後に同校が東京外国語学校として独立するにあたり、教務主任に任ぜられ、校長神田乃武を補佐して同校の教育体制の確立に貢献した。多数の優秀な英語教師を育成し片山寛、古賀十二郎、細江逸記、石田憲次、松本季三志、岩崎民平、鈴木文四郎ら幾多の逸材を世に送り出した」と、その業績がつづられている。その生涯から見ていきたい。

浅田栄次と東京外国語学校

浅田栄次は幕末の一八六五（慶応元）年五月二二日、山口県周南市に所在した徳山藩の下級武士の家に生まれ、キリスト教神学研究を志し、渡米した。当時の海外渡航は、命がけであり、留学に先立ち故郷で記した「臨別書」の末尾には、「在米三年ヲ期スト雖モ、明日ノ事余之ヲ知ラス。今去テ畢境ニ向フ、再ヒ帰テ岐山ヲ仰キ鼓海ニ臨ムハ果シテ何レノ日ナラン。生命ハ人ノ与カル所ニアラサルナリ」（句読点は筆者追記）と記している。

その後、聖書研究の第一人者ハーパーに師事し、シカゴ大学大学院博言科においてギリシャ語、アラム語、ヘブライ語、ラテン語、アッシリヤ語、アラビア語、エティオピア語、セミティック語、フランス語、ドイツ語等を修め、その類まれなる語学力により旧約聖書研究を進め、一八九三（明治二六）年五月一日学位論文 *The Hebrew Text of Zechariah 1-8 Compared with the*

Different Ancient Versions（『旧約聖書ゼカリヤ書第一章－第八章の原典比較研究』）（写真３－６）を提出し、同年六月二六日シカゴ大学創立以来最初の博士号「ドクトル・オヴ・フィロソフィ」の学位を受けることとなった。

帰国後、青山学院教授に就任するも、彼のヘブライ語等の原典比較に基づく聖書研究は、国内において未だ受け入れられる土壌が形成されていなかった。一八九六（明治二九）年、青山学院において宣教師等は、「神学校は学問をのみ教へるところではない、生徒霊性の発達を図らねばならぬ」と浅田の教授法に強く異議を唱え、この年アメリカより来日したジョイス監督もまたこの批判を支持し、浅田は苦境に立たされる。これを転機として、浅田は、高等商業学校、附属外国語学校に転出し、英語教育に注力していくことになる。

写真3-6　学位論文 *The Hebrew Text of Zechariah 1-8 Compared with the Different Ancient Versions*（1893年）

浅田は附属外国語学校の主事（後の東京外国語学校の校長）を務めた神田乃武の招きに応じ、一八九七（明治三〇）年五月一日

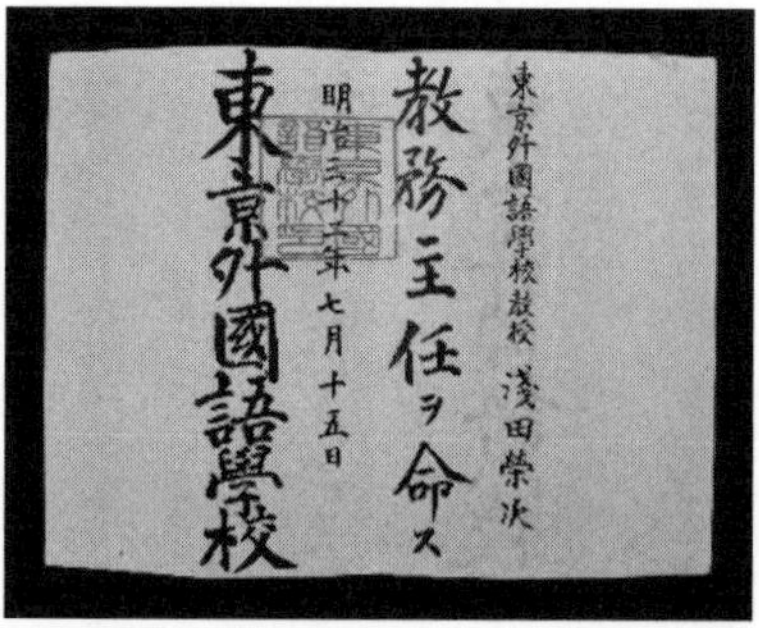

写真 3-7　浅田栄次教務主任任命状（1899 年）

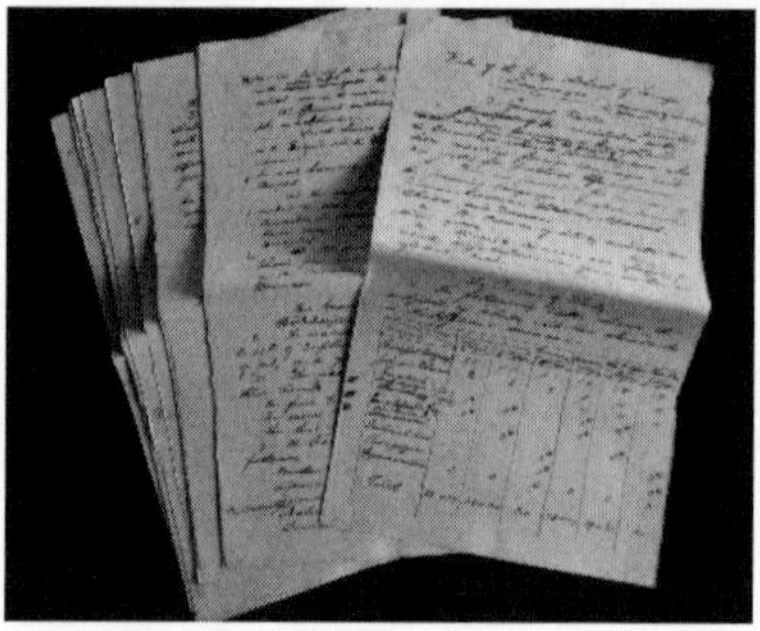

写真 3-8　東京外国語学校規則（1904 年）

東京高等商業学校英語講師、同年八月二七日に同校附属外国語学校教授に着任した。二年後の一八九九（明治三二）年七月一五日、同校が分離して東京外国語学校が独立すると、浅田は教務主任となり（写真3－7）、発足間もない同校の体制整備・運営を担っていく。浅田の故郷山口県周南市の中央図書館が保管する浅田の遺品のなかには、"Rules of the Tokyo School of Foreign Languages" と題された東京外国語学校規則の英語によるメモ書き（写真3－8）が存在する。この小テスト答案用紙の裏紙に記された規則から、浅田が発足間もない東京外国語学校の体制整備に深く関与していたことがうかがえる。

浅田は学内において英語教育の人材育成に努めるとともに、学外にあっては文部省視学委員等に就任し、『小学校用文部省英語読本』の編纂を担い、日本の英語教育に大きな功績を残している。

一九一四（大正三）年一一月九日、神田錦町にあった東京外国語学校においてサザランド女史（E. Southerland、カナダの朗読家）の講演会が行われ、浅田は同会に出席予定であった。時間までの間、図書室で勉強しようと、図書係に「此所は静かで宜しいから少し勉強しませう」との言葉を遺し、図書室書庫に入った浅田は脳溢血で倒れる。翌日、夫人と医師の看病も空しく、永遠に世を去った。

浅田栄次の教育方針とその授業

では浅田栄次は東京外国語学校において、どのような教育を推し進めたのであろうか。浅田の教育方針は、独立間もない東京外国語学校の基礎を築いたとされる。彼が入学直後の新入生に対し、在学中の心得として諭した「一年級諸氏に告ぐ」と題した訓辞には以下のように記されている。

［一年級諸氏に告ぐ］

歓迎――少くとも三年間師弟の関係。

他の学校の英語科と異なり英語専門なり、故に正則中学校の少年にあらず、大人待遇をなすべし。

生徒間の親和一致――学力の優劣、年齢の高低、性質の異同、出身学校、郷国等により朋党を作るべからず。

教師と生徒との融和――学問上の事のみならず、道徳品行、財政下宿等に関しても相談相手たるべし。

教師は完全なる学者にあらず唯指導者たるを得ば幸甚、各教師の発音解釈其他の意見相異ならん。

語学専門なるも通弁たるなかれ、西洋の文物を学び世界的人物と作れ、アングロサキソンの精神を学べ。人物養成を旨とす。


そこでは教員との人間関係や規律を守ること等の生活指導に加え、「語学専門なるも通弁たるなかれ、西洋の文物を学び世界的人物と作れ、アングロサキソンの精神を学べ。人物養成を旨とす」と、語学習得には言語だけでなくその文化的背景も含めて理解を深めることの重要性を説いた。他方で、一九〇〇（明治三三）年第一回卒業生の送り出しに際して浅田が述べた祝辞「東京外国語学校第一回卒業生諸氏ヲ送ル」（写真3－9）では、浅田は「諸氏に対して二三の希望あり仮令ひ諸氏にして如何なる高貴の地位に昇るも、如何なる富豪の身となるも、又如何なる事業を執るに至るも決して自から外国語学者たることを忘るゝ勿れ、又他の外国語学者に同情を表することを忘るゝ勿れ、今より教鞭を執らんとするものは論を待たず、将来孰れの専門学を修むる者も外国語学研究の精神を失ふ勿れ、外交官政治家の劇務に当る者も、愈々外国語の智識を増進せよ、貿易実業の社会に入る者も、外国語を基礎とすることを忘るゝ勿れ」と、いかなる職に就いても「外国語学者」であることを、「外国語を基礎とすること」を説いた。

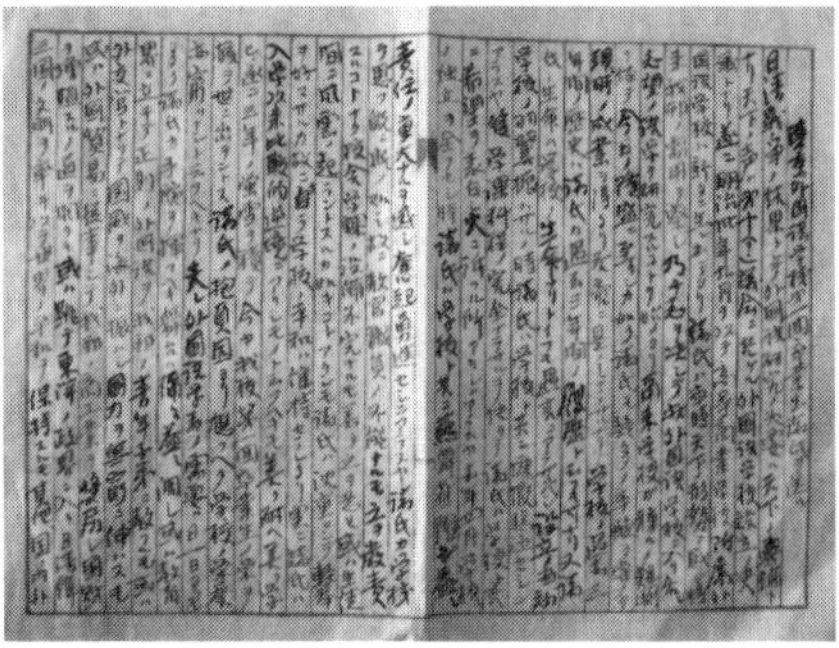

写真3-9　「東京外国語学校第一回卒業生諸氏ヲ送ル」（1900年）

先に紹介した通り、附属外国語学校時代から副科として経済学、国際法、教育学が置かれ、外国語修得を基礎に各地域の文物への理解拡充が目指されていたが、この浅田の訓辞はそうした当時の東京外国語学校の教育理念を示していると言える。また現在、東京外国語大学はその目的を「世界の言語とそれを基底とする文化一般」について研究教授することに定めているが、浅田が、今日まで続く外国語教育のあり方を築いたと言っても過言ではない。

浅田自身の授業については『淺田榮次追懐録』に採録された卒業生下山忠夫の論稿がその様子を伝えてくれる。その概略は要約すると次の通りである。

【一年次】

パラフレーズ（週四時間）：教材ベンジャミン・フランクリン『自叙伝（Autobiography）』。一節程度を音読後、易しい語で言い換えさせ、不十分な箇所を質す。全て英語で実施するため、解釈と会話の練習が同時にできた。

講義（週一時間）：「中学校時代の悪い発音を早くunlearnせよ」との注意のもと、発音の訓練実施。次に雄弁術に移行し、浅田が模範演説を実施。手紙の書き方・エチケットの授業もあり。

【二年次】

訳解（週三時間）：教材スウィントンEnglish Literature生徒の誤訳の注意と難解箇所の読解。

作文（週一時間）：課題作文を一時間で書き上げ提出し、浅田が添削をして返却。

講義（週一時間）：一般文法書に記載のない文法事項の紹介。

スピーキング（週一時間）：一時間に四、五人を指名し、演説の暗誦・朗読等をさせ、批評。

【三年次】

翻訳（週三時間）：教材スウィントンEnglish Literature、Daily Mail紙（海外版）。

作文（週一時間）：前年通り。

講義（週一時間）：最新の語学教授法を紹介。三学期は第一中学校をはじめとする中学校での授業参観。

スピーキング（週一時間）：即席の演説、討論。

授業のなかで重視されたことは「耳、口、目、手の技能」のすべてを活用すること、そして耳→口→目→手と、音声から文字へと順序だって言語習得を行うことであり、「語学の基礎は記憶力のみにあらず思考力亦与て力あり」と主張している。

また浅田の授業・指導に対する厳格な態度は、しばしば生徒から恐れを抱かれるほどであった。のちに東京外国語大学の学長を務め「辞書の岩崎」とも呼ばれた岩崎民平は、在学時代の浅田について「悪い事があると決して御見逃しになる事なく憚るところ無く御叱りでした。私は今でも怠けて充分に下読をしないで先生の時間に出て居た時の不安さを思ひ出す事が出来ます」と語り、「畏敬」の対象として浅田を見ていた。

東京外国語学校の卒業生の進路

卒業生の進路は、独立後の東京外国語学校の成否を占ううえで、重要な意味を持っていた。一九〇〇（明治三三）年度に附属外国語学校時代の一期生四二人が卒業し、その後徐々に卒業生数が増えていく。表3-3は、一九〇〇年度に第一期生が卒業してから一九〇五（明治三八）年度までの卒業生の進路に関する統計表である。明治期の学校統計は一部未整備であり、また卒業時点の進路であるためその後の転職状況等を反映していないことから、必ずしも実態を示したものではないが、その傾向を見てみよう。

第一期卒業生四二人のうち、その四割は「学校教員」となっている。その後も毎年度、学校教員を輩出しており、初期の卒業生にとって、語学を活かすわかりやすい進路の一つであったと考えられる。とくに浅田栄次のもとで学んだ英語科については学校教員となる者が多かった。浅田は、卒業間近の三年生には英語教員志望者を念頭に、授業準備や自己研鑽の継続だけでなく、学校での立ち居振る舞いや生活習慣にまで及ぶ社会における処世術を示し、この教訓は英語科の卒業生の一つの伝統であった。浅田が教鞭を執った一八九九（明治三二）年度から一九一四（大正三）年度までの英語科卒業生のうち、約半数が英語教員として日本各地の専門学校あるいは中学校、高等女学校に着任した。その後の昭和期の東京外国語学校入学者のなかにはその志望理由を「中学時代の恩師の影響を受け」と答える者も少なくないが、その背景に

年度	1900	1901	1902	1903	1904	1905	合計	割合
	人	人	人	人	人	人	人	%
役人	12	6	8	3	4	9	42	9.6
銀行員・会社員	-	11	20	12	11	18	72	16.5
学校教員	17	13	14	5	11	13	73	16.7
銀行員・会社員のうち外国駐在者	5	-	5	5	3	3	21	4.8
陸海軍通訳	-	-	-	-	58	20	78	17.8
外国官庁職員	2	-	-	-	-	-	2	0.5
学生または研究者	-	-	13	24	15	12	64	14.6
自営業	-	7	1	-	-	3	11	2.5
外国留学者	-	1	3	-	1	-	5	1.1
陸軍幹部候補生および兵役	2	3	3	-	1	-	9	2.1
進路不明者	4	14	12	8	12	8	58	13.3
死亡者	-	-	-	-	2	-	2	0.5
合計	42	55	79	57	118	86	437	100.0

表3-3　1900～1905年度の卒業生の進路
『日本帝国文部省第二十七年報 自明治三十二年至明治三十三年』～『日本帝国文部省第三十三年報 自明治三十八年至明治三十九年 上巻』より作成。卒業時点での統計。年度によっては統計表がなく、また項目およびその名称が異なるため、一部作成者が整理している。

は浅田の「弟子」たる卒業生たちの各地での活躍があったことは想像に難くない。

他方で、一九〇〇年度においては、「銀行員・会社員のうち外国駐在者」を五人輩出する一方で、国内の「銀行員・会社員」として職を得た者がいなかったことから、まだ名も知られていない新設校にとって民間企業への就職先を開拓することが困難であった様子が想起される。二年目以降については、「銀行員・会社員」あるいは「銀行員・会社員のうち外国駐在者」を定期的に輩出していることから、徐々に民間企業においても、東京外国語学校の存在が認知されていったのであろう。一九〇六（明治三九）年度の『校友會雑誌』に記載された「卒業生消息」によると、卒業生の就職先となった民間企業には、銀行では横浜正金銀行、東京貯蔵銀行、台湾銀行、商社としては三井物産、横浜サミュエル商会、横浜ベッセル商会、その他日本郵船、大阪商船がある。

西語科については、卒業直後に農商務省海外実業練習生制度を利用し、海外における実業練習生を経て就職している者も多い。実業練習生制度とは一八九六（明治二九）年に海外との貿易拡充や海外の産業技能の習得を目的に創設された制度であった。商業練習生と技術練習生に大別され、前者は海外市場の実地調査を通じて各国の商業事情に通じた人材育成を、後者は先進諸国にあって産業技能の習得を目指した。西語科ではこの制度を通じて、メキシコをはじめ中南米各地に渡る者が多く、アルゼンチンに渡り独力で商会を立ち上げた卒業生もいたという。

また、毎年度、「役人」となる者を輩出している。その実態については定かではないが、先の「卒業生消息」を辿ると、大蔵省所管の税関や逓信省の郵便局に勤務している者が確認できる。日露戦争中の一九〇四（明治三七）・一九〇五年度には、卒業直後あるいは繰り上げ卒業を経て「陸海軍通訳」として従軍した者が多いが、この点については次章で紹介したい。

このように、独立直後の東京外国語学校の卒業生たちは、第九回帝国議会において柏田盛文が指摘した通りの職を得て、国内外において外国語を駆使して活躍した。その後、こうした卒業生の世界各地における活躍が、東京外国語学校生による戦前の国際的なネットワークを形成していく。

日本におけるエスペラントの普及と浅田栄次

エスペラントは一八八七（明治二〇）年ロシア領ポーランド出身のユダヤ人ザメンホフ（Lazaro Ludoviko Zamenhof）により生み出された一六か条の文法からなる人工語であり、一九世紀末より各国民・各民族間の言語上の問題をなくす補助語としてヨーロッパの知識人を中心に関心を集めていた。折しも二〇世紀初頭、日露戦争に勝利し欧米諸国との対等な国際関係の構築を目指す日本において、エスペラントは言語上の障害を取り除き、外国人とのコミュニケーションの円滑化を図れる容易な国際語として注目を浴びた。そうした日本におけるエスペラントの勃興に浅田栄次と東京外国語学校関係者は大きく貢献している。

二〇世紀初頭、エスペラントの存在は英語雑誌・新聞等を通じて日本で知られるようになり、研究者たちの間に個人的関心から徐々に広まっていった。この黎明期にその普及に尽力したのは岡山第六高等学校英語教師G・E・ガントレットであった。彼は一九〇三（明治三六）年頃にエスペラントを修得し、学生にその普及を図るとともに、一九〇五（明治三八）年にはエスペラントの通信教育を三度にわたって実施し、研究者など約六〇〇名もの人々が彼からエスペラントを学んでいた。その後、同様にエスペラントへの関心を持った黒板勝美を中心に、日本エスペラント協会が発足する。

一九〇六（明治三九）年六月一二日、神田一ツ橋外学士会事務所に、藤岡勝二、斯波貞吉、飯田雄太郎、黒板勝美、浅田栄次、足立荒人、丸山通一、安孫子貞次郎、薄井秀一、古賀千年からなる一〇名のエスペランチストが集まり、日本エスペラント協会が発足した。

協会設立に尽力した浅田が、いつ、どのような経緯でエスペラントを習得したかについては定かでない。オコンナー博士の *Esperanto: The Student's Complete Text Book* の自習により修得したとされる。浅田の日誌によると、一九〇六年三月一七日に東京外国語学校教職員で開催された高楠順次郎校長の歓迎会・尺秀三郎教授慰労会の折に「自分は委員の総代となつて、エスペラントで挨拶の辞を述べた」（『浅田先生遺稿　英文日誌』）との記録があり、これは日本最初のエスペラント・スピーチであったという。また浅田は、発足間もない協会の活動の中核を担った。同年八月一三日神田一ツ橋外帝国教育会大会等におけるガントレットのエスペラントによる講演の通訳など、浅田は協会の発足以来、エスペラントによる講演の通訳、雑誌『日本エスペラント』の原稿作成に従事した。

浅田自身はエスペラントについて、日本エスペラント協会第一回大会における会員演説「何故にエスペラントを学ばざるべからざる乎」において、学ぶべき理由を述べている。浅田はエスペラントを民族・国家間の紛争をなくし、日本人・外国人ともに習得が容易な国際語として捉え、とくに外国語習得が困難である日本人に、その習得の必要性を説いた。加えて、日露戦争終結間もない日本の置かれた状況を踏まえ、「国際語は世界の力を節約し且つ文明を増進するもので、尚ほあらゆる闘争を避けしめる」平和のための武器として捉え、言語の持つ力の重要性を説いた。その後も、浅田は日本エスペラント協会における活動だけでなく、黒板・安孫子との共著『エスペラント日本語辞書』の編纂や、東京外国語学校における教育活動など、エスペラントの普及を図った。

東京外国語学校とエスペラント

日本エスペラント協会の発足から三か月後の一九〇六（明治三九）年九月、東京外国語学校内に随意科としてエスペラント科が設置された。授業は浅田栄次自身がその教授に当たり、約二〇〇名の生徒が受講し「聴講者講堂に溢るる計りの有様」であったという（『日本エスペラント』第一巻第四号、一九〇六年一二月。『語学』第一輯第一号、一九〇六年一一月、雑報参照）。機関誌『日本エスペラント』によると同時期に横須賀、横浜等日本各地で支部が発足し、各地で演説会が挙行されたようであるが、随意科とはいえ既存の学校単位でエスペラントの教授を開始したのは東京外国語学校が最初であった。

加えて、東京外国語学校では日露戦争に伴う同校の発展を背景に、「各地より東京外国語学校に向け講義録を請求するもの」が多くなり（『教育学術界』第一四巻第二号、一九〇六年）、同年一一月三日、東京外国語学校では語学教師が中心となり英語・ドイツ語・フランス語の三語を軸にその普及を図るため、雑誌『語学』を刊行した。当時の校長高楠順次郎「発刊の辞」には、「従来英語雑誌は沢山出て居る、又独語雑誌も出ては居るが、仏語研究者の為に仏語雑誌は出て居ない、新興国の国民が少くとも英仏独の三国語には通せねばならないと思ふ、そこで此三外国語を纏めたるものとした、別に近来欧米各国に於て大に行はれんとして居る所のエスペラント語をも加へ、又隔号ラテン語を講述し、且毎号世界各国の言語に関する専門諸家の研究や、或は諸外国人の書面等を掲げて、語学の趣味を養成したいと思ふ」とエスペラントへの着目がうたわれ、当初月二回（三日・一八日）、五〇頁で発刊されていた『語学』には、一〜一四号、一九号、二〇号の全一六冊にわたり二頁のエスペラント語講義の枠が設けられていた。第二号には「エスペラントに就て」と題した黒板勝美の論稿も掲載されエスペラントの特徴も紹介された。

この『語学』誌上のエスペラント講師を担ったのは一九〇三（明治三六）〜一九〇五（明治三八）年に東京外国語学校仏語学科選科に在籍した大杉栄であった。彼は同時に日本エスペラント協会の監理下に設立されたエスペラント語学校（本郷区壹岐殿坂習性小学校内）の講師の任に就き、その普及を図った。エスペラント語学校の教授・運営自体は大杉に任されたが、名誉講師に浅田、黒板の名が、顧問には東京外国語学校長高楠の名が並び、その支援を行った。一九〇六年九月一七日に開校式が挙行され、約四十余名の学生が修業期間三か月の講義に応募した。同年一二月一六日神田国民英学会において開催された卒業式では、主任講師大杉による「卒業生諸君に告ぐ」の講義に加え、浅田らによる演説祝辞もあり、協会の機関誌『日本エスペラント』第一巻第六号の表紙には浅田、大杉を中央に据えた写真が掲載された（写真3－10）。

写真3-10　エスペラント語学校第1回卒業式（1906年12月16日、於：東京外国語学校前、写真1列目中央が浅田、その左横が大杉栄）

こうして一九〇六年には大きな盛り上がりを見せたエスペラントであったが、一九〇八（明治四一）年前後を境に急速な衰退を見せる。初芝武美『日本エスペラント運動史』によると、その背景には、日本におけるエスペラント協会の中心人物であった黒板が外遊し、推進役を失ったこと、エスペラントの習得が宣伝されたほど容易でなく、一般の学習者への普及が進まなかったこと、そして大杉をはじめエスペランチストの一部に社会主義者がいたことで、世間から社会主義者とエスペランチストが混同され、一九〇八年六月の赤旗事件や一九一〇（明治四三）年の大逆事件等の社会主義者弾圧が進むなか、エスペラントへの忌避感を生んだことが指摘される。一九〇七（明治四〇）年にはエスペラント語学校は大杉の入獄により閉鎖され、『語学』に大杉の名で掲載されたエスペラント講座も、第一五回（一九〇七年九月三日発行）・第一六回（一九〇七年九月一八日発行）は担当者名が無記名となっており、日本エスペラント協会・東京外国語学校も社会主義者と一線を画すことに躍起になっていたことがうかがえる。

一時的衰退期を経て、一九一四（大正三）年頃よりエスペラントの再興が目指される。休刊状態にあった機関誌が再発行され、字典なども刊行されるなか、浅田もまた同年一〇月エスペラントの発展策十数条を挙げ、奮起を促す演説をしたという。しかし翌一一月、浅田はエスペラントの再興をその目にすることなく急逝してしまった。

なお、もう一名、東京外国語学校関係者がエスペラントの普及に深く関与している。二葉亭四迷（本名：長谷川辰之助）である。彼は一九〇六年七月『世界語（エスペラント）』（彩雲閣）を発刊し、これは本邦初のエスペラント教科書とされる。その背景は二葉亭がウラジオストク滞在中にロシアのエスペラント協会会頭ポストニコフに出会い、日本語によりその教科書を刊行するよう依頼されたことが発端とされる。彼は同地で協会に入会し、エスペラントを習得すると、帰国後ポストニコフとの約束に従い、エスペラント教科書の発刊に至ったという。

第四章　日露戦争、第一次世界大戦と「貿易」「殖民」「外国語」の教育

日露戦争と第一次世界大戦、その後の日本の対外進出の拡大は、進出に不可欠な言語と地域事情の教育を担う東京外国語学校の存在を世間に知らしめていくこととなった。「国策」による対外進出が推し進められるなか、東京外国語学校の役割やその教育体制は否応なしに、「国策」と結びつきを強めていくこととなる。他方で、第一次世界大戦期の高等教育改革の波は、東京外国語学校における言語と地域事情の教育のあり方に一石を投じ、帝国議会を巻き込み、外国語学校の役割が議論されていく。

第一節　日露戦争と東京外国語学校

東アジアの国際変動と東京外国語学校の入学志願者数の推移

外国語学校への入学を志すきっかけは何であろうか。海外への留学、貿易等にかかわる商社

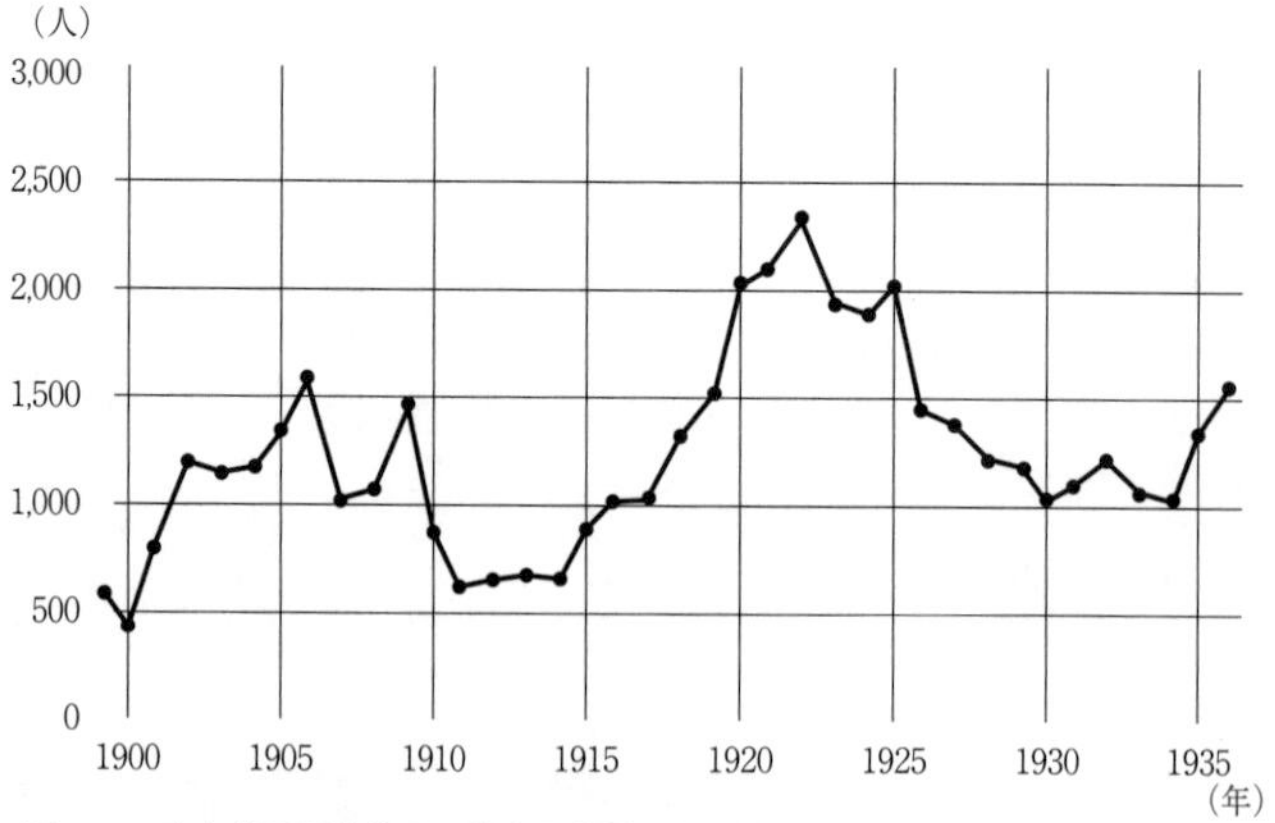

図 4-1　東京外国語学校の入学志願者数の推移（1899～1937年）

や銀行への就職、通訳や翻訳家としての大成、海外への移住など、様々な理由が挙げられる。現在ほど海外渡航が一般的ではなかった時代においては、外国語の需要は、日本の対外政策という「国策」に結びついていた。「外国語ニ熟達スルノ士」の養成を目的に設置された東京外国語学校であったが、独立直後において入学志願者数は少なく、世間からの認知はそれほど高くなかった。その転換点となったのは、日露戦争とその後の日本の対外進出という「国策」であった。国際社会、とくに東アジアにおける動乱と日本の対外進出は、世間の外国語学校への関心を高めていくこととなった。

図4－1は、東京外国語学校が高等商業学校から独立した一八九九（明治三二）年から、日中戦争が勃発する一九三七（昭和一二）年にかけての東京外国語学校への入学志願者数の推移を示したグラフで

ある。その推移は面白いほどに東アジアにおける動乱と日本の対外政策との連動が見られる。本章では、このグラフを読み解きながら、日本の外交政策と東京外国語学校の教育の変遷を追っていきたい。

日露戦争と東京外国語学校への入学志願者数の推移

日清戦争後、一八九〇年代後半に入ると欧米列強は弱体化した清の勢力範囲の分割を推し進めた。一八九八（明治三一）年にはドイツがドイツ人宣教師の殺害事件を契機に、清から山東半島の膠州湾を租借すると、同年にはイギリスが九龍半島と威海衛を、翌年にはフランスが広州湾を租借し、ロシアもまた一八九八年に旅順と大連を租借するとともに、東清鉄道と旅順・大連を結ぶ中国東北部のいわゆる「満洲」南部の鉄道支線の敷設権を獲得した。こうした列強の勢力拡大を受け、清では「扶清滅洋」を唱える義和団が蜂起し、一九〇〇（明治三三）年に北京にあった各国公使館を包囲した。これに対し日本を含む列強は八か国の連合軍を組織しこれを鎮圧し、一九〇一（明治三四）年、清との間に北京議定書を締結した。

このいわゆる義和団事件の後、ロシア軍が中国東北部に駐留し、かつ朝鮮への影響力を増大させると、日本国内では日英同盟の締結によりロシアへの対抗を目指す日英同盟論と、ロシアとの勢力範囲の調整を目指す「満韓交換」論による対立が生じ、東アジア情勢は世論の関心事となっていく。

ロシアによる東アジアにおける南下政策は、日本の権益だけでなく、イギリスをはじめとした欧米各国との間に利害対立を生じさせた。一九〇二（明治三五）年一月、日英両国は「極東ニ於テ現状及全局ノ平和ヲ維持スルコトヲ希望」と表明し、イギリスの清国、日本の韓国における「政治上並ニ商業上及工業上格段ニ利益ヲ有スル」ことを相互に承認し、日英同盟を締結した。他方で、ロシアもまたフランスとともに露仏宣言を表明し、これに対抗する。日露両国はその後交渉を継続する一方で、開戦の準備を推し進めた。翌一九〇三（明治三六）年、ロシアが朝鮮半島北部における軍事基地建設を進めると、日本国内では大きな反発が起こり、開戦論が急速に高まっていく。

一九〇四（明治三七）年二月四日、日本政府はロシアとの交渉打ち切りと開戦を決定する。六日、在ロシア公使を通じて外交関係断絶が通告され、一〇日、日露両国は宣戦布告をし、一九〇五（明治三八）年九月のポーツマス条約まで続く、日露戦争が勃発する。

日露戦争は東京外国語学校の歴史を振り返るうえで、一つの画期となった。図4－1の通り、独立直後、五〇〇〜六〇〇人前後で推移していた東京外国語学校への入学志願者数は、先述の東アジア情勢の緊迫化のなか徐々に増加し、日英同盟が締結された一九〇二年にはついに一〇〇〇人の大台を上回った。翌年微減が見られるものの開戦論が高まるなか、志願者数は当初の二倍以上となる一二〇〇人を超え、日露戦争開戦後の一九〇五年には一三一二人、同年九月ポーツマス条約締結後初めての生徒募集となった一九〇六（明治三九）年には一六七九人と大きく飛躍した。

この日露戦争の影響による東京外国語学校の活況については、『日本帝国文部省第三十二年報　自明治三十七年至明治三十八年』においても、「特ニ本年度ニ於テハ時局ノ影響トシテ世ノ注意ヲ惹起シ本校ニ望ヲ属スル者甚多キヲ加ヘタリ」と、日露戦争が外国語学校への世間の関心を高める契機となったことが記されるとともに、「本校英、仏、独、露、清、韓等ノ各語学科卒業生ヲ始トシ、遂ニハ在学中ノ者ニ至ルマテ斉シク時局ノ急ニ応シ陸海軍通訳ノ任ニ当リタル者二百人ノ多キニ達シ、国家有用ノ実ヲ挙ケタルニ其因セスンハアラス」（読点は筆者追記）と、日露戦争中の本学卒業生・在校生の従軍通訳としての活躍がその背景にあることが記されている。

日露戦争と東京外国語学校の在校生・卒業生・職員の動向

以下、『校友會雑誌』（一九〇六年五月）に掲載された「彙報　明治三十七八年戦役中に於ける本校の情況」を中心に、戦争中の動向を紹介したい。

日露戦争は先述の通り、一九〇四（明治三七）年二月における日本陸海軍の先制攻撃と、両国による宣戦布告により戦端が開かれた。しかし、東京外国語学校の日露戦争はそれ以前よりはじまっていた。

年明け間もなく、陸海軍より「韓語に通ずるもの五六名」を得たいとの緊急の要請が東京外国語学校に入った。これが東京外国語学校における日露戦争のはじまりであった。この要請に対し、電報を駆使しかろうじて対応した本学であったが、陸海軍からの通訳の依頼はこれにとどまらず、一月下旬には某師団より「露清韓各語共数十名の通訳」を依頼され、通訳候補者の養成と捜索は本学にとって重要課題となった。

日露戦争では、交戦国のロシア語（露語）だけでなく、戦場が中国東北部や朝鮮半島であったこともあり、中国語（清語）・朝鮮語（韓語）の軍事通訳の養成が急務とされた。これに対応するべく、三月二三日、露・清・韓の三語科では文部省の許可を得て、卒業試験の繰り上げ実施を行うとともに、同月中に本学規則を改正し、「兵役ニ服スルモノ又ハ戦時ニ於テ通訳トシテ従軍スルモノハ許可ヲ経テ休学シ、事故止ミタル後原級ニ復スルコトヲ得」（第三八条、読点は筆者追記）が追加され、軍事通訳に従事する者のための特別制度が設けられた。当時の本学が、九月入学七月卒業の学年暦であったことを考慮すると、四か月も早い卒業となった。この結果、開戦後七月に至るまでに本学が通訳として輩出した者は一〇〇人以上を数えた。

学年暦が替わっても、通訳に対する需要はとどまらず、露語学科については夏季休暇を廃止して、その養成が進められ、一一月二日には再度文部省の許可を得て第二回の繰り上げ卒業を実施するに至った。これは通常より七か月も早い卒業であったが、「暑中休暇を廃し且開戦以来一層の精励をなしたる」ことにより成績は第一回の繰り上げ卒業と変わらなかったという。清語学科ではやむを得ず、三年生・二年生で成績優良なる者が選出され、通訳とされた。彼らは先述の通訳としての従軍による休学制度を利用したのであろう。

翌一九〇五（明治三八）年一月、三度にわたる旅順総攻撃の結果、二〇三高地を占領した日本軍はついに旅順要塞を陥落させた。この結果、数万のロシア兵俘虜（捕虜）が愛媛県松山や千葉県習志野など各所に設置された俘虜収容所へ送られ、ロシア語通訳への需要が急増した。露語学科では、ついに二年生を通訳として出すとともに、一年生については「実習生」の名のもとに各所の俘虜収容所に配置することとなった。また当時、俘虜情報局の委嘱に応じ、本学内には俘虜がやり取りした書簡の翻訳を担う特別室が設けられ、教師・生徒ともに俘虜の書簡数千通の翻訳に当たった。その後も本学では、二月九日には韓語学科において第二回繰り上げ卒業試験が実施され、露・清・韓語では生徒募集時期を三か月繰り上げ、四月をもって入学試験を行い予定の人員を入学させた。

加えて、通訳不足に対処するため、学外の語学者の調査を進め、露語については旧東京外国語学校の卒業生十余名を、韓語については韓人（韓国人）で日本語のわかる者を介して、その調査を進めた。一九〇四年六月一五日～八月三〇日には、清語学科一二九名、露語学科一八名に対する講習会を開催したという。

こうした露・清・韓語の通訳需要への対応は、教員の確保という点でも困難を極めた。開戦後、在職中であったロシア人教師ヨセフヴィッチが「雇傭条約」期限中でありながらも帰国を希望し、同科の講師兼陸軍教授であった小島泰次郎もまた出征の命を受け、二人の後任探しが急務となった。外国人教師についてはロシア人ロッウィッキーが本学への就職を希望するが、彼の前職が陸軍大佐であったこともあり、より安全な候補者を求め、大学教師であったケーベルに露語教授を委嘱することとなった。他方で、日本人教師としては、ロシア留学中であった八杉貞利を急ぎ召喚し、その欠員を補うことが決定された。同様に陸軍教授を兼務していた織田信義（仏語）や木野村政徳（清語）についても、いつ出征の命が下るかわからず、教員確保は重大な問題の一つであった。また本学教師に対しては、陸軍省から韓語通訳の試験委員の委嘱や俘虜情報局から嘱託の依頼があり、前者については韓語学科の金澤庄三郎が、後者については露語学科の藤堂紫朗および五十嵐清がこれに対応した。当然のことではあるが、養成者に対する需要も高かったと言える。

なお、本学の日露戦争への対応は露・清・韓語の三語科の学生に関する通訳養成にとどまらなかった。外国武官への応対や外国新聞の翻訳等に対応するため、英・仏・独・伊・西の諸語についての通訳需要が途切れなかった。開戦間もない一九〇四年二月一九日、日露戦争に際して日本海軍がイタリアより購入した「日進」・「春日」両艦の乗組員歓迎会が東京市で開催された際には、英語科・伊語科の学生が通訳として参加したという。一九〇五年五月二七日、日本海軍がロシアのバルチック艦隊を対馬沖「日本海海戦」により撃破すると、三〇日には本学職員・生徒一同が講堂において祝勝会を開催した。折しもイギリス出張で不在であった高楠順次郎校長に代わり尺秀三郎が校長代理として式辞を述べ、勝利を祝う「賀表」を朗読後、連合艦隊と東郷平八郎大将に向けた「頌功状」を朗読のうえ、万歳三唱を実施し、同日中に参内し「賀表」を捧呈した、との記録もある。

結果として、日露戦争終結までに陸海軍の軍事通訳として従軍した本学関係者の数は、二〇〇余名に及び、そのうち露語科講師兼陸軍教授であった小島をはじめ、木暮謙二、竹津櫟、長澤貞、倉澤保、角岡安太郎、小野雄志諸の計七名が戦死することとなった。終戦翌年の一九〇六（明治三九）年二月三日、本学は彼らに対する追弔式を築地本願寺において開催した。職員・生徒に加え、遺族と本学出身の通訳官ら約四〇〇名が参加した同会では、尺校長代理が本学校友会代理として祭文を詠み、その後露語学科主任鈴木於菟平、清語学科主任宮島大八、韓語学科主任金澤、通訳官総代池田鐐太郎が祭文を詠んだ。

尺校長代理の祭文では、「諸氏は其平素薀蓄する所を以て邦国に尽すべき秋臻れりとなし職を露清韓語通訳官に奉じ勇躍して出征したりしが不幸中途職に斃れたり」と、彼らが国難のなか身につけた語学をもって尽力したことを讃えている。

日露戦争後、先に紹介した通り、東京外国語学校の名は世間に認知されるに至り、多くの入学志願者を集めることとなった。しかし、皮肉にもこうした犠牲に基づく「功績」により、東京外国語学校は日本の対外進出に不可欠な言語と地域事情を修得させる教育機関としての地位を確定し、「国策」との結びつきを強めていくこととなる。

第二節　日露戦争後の大陸・南方進出と学科の開設

日露戦争後の東京外国語学校の語学科の増設と入学志願者数の推移

日露戦争後、日本は一九〇五(明治三八)年九月、ポーツマス条約を結び、朝鮮半島における優越権と、旅順・大連を含む遼東半島南部の租借権と東清鉄道南満洲の支線の鉄道利権、南樺太の領土、沿海州における漁業権を得た。その後、日本はロシアとの間に日露協約を締結し、韓国における日本と外モンゴルにおけるロシアの特殊権益を相互に尊重するとともに、日露間の中国東北部における利害調整を図り、市場開放の名のもとに同地域への進出を目指すアメリカを牽制した。中国において辛亥革命（一九一一～一九一二年）が発生するなか締結された第三回日露協約では、内モンゴルにおける日露両国の勢力分割にまで発展し、その後の日本の「満蒙政策」の基盤となった。

ロシアとの関係改善と並行して日本は朝鮮半島の支配を推し進め、一九〇五年には第二次日韓協約を締結し、韓国の外交を監理すると、翌年には韓国統監府を置き、初代統監に伊藤博文が就任した。これに対し朝鮮半島では激しい義兵闘争が起こり、一九〇七（明治四〇）年にはハーグ密使事件が発生する。しかし列強により韓国の主張は認められず、逆にこの事件を機に大韓帝国皇帝高宗は退位し、同年七月第三次日韓協約が締結され、韓国は内政権を失い、一九一〇（明治四三）年八月、ついに日本政府は韓国の併合を決定（韓国併合）する。

他方で、日露戦争の終結と前後して、一九〇五年八月日英同盟が改定され、その適用範囲が「東亜及印度ノ地域ニ於ケル両締盟国ノ領土権ヲ保持シ、並該地域ニ於ケル両締盟国ノ特殊利益ヲ防護スルコトヲ目的トスル」（読点は筆者追記）と、インドに至る範囲へと拡大される。これを受け、国策上イン

写真 4-1　東京外国語学校校舎（神田区錦町 3 丁目 13 番地、1913 年の神田大火災により校舎を焼失し、仮校舎に移転）

ドおよび東南アジアの言語・地域事情に通じた専門家の養成が必要となっていく。南進論の議論が活性化するのは第一次世界大戦以降のことであるが、ジャーナリストであり政治家となった竹越与三郎は東南アジア諸国を歴訪し、一九一〇年に著書『南国記』を発表した。その序文では「南国は人類の歴史に現れたる最新の局面にして（中略）政治家に取りても、科学者に取りても、文学者に取りても、極めて興味ある問題なりとす。（中略）今や我国家興隆の炎運に際して、声教四方に光被す。若し此小冊子、我国人をして南国より注意せしむるの筆筌たるを

写真4-2　第五回講演会英語学科集合写真（1905年）

写真4-3　校内第１選手レース優勝Ｆ組（1915年）

得ば」と南国への関心を呼びかけている。

こうした日露戦争後のアジア情勢の変化を受け、東京外国語学校では語学科の改編が進められる。

（単位：人）

年度	本科				専修科			
	露	清	韓	計	露	清	韓	計
1900	35	22	7	64	21	29	1	51
1901	43	33	9	85	33	28	1	62
1902	64	77	28	169	39	94	0	133
1903	59	65	24	148	39	89	0	128
1904	35	107	37	179	26	180	18	224
1905	49	99	40	188	25	150	12	187
1906	47	74	17	138	31	126	9	166
1907	22	41	7	70	14	81	8	103
1908	19	63	18	100	35	50	21	106
1909	30	33	19	82	53	56	28	137
1910	27	43	19	89	20	25	21	66
1911	25	21	17	63	14	25	3	42
1912	22	35	14	71	10	26	0	36

表 4-1　1900～1912 年度の露・清・韓語学科への入学志願者数内訳
『日本帝国文部省第二十八年報 自明治三十三年至明治三十四年』～『日本帝国文部省第四十年報 自明治四十五年四月至大正二年三月 上巻』より作成。

日露戦争以来の露・清・韓語の需要急増に対して、東京外国語学校では、一九〇六（明治三九）年露・清・韓語学科に修業年限一年の速成科を設置した。速成科には露語六一人、清語二〇〇人、韓語五五人が入学を志願し、それぞれ四〇人、六四人、三三人が入学している。とりわけ人気を博したのは清語であったようである。表４－１は一九〇〇（明治三三）～一九一二（大正元）年度の露・清・韓語の本科・別科（のちに専修科）への入学志願者数であるが、ここにおいても北京議定書の締結（一九〇一年九月）以降最初の募集時期に当たる一九〇二（明治三五）年度を境に、清語への入学志願者数が顕著に増加し、日露戦争中にはとくに専修科において一五〇人を超えていたことが確認できる。専修科が修業年限二年かつ一六時以降のいわゆる「夜間学校」であったことを考えると、大陸における日本の権益拡大を商機と見た商人・企業家らが清語修得を志した様子がうかがえる。

写真 4-4　学内競漕大会風景（1914 年アルバム）

写真 4-5　テニスコート風景（1914 年アルバム）

日露協約に基づく中国東北部・モンゴルへの進出に加え、日英同盟の改定に伴ってインド・東南アジア方面に日本の外交政策が向くなか、民間においても商社や企業家がアジア各地にその活躍の場を広げていく。そうしたアジア諸語に対する需要に対応するため、一九〇八（明治四一）年四月、修業年限一年という短期間での外国語の教授を目的とする東洋語速成科が設置され、馬来語（マライ語）、ヒンドスタニー語、タミル語、蒙古語の教育が開始される。その後東洋語速成科は、一九一一（明治四四）年に本科・専修科へと昇格し、この時暹羅語（シャム語）もまた追加された。これにより、東京外国語学校は一三語学科を教授することとなった。

写真4-6 「大教室ト国際学講義」（福岡秀猪教授、1913年アルバム）

馬来語学科では、当時の英領マライ（現マレーシア、シンガポールなど）と蘭領東インド（現インドネシアなど）という植民地下の情勢を反映し、マライ語に加え、各地の宗主国の言語である英語とオランダ語を選択履修することとなっていた。同様に、インド諸語についても、インドの公用語に当たるヒンドスタニー語に加え、南インドからアジア・アフリカの英領植民地に住むタミル語話者との交流を念頭に置いてか、タミル語の教育が開始されている。

アジア諸語の教育が拡充される一方で、必ずしもその需要は長続きしなかった。東洋語速成科の初年度に当たる一九〇八年度の入学志願者数（括弧内は入学者数）は、馬来語六七人（二八人）、ヒンドスタニー語四九人（三四人）、タミル語八人（五人）、蒙古語四八人（二九人）であったが、翌年度以降すべての語学科において入学志願者数は減少の一途を辿り、速成科最終年の一九一〇年には馬来語一一人（六人）、ヒンドスタニー語一一人（七人）、タミル語〇人（〇人）、蒙古語一二人（八人）と半数以下にまで減少している。その卒業者数についても、初年度入学者のうち卒業まで至ったのはそれぞれ一五人、一二人、四人、六人に過ぎなかった。本科・専修科への昇格を果たして以降もその入学志願者数に劇的な変化は見られない（表4－2）。加えて、一九〇七年に営業を開始した南満洲鉄道株式会社（満鉄）の開発や、一九一二年に三井物産がスラバヤ（ジャワ）に進出するなど、卒業生の就職先が存在した蒙古語や馬来語に対して、卒業生の就職先に乏しかった暹羅語については一九一六（大正五）年より当面生徒募集を取りやめている。

東洋語速成科が本科に昇格した一九一一年、「韓語学科」は韓国併合により大韓帝国が消滅したことを理由に「朝鮮語学科」へと改称した。また、日本の一部となったことを反映して、規程上においても「外ニ朝鮮語学科ヲ置」くと、他の一二語学科とは区別された。

（単位：人）

	年度	東洋語速成科→本科					専修科			
		馬来	暹羅	印度 ヒンドスタニー	印度 タミル	蒙古	馬来	暹羅	蒙古	印度
東洋語速成科	1908	67	-	49	8	48	0	0	0	0
	1909	30	-	21	6	23	0	0	0	0
	1910	11	-	11	0	12	0	0	0	0
本科・専修科	1911	19	13	7		7	0	0	3	3
	1912	-	-	-		-	0	0	0	0
	1913	17	10	8		2	0	0	0	0
	1914	-	-	-		13	0	0	3	0
	1915	15	-	4		-	0	0	0	0
	1916	-	（廃止）	-		18	0	0	0	0
	1917	27	-	22		-	12	0	0	0
	1918	-	-	-		8	5	0	0	0
	1919	36	-	28		-	0	0	0	0

表 4-2　1908～1919 年度の馬来語、暹羅語、ヒンドスタニー語、タミル語、蒙古語学科への入学志願者数内訳
1911 年以降、ヒンドスタニー語・タミル語については統計上印度語学科として表記。
「-」は生徒募集なし。
『日本帝国文部省第三十六年報 自明治四十一年至明治四十二年 上巻』～『日本帝国文部省第四十七年報 自大正八年四月至大正九年三月 上巻』より作成。

なお、日露戦争後の対外進出を見据えて、戦後間もない一九〇五年一二月には名古屋商業会議所の会頭から内閣総理大臣桂太郎に対して「外国語学校設立ノ建議」が提出されている。同建議書では、通商奨励のためには、とりわけ「英清両語熟達ノ人物」の養成が焦眉であるとして、市場を世界に拡大していくために「全国枢要ノ地ニ官立外国語学校ヲ設立」することを要望している。新たな官立外国語学校の設置は、後述の通り、第一次世界大戦後に高等教育の拡充が進められた後の、一九二一（大正一〇）年における大阪外国語学

校の設置を待つこととなるが、日露戦争直後において商業界から外国語学校の拡充が求められていた点は、外国語学校の置かれた「地位」の変化を示していると言えよう。

第三節　第一次世界大戦と東京外国語学校

第一次世界大戦の勃発と東京外国語学校

日露戦争後、朝鮮半島・中国東北部における日本の権益が安定化するなか、東京外国語学校への入学志願者は減少する。一九〇九（明治四二）年に一四四五人の志願者を集めたのち、一九一〇（明治四三）年から一九一五（大正四）年までの六年間は一〇〇〇人を下回り、その志願者数は六〇〇〜八〇〇人台を推移する。再び一〇〇〇人の大台を超えるのは、第一次世界大戦中の一九一六（大正五）年であった（図4-1）。

サライェヴォ事件の発生を受け、一九一四（大正三）年七月オーストリアがセルビアに宣戦布告すると、ロシア、ドイツ、フランスが次々に参戦し、第一次世界大戦が勃発した。このヨーロッパではじまった戦争は、同年八月四日イギリスの対独宣戦布告を経て、同盟国であった日本の参戦につながった。八月二三日、日本はドイツに宣戦布告をし、東アジアにおけるドイツの拠点であった青島・膠州湾を攻撃した。翌年一月、日本は山東省のドイツ権益の日本による継承などの二一か条にわたる要求を中国政府に突きつけ（二一か条要求）、同年五月これを受諾させた。そして、一九一八（大正七）年八月二日、ロシア革命による混乱のなか、チェコスロヴァキア軍の救出を名目に、日本はイギリス、フランス、アメリカと共同して、シベリア出兵を行った。第一次世界大戦は一九一九（大正八）年六月のヴェルサイユ条約調印により終結し、チェコスロヴァキア軍の引き上げ完了を背景に、一九二〇（大正九）年一月にはアメリカが、六月にはイギリス、フランスが撤兵するなか、日本はシベリアでの権益拡大を放棄することなく、その撤兵が完了するのは一九二五（大正一四）年五月のことであった。

第一次世界大戦時における東京外国語学校の戦時協力は、日露戦争時ほどはなかったと言われる。膠州湾占領後、俘虜となったドイツ兵が松山、徳島など各地の収容所に置かれ、その通訳に当たったとされるが、その実態は定かではない。他方で、仏語科の卒業生であり、その後教授を務めた滝村立太郎による回想「戦争と母校」によると、膠州湾占領に際して「独逸語出身者」が活躍したほか、その後のシベリア出兵において、ポーランド軍救出のためフランス語が必要となり、仏語科卒業生の猪飼国道や講師の杉田義雄が従軍し、パリ講話会議に出席した事例や、シベリア出兵中の一九二〇年二月の尼港事件（ニコラエフスク事件）には、支那語学科の宮越健太郎が招聘され、通訳に当たったことが紹介されている。

在校生の関与については、露語学科の八杉貞利の日記によると、シベリア出兵中の一九一九年六月二三日「陸軍省より照会につき露語生徒数名を在学のまゝ陸軍通訳として西伯利にやる可否につき討論」があったらしい。しかしこの時、八杉は賛同したようであるが反対意見も多く、「陸軍省より中止の旨申来りしもて此の議も中止」したらしく、少なくとも学校の決定により在学中に軍事通訳として参戦した者はいなかったと考えられる。

東京外国語学校と陸海軍――陸海軍委託生制度とシベリア旅行

先に見た通り、日露戦争における軍事通訳養成を機に、東京外国語学校と陸海軍の関係は密になっていく。日露戦争の教訓から語学の重要性を認識した陸海軍は、語学研修体制の整備を図る。一九〇八（明治四一）年、陸軍は、「外国語学奨励規則」（陸達四〇号）を設け、試験合格者を陸軍軍人休暇規則により外国へ語学研究に派遣する制度を、海軍は海軍大学校条例改正により海軍大学校選科に語学専修の課程を設けることとなった。海軍については同年一〇月海軍省達一三〇号において、まず海軍が外国語学校に委託して専攻語学を修学させることを定め、陸軍も一九一五（大正四）年に陸達一六号による外国語学奨励規則の改正により、外国語学校への委託生の派遣を正式に決定する。

外国語学奨励規則（一九一五年八月一二日改正）によると、東京外国語学校に委嘱する委託生の数は標準三〇名以内とされ、その各言語への人数の振り分けは「露語八　支那語五　佛語獨語英語各四　蒙古語三　時トシテ伊語、西語、蘭語、ヒンドスタニー語、馬来語若干」とされた。ここから陸軍においては露語・支那語・蒙古語に重きが置かれていたことが読みとれる。また同規則第四条には「外国語学優秀者ヲシテ益々其ノ伎倆ヲ発達セシムル為、外国語学高等試験ヲ行ヒ、且東京外国語学校ニ依嘱シテ研究ヲ遂ケシム」（読点は筆者追記）と定められ、軍内部における優秀者については外国語高等試験を通過したのちに、東京外国語学校において語学研究に従事することができた。

写真 4-7　陸軍委託生（『大正六年卒業生写真帖』1917 年）

　この陸海軍の要請を受け、東京外国語学校は一九〇九（明治四二）年七月、委託生制度を設け、その受け皿となっていく（写真4－7）。委託生は、修学を決めた語学の授業のみを受講し、一般学生と同じ教室のなか最前列で受講していたという。なお、こうした規則整備以前からも余暇を利用して、東京外国語学校の専修科・速成科で学ぶ将校は数多く存在していた。

　また、戦前の東京外国語学校の一部の語学科では、教員の引率のもと、各地に現地視察に赴いている。露語学科では一九一〇（明治四三）年七月一〇日から八月六日にかけ鈴木於菟平教授の引率のもと、生徒一四名が沿海州への修学旅行を実施した。これを皮切りに、露語学科の生徒たちは、たびたびシベリア・満蒙の地を訪問している。一九一九（大正八）年にも鈴木、八杉貞利両教授の引率のもと、七月九日から八月三一日の約二か月弱にわたり二七名の生徒がシベリア修学旅行に向かった。当時はロシア革命の発生から二年、いまだシベリア出兵の真っ最中であり、陸軍の護衛のもと、ウラジオストク、ハルビン、チチハル、満洲里、チタ、大連を回った。八杉の渡航記「貝加爾日記」によると、旅先では多くの生徒が腹痛に悩まされた一方で、訪問した各地において外交官、商社員、軍部通訳、教師の職にあった卒業生より歓待を受けたという。なお、八杉の日記によると、帰国後の九月五日に開催された教官会議では、旅行時の教訓として、「大旅行出発前、健康診断の必要、所在卒業生に通知の必要」が指摘されている。

卒業生がいたとは言え、シベリア出兵中の各地を陸軍の護衛のもとに旅行が可能であった背景には、当時の東京外国語学校と軍部との密な関係性がうかがえる。

また同様に、一九二〇・一九三〇年代には支那語部（清語学科が支那語学科を経て改称）と蒙古語部（蒙古語学科が改称）においても一～二か月の中国旅行が実施されており、外務省対支文化事業部の金銭的援助も出ていた。

南米移民と葡語学科の設置

日本からの海外移住者は、一八八〇年代になると、政府斡旋によるハワイへの移民を皮切りに、世界各地へと拡大し、一八九九（明治三二）年に佐倉丸により約七九〇人の農業移民がペルーに渡ったことを機に、南米諸国へと広がっていく。

一九世紀にポルトガルから独立したブラジルでは、一八八八（明治二一）年に奴隷解放が実施され、結果として農園では労働力不足が発生し、農業労働者としての移民受け入れが推進された。一八九五（明治二八）年一一月、「日伯修好通商航海条約」が調印され、日本－ブラジル間に国交が樹立されると、ブラジルへの日本移民送り出しの是非について検討が開始される。一九〇五（明治三八）年に「南米伯剌西爾サンパウロ州移民状況視察復命書」という調査結果において、北米やハワイにおいて日系移民排斥が進むなか、新たな移民先として好意的に報告されたことを機に、南米への移住が注目される。

一九〇八（明治四一）年六月、日本最初のブラジル向け移民船である笠戸丸がサントス港に辿り着いた。その際、移民の受け入れを担ったのは、東京外国語学校の西語専修科において教育を受けた嶺昌、大野基尚、平野運平、加藤順之助、仁平嵩の五人であり、彼らは耕地通訳となった。

こうした移民政策が拡大するなか、東京外国語学校には一九一三（大正二）年、西語・清語・

朝鮮語について速成科が設置される。初年度の西語学科は入学志願者四七人（うち入学者四〇人）を数えた。そして、一九一六（大正五）年、「南米「ブラジル」方面ノ貿易及移民ノ必要ニ応セントス」として、ブラジルへの移民の送り出しと貿易拡大に貢献するべく葡語（ポルトガル語）学科が設置された。当初の三年間は専修科のみ生徒募集が行われ、一九一九（大正八）年以降については不定期での募集が実施されていく。

（単位：人）

年度	本科のみ	本科・専修科・速成科ほかの合計数
1914	479	766
1915	505	829
1916	624	1,030
1917	715	1,045
1918	907	1,322
1919	1,065	1,511
1920	1,415	2,081
1921	1,279	2,163
1922	1,448	2,388
1923	1,143	1,995

表4-3　1914〜1923年度の入学志願者数の推移
『日本帝国文部省第四十二年報 自大正三年四月至大正四年三月 上巻』〜『日本帝国文部省第五十一年報 自大正十二年四月至大正十三年三月 上巻』より作成。

第一次世界大戦前後の入学志願者数の急増

他方で、第一次世界大戦により、世間の関心が海外に向けられたことに伴い、東京外国語学校への入学志願者数は、一九一六（大正五）年度以降続けて一〇〇〇人を超え、一九一九（大正八）年度には本科単独で一〇〇〇人を超えるに至った（図4-1、表4-3）。志願者数が増加するなか、本科の受験倍率についても一九一六年度には三・五五倍（入学者数／入学志願者数、一七六人／六二四人）、一九一九年度には四・一六倍（二五六人／一〇六五人）と上昇し、志願者数が最多を記録した一九二二（大正一一）年度には六・三二倍（二二九人／一四四八人）に至った。とりわけ受験倍率の高かったのは英語学科であった。記録が残る一九〇二（明治三五）年度以降、英語学科の受験倍率は常に高かったが、一九一五（大正四）年度には八・二五倍、一九一九年度に至っては一一・三倍を記録している。

こうした国際社会への関心の高まりを背景に、一九二一（大正一〇）年には大阪外国語学校が設置される。東京外国語学校と大阪外国語学校の両校は、一九二四（大正一三）年から「両外語対抗競技」と呼ばれる東西外語対抗戦を開始した。なお私立学校では、一九二五（大正一四）年に天理外国語学校が設置されている。

第四節　第一次世界大戦後の教育改革Ⅰ——外国語学校か貿易植民語学校か

第一次世界大戦と高等教育の再編

第一次世界大戦中、好景気と国民の教育熱の高まりを背景に、高等教育の再編が図られる。まず、高等教育再編に至る経緯について概観したい。

一八七二（明治五）年に学制（文部省布達第一三号）が公布されると、大学は「高尚ノ諸学ヲ教ル専門科ノ学校」と規定されたが、すぐには設置されず、一八七七（明治一〇）年に東京開成学校と東京医学校を合併し東京大学が設置される。その後、一八八六（明治一九）年に発布された帝国大学令により、東京大学は帝国大学に改組され、「帝国大学ハ国家ノ須要ニ応スル学術技芸ヲ教授シ及其蘊奥ヲ攻究スルヲ以テ目的トス」（第一条）という、今日の大学に通じる教育・研究の役割が規定されることとなった。

学制が公布された一八七二年時点において、大学は全国に設けられた八つの「大学区」にそれぞれ設置される計画であったが、予算不足などの影響もあり、我が国における大学は長らく東京大学（一八七七～一八八六年）／帝国大学（一八八六～一八九七年）の一校が設置されるのみであった。しかし日清・日露戦争を経て、中等教育の整備・拡充が進み、その進学者が徐々に増えるなか、高等教育機関もまた一校主義が改められ、京都帝国大学（一八九七年）の設置を皮切りに、東北帝国大学（一九〇七年）、九州帝国大学（一九一一年）と各地に帝国大学が設置されていく。

第一次世界大戦中の教育改革の機運の高まりは、こうした高等教育の機会拡充を一層促進する。戦中、内閣に臨時教育会議が設置されると、一九一八（大正七）年六月「大学教育および専門教育の改善に関する答申」が示され、この答申に基づき同年一二月大学令が制定される。

大学令では従来認められてこなかった単科大学の設置と、官立以外の財団法人・公共団体による設置が認可された。これに呼応した商業・工業・医学系専門学校では大学への昇格運動が進められ、従来から大学昇格運動を行っていた東京高等商業学校の東京商科大学への昇格（一九二〇年）をはじめ、新潟、岡山、千葉、金沢、長崎の各医学専門学校や東京高等工業学校が大学に昇格を果たした。また私立学校については、その設置主体である財団法人に対して「大学ニ必要ナル設備又ハ之ニ要スル資金」と「少クトモ大学ヲ維持スルニ足ルヘキ収入ヲ生スル基本財産」を有し、単科大学で五〇万円の供託金を国庫に納めることが求められる等、条件が課されたにもかかわらず、多くの私立学校が寄附金を募り、大学への昇格をつかみ取り、大学令は多くの大学を生む契機となった。

東京外国語学校の教育改革——校名存続運動

こうした「大学昇格」の風潮のなかで、東京外国語学校では二度にわたり在校生・卒業生・教職員を巻き込む「騒動」が起こり、専門学校として存続していくこととなる。そのなかでは「外国語を学ぶ意義とは何か」「外国語教育に必要な環境とは何か」が問われた。当時唯一の官立外国語学校を巡る議論は、すなわち大正から昭和初期における外国語教育のあり方を問うものであったとも言える。その教育改革はいかなるものであったのだろうか。

東京外国語学校の教育改革については、当時の本学が一九一三（大正二）年に神田一帯が焦土と化した「神田大火災」により校舎を失い、校舎の新築が急務であったこともあり、大学令の制定に先立ち、議論が開始する。一九一七（大正六）年一二月、文部省の次年度予算要求書のなかに、「学校創立ニ関スル経費」として、突如「東京貿易植民語学校ノ創立」が掲げられた。

そこでは「通商貿易及開拓植民ノ発達」に貢献するべく、外国語と商業に関する一般知識、経済・産業・地理などの海外事情に精通した人材の養成を目指し、東京外国語学校を「拡張」して「東京貿易植民語学校ト改メ」、語学科に加え「貿易科」「植民科」を置く再編案と「創立費総額五拾壱万弐千五百円」の予算要求が提示されている。政府の意図は、すでに見たように、満蒙や台湾・樺太・朝鮮の開発、南洋との貿易、中南米への移民の拡充に伴う貿易・植民活動に資する人材の育成にあった。そうした人材には、外国語に加え、商業や海外事情の知識が不可欠であり、その育成機関として「東京貿易植民語学校」の設置が目指された。

しかし、この校名変更を含む再編案を知らされていなかった在校生・卒業生・教職員は大きく反発し、校内には「校名存続実行委員会」が結成され、「校名存続運動」と呼ばれる反対運動が開始される。その経過を『校友會雑誌』（一九一八年三月二七日）、『會報』（第一号、一九一九年六月）を中心に概観する。翌一九一八（大正七）年一月、卒業生・在校生が集まり、実行委員会の名称を「東京外国語学校校名存続期成同盟会」と改称し、卒業生とともに文部省や政治家に対して校名存続を求め働きかけを進めていくこととなる。外国語学校関係者にとって、最大の注目点は運動の名称にある通り、「外国語学校」の名称が存続するか否かという点にあった。『會報』(第一号)によると同年一月一〇日、卒業生の松浦與三左衛門、木下芳雄、渡辺英一の三名は文部大臣に面会し、大正七年度予算案の「貿易植民語学校創立費」が「別箇の学校が創立」されるための費目ではなく、「東京外国語学校の新築並に拡張費」であるかとの点を問いただすとともに、「将来に於て東京外国語学校の校名の名称を変更すべき必要を生ずべき場合には、予め同校々長職員及び卒業生(同窓会機関)に諮問す」ることを要望している。

卒業生の議員への働きかけの結果、衆議院・貴族院両院においても、外国語学校の名称存続を中心に、この問題は取り上げられることとなる。衆議院文部分科会では、高木益太郎議員らから、民間では名称は大事であり、東京外国語学校の卒業生が貿易業をはじめ各界ですでに活躍している事実もあり、卒業生への配慮から外国語学校関係者の希望通り名称変更の必要がないのではないか、との提起があった。これに対して、岡田良平文部大臣からは「何分此名前が外国語学校と云ふ名前でありまするが為に、世間より誤解を招き、此所は通弁の養成所であると云ふやうな間違った感じで以て世間が之を見るのです」と、外国語学校という名称が通訳養成所という世間の誤解を生むため、実情に適した名称が必要であるとの主張がなされた。

同様に衆議院においては、二月一四日、東京外国語学校の別科に在籍した川崎克衆議院議員が、議員三二名の賛同を得て、「外国語学校校名存続ニ関スル質問主意書」を提出し、政府が校名存続を明言しないことが、外国語学校関係者に不安を与えているとして、「政府ハ速ニ校名ノ存続ヲ声明シ関係者ニ対シ安定ヲ与フルノ挙ニ出テサルカ政府ノ所見如何」と、速やかに校名存続を決定することを求めた。これに対し岡田大臣は、「其希望ニハ十分尊敬ヲ払ヒマシテ、適当ナル決定ヲ致ス考ヲ致シテ居リマス」と回答し、翌三月一九日、東京外国語学校の校名の存続と、「東京貿易植民語学校ノ創立」に計上されていた予算を校舎再建に充てることが決定した。

校名存続運動の結果、外国語学校関係者は二度目の学校「消滅」という危機を回避しただけでなく、元衛町に三階建ての新校舎を得ることに成功した（写真4-8、写真4-9）。加えて、この騒動をきっかけに、在校生・卒業生のつながりは密となり、一九一八年二月一七日に築地精養軒に集まり同窓会確立が決議され、『會報』が刊行されることとなった。

他方で、文部省が当初予算案に示した貿易科・植民科の設置は進められることになり、一九一九（大正八）年九月、従来の各学科を部に改称し、各部に文科・貿易科・拓殖科を置く教育体制の改編が進められることとなった。この運動の過程において、興味深い点は、まさに改革の核心であるところの貿易科・植民科の必要性に関してほとんど異論が出ていないことである。外国語に加えて、地域事情について教育内容を拡充することは、学校関係者を含め、皆の総意であったと考えられる。

前章で見た通り、すでに東京外国語学校では、独立時から副科として経済学・国際法・教育学の三科が置かれ、外国語だけに特化しないカリキュラム整備が目指されていた。この点に関して、一九一八年二月二六日の貴族院予算分科会における政府答弁のなかで、政府委員の松浦鎮次郎は「今日ノ外国語学校ハ語学ト云フコトニ最モ重キヲ置イテ居リマスケレドモ、併ナガ

写真 4-8　東京外国語学校校舎（麹町区元衛町 1 番地、『東京外国語学校二十五周年記念写真帖』）

写真 4-9　東京外国語学校元衛町校舎における始業式（『東京外国語学校二十五周年記念写真帖』）

ラ今日実際此語学校ヲ卒業イタシマスル者ハ必シモ語学ノ教員ニナル、或ハ語学ノミヲ使フ人ニナルト云フ意味デハナクシテ、実業界又ハ貿易界ニドシドシ這入ッテ、活動イタシテ居ル状況」であり、東京外国語学校では、すでに法律や経済を教授し、貿易科・植民科の「土台ニナルヤウナ学科」が形成されていることを認めている。

つまり、この教育改革は、東京外国語学校内部で芽生えていた土台を基礎に、東洋・南洋における貿易植民に適した人材を育成するという時代の要請に応じた学校への発展を目指すものであった。その点では、外国語学校に求められる役割が、「通弁の養成所」から完全に脱却し、真に「外国語ニ熟達シ実務ニ適スヘキ者ヲ養成スル」教育機関へと変化する契機となったと言える。

第五節　第一次世界大戦後の教育改革Ⅱ——専門学校か大学昇格か

文科・貿易科・拓殖科の設置とカリキュラム上の問題

校名存続運動に伴う教育改革により、語部のもとには文科・貿易科・拓殖科が設置されたが、すべての語部に一律に学科が設置されたわけではない。三つの学科が設置されたのは、露語部、伊語部、西語部、葡語部、支那語部の五部のみであり、英語部、仏語部、独語部には拓殖科は置かれず、逆に、蒙古語部、馬来語部、印度語部には文科が設置されなかった。これはヨーロッパの列強である英・仏・独の勢力圏を奪い植民することが困難であることから拓殖科は必要とされず、アジアのモンゴル、マレー、インドについては植民地下に置くべき地域であることから文科を必要としない、という当時の世界観を示したものと推察される。

写真 4-10　授業中ノ大教室（渡邊講師ノ商業各論、『東京外国語学校二十五周年記念写真帖』）

写真 4-11　語劇大会（『東京外国語学校二十五周年記念写真帖』）

（単位：時間）

学年	1	2	3
倫理	1	1	1
正科語学（英語）	22	22	22
国語漢文	2	2	2
言語学	選択 1	選択 2	
法学通論	選択 2		
経済学		選択 3	
国際法			選択 3
教育学			選択 3
体操	3	3	3
計	29（30）	30（31）	31

表4-4　1911年度における週間授業時間数（英語学科）
「東京外国語学校規則」（『東京外国語学校一覧 従明治四十四年至明治四十五年』所収）より作成。

さて、文科・貿易科・拓殖科の設置に伴い、カリキュラムはどのように変化したであろうか。表4－4・表4－5は英語学科（のちに英語部）を一例に一九一一（明治四四）年と一九一九（大正八）年の週間授業時間数を示した表である。従来、正科語学の授業時間数は第一学年二二時間、第二学年二二時間、第三学年二二時間と、週の約七割以上が正科語学に充てられていた。改編後においては、文科には法律あるいは哲学・教育学・文学史が、貿易科には商業・商業実務・貿易事情が、拓殖科には農業・測量及土木・植民衛生・植民政策・植民地事情が追加され、各々は入学した学科で専門領域を学ぶこととなった。他方で毎週の授業時間数については従前の二九～三一時間から三二時間へと微増しているもののほぼ変わらず、正科語学の授業時間数

（単位：時間）

	文科			貿易科			拓殖科		
学年	1	2	3	1	2	3	1	2	3
修身	1	1	1	1	1	1	1	1	1
正科語学	23	22	16	23	22	14	23	22	14
国語	2	2	2	2	2		2	2	
経済		2			2			2	
法律	選択 2	選択 2	選択 9	2	1	6	2		2
歴史			2						
哲学	2	1	選択 3						
言語学	選択 2								
教育学			選択 2						
文学史			選択 2						
第二外国語		選択 2	選択 2						
商業					2	3			
商業実務				2		3			
貿易事情						3			
農業							2	3	5
測量及土木									2
植民衛生									1
植民政策									2
植民地事情									3
体操	2	2	2	2	2	2	2	2	2
計	32	32	32	32	32	32	32	32	32

表 4-5　1919 年度における週間授業時間数（英語学科）
「東京外国語学校規則」（1918 年 9 月施行、『東京外国語学校一覧 従大正八年至大正九年』所収）より作成。

は第一学年二三時間、第二学年二二時間、第三学年一四～一六時間と、専門科目の授業時間数が増設されたしわ寄せを受ける形で第三学年において大幅に削減された。語学授業時間数の削減に伴う弊害は、生徒に不満を与え、新たな「騒動」につながっていく。

東京外国語学校の教育改革——修業年限延長運動

大学令の制定により、官立専門学校において大学昇格が目指されるなか、東京外国語学校では語学授業時間数の改善を目指し、大学昇格ではなく、修業年限について三年から五年への延長を目指す修業年限延長運動を展開することとなる。

『英語科同窓会会報』（第一七号）に収められた記事「年限延長運動の経過」によると、一九一九（大正八）年一二月、生徒らは講堂で学生大会を開催し、授業の内容充実を求め、修業年限の二年延長を目指す修業年限延長運動を開始する。教職員もここにおいて修業年限の延長の必要性を認め、翌年、校長・職員代表が文部大臣に修業年限二年延長を陳情するなど学校を挙げて文部省への働きかけを進める。

衆議院の解散など政情に翻弄されながらも、一九二一（大正一〇）年帝国議会衆議院において「東京外国語学校修業年限延長ニ関スル建議案」（菅原伝他三名三月一八日提出）が提出される。そこでは先の校名存続運動に伴う文科・貿易科・拓殖科（建議案では「植民科」と記載）の設置について「外国語学校ノ設立以来ノ大革命」であったとし、「是ハ実ニ学生ノ為ニモ学校ノ為ニモ一般ノ為ニモ結構ナ事デ、慶ブベキ事デアリマス」と学生・学校、そして一般のためになったと評価したうえで、「平面ニ於テハ非常ナル欠陥」として「時間ノ欠陥」を指摘した。

語学授業時間数の減少に伴う弊害を指摘したこの請願は採択され、翌一九二二（大正一一）年、文部省に設置された教育評議会において、高等教育機関拡張案の一つとして、東京外国語学校の修業年限の二年延長が審議されることとなる。しかし、専門学校の修業年限の二年延長は、旧制中学校を五年で卒業した生徒の場合、修業期間が長すぎるとして、中学校関係者の反対を招き、結果としてこの修業年限延長運動は、一年延長で修正可決されることとなる。

その後、一九二三（大正一二）年九月一日に起きた関東大震災により実施が遅れ、一九二七（昭和二）年修業年限の一年延長が行われ、東京外国語学校は四年制の専門学校となった。

この結果、正科語学（外国語）の週間授業時間の合計は、修業年限二年であった一九一九年に文科では計六一時間、貿易科・拓殖科では計五九時間に削減されていたが、修業年限延長運動を経て修業年限四年となった一九二七年に文科では計六九時間、貿易科・拓殖科では計六五時間に増加した（表4－6）。これは一九一一（明治四四）年の計六七時間（修業年限三年）を上回るものであった。授業時間数の増加に加えて、二年次から第二外国語の履修が課され、語学の充実化が図られた。

（単位：時間）

貿易科		拓殖科			
3	4	1	2	3	4
1	1	1	1	1	1
15	13	20	17	15	13
2	2		2	2	2
		2	2		
	（随 2）		2		（随 2）
	（随 3）				（随 3）
7（随 2）	4			5	2
3	4	2	2		
	2				
	2				
		3 ※2	2	3	5
				2	3
					2
2	2	2	2	2	2
30（随 2）	30（随 5）	30	30	30	30（随 5）

※1　文科第4学年の選択科目のうち、選択して履修しない生徒には随意科目として扱う。文科第4学年における随意科目の合計時間数は4または5時間となる。
※2　拓殖科第1学年の「農業」3時間のうち1時間は「水産学大意」または「採鉱学大意」を必修科目として選択する。
「東京外国語学校学則」（『東京外国語学校一覧 昭和二年度』所収）より作成。

	文科					
学年	1	2	3	4	1	2
修身	1	1	1	1	1	1
外国語	20	17	17	15	20	17
第二外国語		2	3	3		2
国語	2	2	〈文〉選 1	〈文〉選 1	2	2
歴史	3			〈法〉選 2 ※1		
経済		2		〈法〉選 2 ※1		2
言語学			〈文〉選 2	〈文〉選 1		
文学史		〈文〉選 2	〈文〉選 2			
哲学	2	〈文〉選 2	〈文〉選 2	〈文〉選 2		
教育学				〈文〉選 3 ※1		
社会学				〈文〉選 2 ※1		
法律		〈法〉選 4	〈法〉選 7	〈法〉選 5		
商業					2	2
商業実務					3	2
貿易事情						
農業						
殖民						
殖民地事情						
体操	2	2	2	2	2	2
計	30	30	30	30 ※1	30	30

表 4-6　1927 年度における週間授業時間数
選：選択科目　文科は第 2 学年以降「文学」と「法学」のいずれかを選択する。文学（表では〈文〉）・法学（同〈法〉）の選択者が同一学年のうちに選択して履修する科目。
随：随意科目　正科目に含まれるものの、志望する生徒を対象とする科目。

東京外国語学校はなぜ大学昇格を選ばなかったのか――校長 長屋順耳の構想

大学令制定後、翌一九二〇（大正九）年には東京高等商業学校が東京商科大学へと大学昇格を果たし、一九二二（大正一一）～一九二三（大正一二）年には新潟、岡山、千葉、金沢、長崎の医学専門学校が医科大学へと昇格を進めていた。同時期に教育改革が議論された東京外国語学校はなぜ大学昇格の道を選ばなかったのであろうか。

この時の判断に多大な影響を与えたのが、一九一九（大正八）年四月、東京外国語学校長（第六代）に着任した長屋順耳（写真4－12）であった。彼は一九三二（昭和七）年八月女子学習院長に転任するまでの十数年間にわたり、校長として、校名存続運動後の混乱を収束させるとともに、修業年限延長運動に対応し、学校の発展に貢献した。

長屋は、修業年限延長運動開始直後の一九二〇年三月、『校友會雜誌』に「内容充実に就て」と題した論考を掲載し、大学昇格と修業年限延長要求の違いについて以下のように言及している。少々長いが引用したい。

［長屋校長「内容充実に就て」（『校友會雜誌』一九二〇年三月一八日）］

世には本校の主張を以て世間に有り触れたる大学昇格問題と混同視する人がある様であるから一応我々の立場を明にして置きたいと思ふ。此問題は内容の充実が根蔕《こんたい》であり、実

写真 4-12　長屋順耳校長（『東京外国語学校二十五周年記念写真帖』）

力の増進が目的であつて、外形資格には全然関係がない。三年の修学では各種の語学に於て皆社会が期待して居る丈の力を備ふるに不十分である。勿論其国情に通ずることは出来ず況んや法、文、貿易、殖民的知識又は技能を兼ねて修得することは頗る困難である。社会の要求を充し、国家の用をなさんとするには、此等の学科を少なくとも五年に亘つて修むる必要があると云ふ理由の下に年限延長を主張するのである。

又大学に昇格せんとするならば、大学令に依つて二ヶ年の予科を置かなくてはならないのだが、予科の学科目は大体に於て定められ、本校としては左程必要のない学科目が少なくないのみならず、此予科に於て修むる外国語は、英仏独の内に限られて居るから、もし所謂昇格を目的として本校に予科を置けば、仮令年限は五年に延長されても、露、伊、西、葡、支那、朝鮮、蒙古、馬来、暹羅、ヒンドスタニー、タミル、蘭語に至つては此年限延長は意味をなさぬのみならず、法、文、貿易、拓殖に関する学科の力を増すことは不可能であつて、本校が唱ふる内容充実の為めに二年延長を必要とすると云ふ趣旨とは矛盾する、即此主張の自殺となる、而して我々は此一箇の問題の為めに大学令の変更を要求する程の愚を学ぶ者ではない。

つまり、長屋は現行の修業年限三年では、「語学に於て皆社会が期待して居る丈の力を備ふるに不十分」であるため五年への年限延長を求めており、大学昇格を目指した場合、大学令に定める予科の設置をせざるを得ず、結果として東京外国語学校に必要のない学科目を置くことになり「学科の力を増すことは不可能」として、大学昇格ではなく二年の修業年限延長が「内容の充実」につながると主張していた。この主張を持つ長屋が一九一九年以降、十余年にわたり校長に在籍していたこともあり、他の官立学校が大学昇格を果たしていくなか、戦前の東京外国語学校は専門学校としての立場を継続していくこととなる。

第六節　外国語学校と外国人教師たち

外国人教師の必要性

本論とは離れるが、外国語学校における外国人教師の動向を概観したい。かつての東京外国語学校から現在の東京外国語大学に至るまで、言語教育を担う東京外国語学校において、各国の母国語話者である外国人教師は、教育カリキュラム上欠かすことのできない存在であった。一八七三（明治六）年の東京外国語学校の発足当初から、統廃合による一時中断を経て東京外事専門学校へと改組される一九四四（昭和一九）年の間に、東京外国語学校においては一六〇人を超す外国人教師たちが、その教育に尽力した。なかには在職期間が三〇年を超える名物教師もおり、授業だけでなく、語劇指導など生徒たちに多大な影響を残した。その活動の一端を紹介したい。

「学制二編追加」と外国人教師を取り巻く制度

明治初期の日本においては、欧米文化の早期の導入が目指された。その教育の中核となったのは、いわゆる「お雇外国人」と呼ばれる外国人教師たちであった。一八七三（明治六）年「学制二編追加」が公布されると、高等教育を担う専門学校については「外国教師ニテ教授スル高尚ナル学校、法学校、理学校、諸芸学校等ノ類之ヲ汎称シテ専門学校」（第一九〇章、読点は筆者追記）とあり、専門学校では外国人教師による教授が必要とされていた。同年には七二人が外国人教師として雇用され、官立の諸学校において専門学科や外国語の指導を行った。そのなかには、教育制度整備に携わったモルレーや、大森貝塚発掘に当たったモースなど、明治日本の教育・文化の近代化に大きく貢献した者も少なくない。専門学校においては、授業は外国語で指導されるため、「言語相通セサレハ其学術ヲ得ル能ハス、故ニ外国語学ヲ学ハサルヲ得ス」（学制二編第一九四章、読点は筆者追記）とされ、これが東京外国語学校の発足につながったことは、先に見てきた通りである。

お雇外国人の雇用方法については、政府高官が現地に赴き直接人選し依頼する場合や、各国の政府に対し駐日当局あるいは外国駐在の日本代表を通じて依頼する場合、既任の外国人教師の紹介あるいは後任指名の場合など多岐にわたった。明治政府は法・教育・産業など各分野の先進国に外国人教師の派遣を依頼していたと言われ、来日したお雇外国人の国籍もまた千差万別であった。また、お雇外国人は、押し並べて好待遇の雇用条件が与えられた。『文部省第三年報　明治八年』によると、一八七五（明治八）年に文部省雇用の外国人教師七二人の月給金の平均は二一四・二円で、最高額は文部省顧問となったモルレーの月給六〇〇円であった。この六〇〇円は当時の右大臣岩倉具視と同額であった。

しかし、高等教育学校で雇用された外国人教師には学力も優れ教育熱心な者が多い一方で、無教養な詐欺師同然の人物が紛れることもあったという。そのため、文部省は明治初期から外国人教師の雇用の制度化を推し進めた。一八七一（明治四）年に文部省から各学校に対し、雇用関係の一律化を目的に、雇用する外国人の「生国姓名年齢雇場所並学業之品」を記した条約

（雇用契約）の草案・調書を事前に文部省へ提出するよう通達がなされた。翌年八月には雇用契約の条約文例に当たる「教師雇入条約規則書」が定められ、契約は官立の場合には文部卿・同大輔・学校長と外国人との間に結ぶこと、契約内容には雇用期間・住所・給料に加え、母国から出国・帰国する際の旅費や雇用満期時の取り扱いなどが規定された。他方で「第十一条　雇中過失有之歟或ハ怠惰ニテ其職ヲ尽サヽル時ハ期限中ト雖モ雇ヲ止メ其日ヨリ給料ハ勿論帰程旅費ト雖モ不相渡事」と怠慢教師の解雇についても言及し、外国人教師との契約問題に関する予防策も講じられた。その後、一八九三（明治二六）年には勅令第九六号「帝国大学及文部省直轄諸学校雇外国人ニ関スル件」（のちに改称）において、各学校長が「文部大臣ノ許可ヲ受ケ雇外国人ヲシテ教官ノ職務ニ当ラシムルコトヲ得」と定められ、学校における外国人教師の雇用制度が確立される。

他方で、文部省は外国人教師の雇用と並行して、「差当り已むを得ず外国人に依頼しつつあつた我高等教育の授業を一日も早く本邦人の手に収めんとする意図」から、有望な邦人を海外派遣し、帰国後に教師とするべく、海外留学制度の整備を進めた。

幕末以来、イギリス、フランス、プロイセンなどのヨーロッパ各国や、アメリカ合衆国などを中心に、公費・私費の留学生が多数派遣されたが、その派遣選抜の基準は統一されていなかった。そこで、文部省は一八七一年に「海外留学生規則」を定め、一八七三年には海外留学者全員に一度帰朝を命じ、留学生の選抜と監督の強化を図った。これにより一八七五年七月に再開された留学生制度の質は大きく向上したという。

その後、一八八二（明治一五）年には「官費留学生制規則」が制定され、東京大学卒業者を文部卿が指定した学科・在留国・年限に従い派遣し、帰国後留学年限の二倍の期間を文部卿の指定した職務に従事させる制度が生まれ、文部省派遣の留学生制度は整備されていく。

こうして派遣された留学生の帰国に伴い、外国人教員数は大正期までに減少していくこととなった。

写真4-13　東京外国語学校における外国人教師（1873年）

一八七三～一八八五年度の東京外国語学校における外国人教師たち

専門学校進学者への言語教育と通訳の養成を目的に設置された東京外国語学校では、読方・書取・会話・文法・作文・暗誦等の言語教育がカリキュラムの中心であり、漢語学を除き外国人教師（写真4－13）が外国語により授業を行い、日本人教師はその補助を行っていた。開校初年度には教員の約半数に当たる三二人中一五人（約四六・九％）が

	教師総数	外国人教師		英	仏	独	露	中	朝鮮
		教師数	割合						
年度	人	人	%	人	人	人	人	人	人
1873	32	15	46.9	7	3	3	1	1	
1874	27	10	37.0	（内訳不明）					
1875	38	15	39.5	1	5	6	2	1	
1876	44	16	36.4		6	7	2	1	
1877	36	10	27.8		4	3	2	1	
1878	47	7	14.9	（内訳不明）					
1879	39	8	20.5		3	3	1	1	
1880	41	8	19.5		3	3	1	1	
1881	39	8	20.5		3	3	1	1	
1882	37	8	21.6		2	2	1	2	1
1883	35	7	20.0		2	1	1	2	1
1884	36	6	16.7		1	2	1	1	1

表 4-7　1873～1884 年度の東京外国語学校における外国人教師数の変遷
『文部省第一年報 明治六年』～『文部省第十二年報 明治十七年』より作成。

外国人教師で、その氏名は定かではないが、国籍は、英人六人、仏人三人、孛人（プロイセン人）三人、魯人一人、米人一人、清人一人であった。一八七三（明治六）年から統廃合により中断される一八八五（明治一八）年までに三一人以上が外国人教師として雇用された（一九三二年の『東京外国語学校沿革』では三一人、『文部省第三年報 明治八年』～『文部省第十二年報 明治十七年』の記載累計では三七人を数える）。

開校直後の『文部省第二年報 明治七年』（一八七五年）では、「生徒進歩上ニ付須要ノ件」として、校舎の建て替えに加えて、「善良ノ教師」招聘の必要性がうたわれている。善良の教師とは「学力優等ノ教師（博士等）」とされ、十分な見識を有した教師の雇用が求められた。

外国人教師の人数・配置は、英語科の東京英語学校への分離独立（一八七四年）や朝鮮語科の設置（一八八二年）など、語科の改廃に伴い推移していく。その後、留学者の帰国に加え、東京外国語学校の卒業生が日本人教師として雇用されるにつれ、外国人教師数は減少を辿る（表4－7）。一八七九（明治一二）年一一月には仏語科第一回卒業生の佐藤金三郎が、一八八二（明治一五）年九月には独語科に在籍した大村仁太郎が教員採用された。

東京外国語学校の外国人教師には、官舎と、日本人に比べ多額の俸給が保証されており、一八七五（明治八）年から一八八四（明治一七）年の平均月給は一九三・八円で、月給四五〇円や三〇〇円の者もいた。一八八四年に仏語科外国人教師アリヴェーが月給二五二円であったのに対し、日本人校長内村良蔵の月給が二〇〇円、日本人教師の平均月給は八五円であったことと比べると一目瞭然である。

一八九七〜一九三七年度の東京外国語学校における外国人教師たち

日清戦争後、外国語学校が再興されると、附属外国語学校には英・仏・独・露・西・清・韓の七語科が置かれ、教員の約半数に当たる一六人中七人（四三・八％）が外国人教師であった（表4－8）。その後、独立時の伊語科設置（一八九九年）や日露戦争後の東洋語速成科設置（馬来・

	教員総数	外国人教員	
		教員数	割合
年度	人	人	%
1897	16	7	43.8
1898	21	8	38.1
1899	33	12	36.4
1900	41	13	31.7
1901	45	11	24.4
1902	45	11	24.4
1903	44	9	20.5
1904	51	11	21.6
1905	47	11	23.4
1906	54	12	22.2
1907	51	12	23.5
1908	57	16	28.1
1909	57	15	26.3
1910	56	13	23.2
1911	58	13	22.4
1912	59	14	23.7
1913	59	14	23.7
1914	57	13	22.8
1915	56	13	23.2
1916	55	13	23.6
1917	59	13	22.0
1918	61	12	19.7
1919	68	15	22.1
1920	70	16	22.9
1921	87	16	18.4
1922	86	17	19.8
1923	81	17	21.0
1924	72	17	23.6
1925	77	15	19.5
1926	78	16	20.5
1927	81	17	21.0
1928	85	16	18.8
1929	83	15	18.1
1930	83	17	20.5
1931	88	18	20.5
1932	92	19	20.7
1933	93	19	20.4
1934	93	19	20.4
1935	90	21	23.3
1936	88	19	21.6
1937	83	18	21.7

表 4-8　1897～1937 年度の東京外国語学校における外国人教師数の変遷
『東京外国語学校一覧 従明治三十二年至明治三十三年』～『東京外国語学校一覧 昭和十二年度』より作成。

ヒンドスタニー・タミル・蒙古語、一九〇八年）、暹羅語学科設置（一九一一年）、葡語学科設置（一九一六年）など語科の設置に伴い、各言語の外国人教師が追加雇用された。また、一九〇一（明治三四）年に副科として言語学と副科語学（英・仏・独）が追加されると、翌年度には英語の外国人教師が増員されており、カリキュラム改編に応じた外国人教師の配置が行われた。

他方で、再興初期の日本人教師のなかには、山口小太郎（独語）、長谷川辰之助（二葉亭四迷、露語）、宮島大八（清語）など東京外国語学校に在籍した卒業生らもおり、その後も卒業生が多数日本人教師として採用されてゆき、日本人教師中心の教育体制が整備されていった（表4－8）。

東京外国語学校では一九四四（昭和一九）年までの間に、確認できるだけでも一三五人の外国人教師が教鞭を執っていた。なかでも、メドレー（英語、在職一九〇八～一九三八年、約三〇年間）や、トドロヴィチ（ロシア語、在職一九〇九～一九四〇年、約三一年間）、ロエン（ドイツ語、在職一九一四～一九五八年、約四四年間）、ムニョス（ポルトガル語、在職一九一七～一九六五年、約四八年間）などは、長期にわたり東京外国語学校（のちに東京外事専門学校／東京外国語大学）における語学教育に力を注ぎ、各語学科の名物教師として活躍した。

外国人教師の活躍

こうした東京外国語学校における外国人教師と生徒たちの関係を、二人の外国人教師の活躍から見てみたい。

オースティン・ウィリアム・メドレー（Austin William Medley、一八七五〜一九四〇年）（写真4‐14）は、彼の人生の約半分に当たる三〇年の長きにわたり、英語学科（部）の外国人教師を務めた。彼が日本、そして東京外国語学校に勤務するきっかけは、日露戦争中に渡英した第三代東京外国語学校校長高楠順次郎との出会いにあった。高楠は日露戦争中のヨーロッパにおいて広報外交を担った末松謙澄の使節に帯同しており、当時英国文相であったメドレーの伯父オーガスティン・ビレル（Augustine Birrell）を通じて、二人は出会った。この出会いについて、高楠は「半日の談話によりその英語教師として我国に適応せる人なるべきを知り厚く請うて我が東京外国語学校に迎ふるに至れり」と、メドレー最初の著書 *My English Diary*（1908）の序文に寄せている。

写真4-14　オースティン・ウィリアム・メドレー（1875〜1940年）

一九〇六（明治三九）年九月、メドレー三一歳の秋、長崎に到着した彼は、同月より東京外国語学校の英語科の外国人教師として教壇に立つことになる（写真4‐15）。彼は主として会話の授業を担当した。のちに新制大学の東京外国語大学第二代学長となる岩崎民平によると、「会話の話題は、気候・スポーツ・

写真4-15　英語学科卒業生集合写真（手前1列目左から5番目がメドレー）

美術・服装・流行・食事・人の顔かたち等々とあらゆるものにわたり、ある時間にその一つを中心にして、それからそれへと水が流れるように発展した。服装の話のついでにチャーチルのチョッキの一番下のボタンがはずれているのはどうしたわけか、ズボンの裾が折りあげてあるのはどうしたのかなどの質問が出てくる。返事にまごついていると、それは、a poor foolish thing–fashion というものだよと助け舟が出てくる」（『メドレー先生を偲ぶ』）など、話題も豊富でいつの間にか時間がたってしまう授業であったと回想している。また授業冒頭の一五分間には五～六題の書き取りが課され、学生が提出した課題は必ず採点し、次の時間には返すなど教育熱心な人物であった。

またメドレーには、自身が「東京素人演劇クラブ（Tokyo Amateur Dramatic Club）」における英語劇で主役を演じるなど「俳優」としての一面もあった。そのため語劇の指導にも熱心で、時にはベニスの商人のシャイロックが包丁を研ぐ姿を自ら演じて見せ、また厳しく発音の指導を行い、「少しでも発音が先生の気に入らぬと愛用のステッキで床板をたたいて直ちにやり直しを命ぜられた」（同書）という。

また彼は、宮家への英語指導を担った。一九〇七（明治四〇）年日露戦争後に明治天皇の名代として渡英する伏見宮への個人教授を皮切りに、秩父宮（一九二五年・一九二七年・一九二八年）、高松宮（一九二七年）と、週一～二回程度の頻度で授業を行った。他方で宮家へ指導に赴く際にも、ボコボコのアルミの弁当箱と袖のひじのところが破けたお気に入りの服を着たまとういで立ちで、「プリンス秩父は私の生徒だよ、どうして生徒の前に上等の着物を着て見せなければならないのか」（同書）と、生徒を平等に見ていたようである。

加えて一九〇八（明治四一）年からは創立委員の一人として日英協会の立ち上げに携わり、一九二八（昭和三）年には外国人教師同士の「共同修養」「職業上ノ共調」を目的とする「外国人教師連盟（The Association of Foreign Teachers）」の会長に二年間就任し、日英親善や日本の教育界の発展に貢献するなど多方面にわたる活動があった。こうした功績から、一九三八（昭和一三）年勲三等瑞宝章の叙勲を受けた。

多方面で活躍したメドレーであったが、日英関係が悪化しつつあった一九三七（昭和一二）年、健康状態の悪化を理由に帰国の意思を表明し、翌年惜しまれつつ日本を去った。帰国からわずか二年後に高血圧により入院し、一九四〇（昭和一五）年五月一九日、脳溢血で逝去した。彼の死後も、卒業生は命日に集まり、その死を悼んだという。

写真 4-16　ゴンサロ・ヒメネス・デ・ラ・エスパーダ（1874～1938 年）

ゴンサロ・ヒメネス・デ・ラ・エスパーダ（一八七四～一九三八年）（写真4－16）は、一九〇七年から一九一六（大正五）年七月までの九年半にわたり、西語科の外国人教師を務めた。動植物学者マルコスを父に学者の家に生まれたエスパーダは、マドリード大学で哲学・文学を修め、卒業後には教師、海軍の古文書保管係として働いていた。彼が来日に至ったきっかけは定かではないが、当時のスペインでは明治維新による近代化を経た日本への関心が高まっており、日本文化への関心が来日の動機となったのかもしれない。

一九〇七年、エスパーダは妻イサベルと長男エドワルドを伴い、スエズ運河～インド～フィリピン経由で来日した。日本文化への関心が高かったのか、着任後間もなく日本家屋で畳と障子の生活を求め、赤坂に居を構えた。彼は、スペイン風の黒い頬ひげと長身であるうえに上品な風貌の持ち主で、生徒たちからは「エスパーダさん」と慕われ、渡辺博史（一九一五年卒）は、「スペイン人のエスパダ先生は二メートル近い長身温顔の親しみ易い外国人で、主として会話を教えられたが、明快な発音と日本の学生を扱い慣れて居られたからでもあろうが、『お叔父さん』と呼んで近寄りたいようなお人柄であった。日本家に住み夏は浴衣を着て庭の芝生に椅子を出し扇子を使われるなど、日本にスッカリ溶け込んだご生活の由であった。地震がお嫌いで、ある教授時間突然グラグラと来た時、顔を真っ青にして教壇の机の下に長身をもぐり込まれ震えて居られたのは、お気の毒やら、又ユーモラスなお姿でもあった」と回想している。

エスパーダは熱心な教育者であり、教室では決して日本語を話そうとせず、授業では教科書の代わりに、いろいろな生活場面を表した絵入りカードを持参し、太いバスの声でセニョールだれそれと、いちいち生徒の名を呼んで出欠を取った後で、一枚の絵カードを一同に示しながら、それが表している事柄について説明したという。彼の薫陶を受けた教え子には、のちに西語学科教授となり『ドン・キホーテ』をはじめスペイン文学の翻訳に尽力した永田寛定（一九〇九年卒）がいる。

他方で、エスパーダは、スペインに日本文化を紹介することを志した。一九〇九（明治四二）年には新渡戸稲造の『武士道』をスペイン語に翻訳し本国において出版し、一九一四（大正三）年には長谷川武次郎編集による「日本昔噺（Japanese Fairy Tales）」の翻訳にも参与し、英語版をもとに「桃太郎」や「猿蟹合戦」等二〇編に及ぶ日本昔噺の翻訳を行った。残念ながら、これらの活動は当時のスペイン出版界では関心を呼ばなかったが、曽孫のホセ・パソーの手により曽祖父の業績が再発掘され、一部再出版が進められている。

エスパーダ一家は来日時には妻と長男との三人家族であったが、日本在住中の一九〇八年に娘アナが、一九一一（明治四四）年に息子リカルドが生まれ、九年半にも及ぶ日本滞在のなか、子どもたちは日本語を自由に操るまでになったという。他方で、長期にわたる日本滞在は子どもの教育問題が悩みの種となり、一九一六（大正五）年七月、一家はスペインに帰国することとなる。帰国時には東京駅に教員・生徒が多数集い、西班牙語同学会は記念として銀製紅茶出し器（竹の模様付）を贈った。それは四品一組でみごとな盆が付属してその急須の糸尻（底の部分）には「我が敬愛するゴンサロ・ヒメネス・デ・ラ・エスパダ先生へ」と記され、各々の器には先生のイニシャルを刻みつけてあったという。帰国後、エスパーダは海軍の古文書保管係に復職し、一九三八年バルセロナにおいてその生涯をとじた。

このように東京外国語学校の外国人教師は、各言語を教授するだけでなく、各地域の文化を伝え、まだ国際交流が今ほどの密度を持っていなかった時代において、国と国をつなぐ架け橋のような存在であった。

第五章　戦時下の外国語教育と学徒出陣

前章に見たように、東京外国語学校は、文科・貿易科・拓殖科の設置と、修業年限の延長による教育課程の改革を経て、日本の対外進出に不可欠な言語と地域事情の教育を担う機関として整備が進められてきた。中国東北部における「満洲事変」、日中戦争、そして太平洋戦争と、戦争の色が濃くなっていくなか、東京外国語学校とその卒業生はどのような役割を果たしていくこととなるのであろうか。

第一節　満洲事変・日中戦争・太平洋戦争と学生生活

第一次世界大戦後の国際情勢と東京外国語学校の入学志願者数の動向

第一次世界大戦後の教育改革を経て、東京外国語学校では一九一九（大正八）年より語学科は語部へと改称され、語部のもとに文科・貿易科・拓殖科が設置された。学科が分岐されたことで、入学志願者にとって、「その言語を学び、将来何を目指すのか」という、各言語を学ぶ目的が明確になったのではないだろうか。表5-1は一九二〇（大正九）年度から、日中戦争がはじまる一九三七（昭和一二）年度までの文科・貿易科・拓殖科ごとの本科の入学志願者数とその割合を示している。そして、表5-2は同時期の各語部の文科・貿易科・拓殖科の志願者数の内訳である。この時期の入学志願者数の動向について、大戦後の国際情勢の変遷を踏まえて確認していきたい。

まず、国内に目を向けると第一次世界大戦の終結は、日本の景気に影を落とした。一九二〇年三月に、いわゆる大戦景気が終わり、戦後恐慌が訪れる。加えて、一九二三（大正一二）年九月、相模湾沖を震源に発生した関東大震災は、日本経済に大打撃を与え、この時震災手形割引損失補償令の適用を受けた震災手形は、のちの昭和金融恐慌の下地となった。そして、一九二七（昭和二）年三月、衆議院における片岡直温蔵相の失言をきっかけに金融恐慌が発生し、一九二九（昭和四）年一〇月のニューヨーク株式市場の暴落からはじまる世界恐慌を迎える。

対外的には、ヴェルサイユ条約の締結により山東省の権益が認められ、大戦中に占領した南洋群島（旧ドイツ領ミクロネシア）は一九二〇年に発足した国際連盟の委任統治制度により日本の統治下に置かれることとなった。他方で、日本の勢力拡大は、中国・朝鮮半島における民族運動による抵抗や、東アジア・太平洋におけるアメリカとの対立を生じさせていく。一九二一

年度	計	文科		貿易科		拓殖科	
		志願者数	割合	志願者数	割合	志願者数	割合
	人	人	%	人	%	人	%
1920	1,415	267	18.9	1,039	73.4	109	7.7
1921	1,279	399	31.2	793	62.0	87	6.8
1922	1,448	477	32.9	869	60.0	102	7.0
1923	1,143	496	43.4	567	49.6	80	7.0
1924	999	460	46.0	467	46.7	72	7.2
1925	1,338	629	47.0	624	46.6	85	6.4
1926	906	469	51.8	375	41.4	62	6.8
1927	938	511	54.5	370	39.4	57	6.1
1928	842	474	56.3	320	38.0	48	5.7
1929	804	462	57.5	271	33.7	71	8.8
1930	705	379	53.8	271	38.4	55	7.8
1931	716	403	56.3	269	37.6	44	6.1
1932	879	464	52.8	359	40.8	56	6.4
1933	852	446	52.3	345	40.5	61	7.2
1934	741	380	51.3	317	42.8	44	5.9
1935	662	305	46.1	319	48.2	38	5.7
1936	995	395	39.7	558	56.1	42	4.2
1937	1,083	403	37.2	625	57.7	55	5.1
計	17,745	7,819	44.1	8,758	49.4	1,168	6.6

表 5-1　1920〜1937 年度の文科・貿易科・拓殖科ごとの本科の入学志願者数と 3 科の割合
『日本帝国文部省第四十八年報 自大正九年四月至大正十年三月 上巻』〜『日本帝国文部省第六十五年報 自昭和十二年四月至昭和十三年三月 上巻』より作成。

（単位：人）

	葡			支那			蒙古		馬来		ヒンドスタニー		計
拓殖科	文科	貿易科	拓殖科	文科	貿易科	拓殖科	貿易科	拓殖科	貿易科	拓殖科	貿易科	拓殖科	
52				6	158	14			37	20	28	9	1,415
44	6	13	10	11	66	10	10	10					1,279
29	3	10	20	10	80	17	8	6	12	10	12	3	1,448
44				8	54	6			21	15	16	8	1,143
24	2	7	15	6	39	11	6	9					999
20	3	14	12	10	89	9	6	7	14	6	8	5	1,338
23				9	34	12			20	12	13	6	906
22	5	11	16	20	66	7	6	8					938
18				10	39	6			19	11	14	9	842
27	6	10	16	13	29	9	6	9					804
24				13	50	13			19	9	14	7	705
16	4	7	9	30	55	7	8	5					716
11				31	71	22			35	9	15	7	879
10	7	6	7	31	69	23	16	12					852
9				35	65	11			33	8	22	8	741
7	3	15	3	30	61	8	14	9					662
7				68	133	14			30	7	14	4	995
11	4	25	7	37	86	8	24	16					1,083

	英		仏		独		露			伊			西	
年度	文科	貿易科	文科	貿易科	文科	貿易科	文科	貿易科	拓殖科	文科	貿易科	拓殖科	文科	貿易科
1920	107	392	76	118	50	93	22	92	14				6	121
1921	185	351	100	108	42	72	31	66	12	16	16	1	8	91
1922	251	397	112	96	63	101	17	38	10	14	19	7	7	96
1923	252	224	113	69	76	66	36	47	7				11	70
1924	231	215	110	59	67	47	25	35	6	10	5	7	9	54
1925	344	249	116	48	92	38	33	91	16	21	17	10	10	50
1926	242	146	104	57	69	30	34	47	9				11	28
1927	290	156	88	30	74	27	16	18	2	9	12	2	9	44
1928	261	117	96	36	57	37	40	18	4				10	40
1929	225	96	96	31	67	35	29	16	5	13	9	5	13	39
1930	164	84	80	21	75	24	29	12	2				18	47
1931	160	67	94	24	60	38	30	27	4	11	7	3	14	36
1932	206	106	105	53	62	31	36	24	7				24	24
1933	162	90	114	38	68	34	47	43	4	9	10	5	8	39
1934	170	47	74	30	44	33	41	36	8				16	51
1935	109	50	54	28	41	18	44	43	5	6	9	6	18	81
1936	108	90	83	59	58	49	50	42	10				28	141
1937	117	129	89	75	69	92	59	62	9	16	9	4	12	123

表 5-2　1920～1937 年度の各語部の文科・貿易科・拓殖科の内訳
『日本帝国文部省第四十八年報 自大正九年四月至大正十年三月 上巻』～『日本帝国文部省第六十五年報 自昭和十二年四月至昭和十三年三月 上巻』より作成。

（大正一〇）年一一月からはじまるワシントン会議により、太平洋諸島における権利の相互尊重や日英同盟の廃止を含む四か国条約、海軍軍備制限条約、中国の主権や領土の尊重と商工業の機会均等を規定した九か国条約が締結されることとなる。また一九二五（大正一四）年一月には、日ソ基本条約を締結し、ロシア革命後に途絶えていた外交関係を回復し、シベリアからの撤兵を行った。同時に国内では共産主義の拡大を警戒し、治安維持法が制定されている。

一九二〇年代において東京外国語学校への入学志願者数は、先述の通り、大戦中から続く増加傾向が継続し、一九二二（大正一一）年の本科の志願者数は一四四八人を数えピークを迎えた。いわゆる大戦景気が終わり戦後恐慌を経た後も、海外志向は高まっていたものと推察される（表5－1）。その後、関東大震災が発生した翌年一九二四（大正一三）年には一〇〇〇人を下回り、一九二六（大正一五／昭和元）年以降にはまだ九〇〇人前後を推移していたが、金融恐慌以降、その数を減らしていき、世界恐慌の発生間もない一九三〇（昭和五）年には七〇五人と絶頂期の半分にも満たない数となっていく。

この景気後退の影響に伴う志願者数の減少は、志願者の内訳を見るとより顕著である（表5－2）。三科設置の初年度に当たる一九二〇年時点では、募集のあった語部（英・仏・独・露・西・支・馬来・ヒンドスタニー）のすべてにおいて、貿易科への志願者が文科・拓殖科を大きく上回り、志願者の七割以上が貿易科に集中していた。同年の貿易科への志願者数は英語部三九二人を筆頭に、支那語部一五八人、西語部一二一人と続いており、大戦後の中国への資本進出や中南米への移民拡大がその背景にあったものと考えられる。

なお、同年の西語部にあっては拓殖科について全語部のなかで最も多い五二人の志願者があり、移民政策の影響は大きいと言えよう。関東大震災後には国策として罹災者の南米移住が奨励され、渡航費補助などの政策も進められていくこともあり、学校全体は志願者数の減少のなかにあっても、西語部とブラジルへの移民政策を支えた葡語部の拓殖科については一定の志願者を集めている。

一方、当初は入学志願者数全体に占める割合の高かった貿易科であったが、景気の悪化を反映してか徐々に低下していく。とくに入学志願者数が多い英・仏・独語部については一九二〇年代初頭に文科への志願者数が貿易科を上回り、金融恐慌・世界恐慌のなか、就職難の時代を迎えると中等教育の拡充期における教員需要を担う文科とは異なり、貿易科の低迷傾向は続いていく。

なお、個別には日ソ基本条約が締結された一九二五年には露語部および支那語部貿易科への志願者が急増していることも興味深い。

世界恐慌の発生は、日本の主要輸出品であったアメリカへの生糸や綿糸の輸出激減をもたらし、日本経済はさらなる経済的苦境に立たされていく。そうしたなか日本は資源の獲得を目指し、中国東北部への侵略を進めていく。一九三一（昭和六）年九月、関東軍は柳条湖事件を引き起こし、これを中国側の仕業として中国東北部の占領を進めた。この「満洲事変」の翌年三月に清朝最後の皇帝溥儀を擁立して「満洲国」を建国した。この事件を機に一九三三（昭和八）年三月、日本は常任理事国であった国際連盟を脱退し、国際社会から孤立していく。

一九三六（昭和一一）年に発生した二・二六事件以降、政治の主導権が軍部へ移ると、同年一一月には日本はヒトラー政権との間に日独防共協定を締結し、ソ連への対抗姿勢を明確にする。そして、翌年には盧溝橋事件を契機に日中戦争がはじまり、一九四五（昭和二〇）年まで続く長い「戦時下」の時代を迎えていくことになる。

また、こうした日本の対外膨張は移民政策にも影響をもたらした。一九三二（昭和七）年にはいわゆる「満蒙開拓団」の派遣を開始し、一九三六年以降、中国東北部への農業移民の拡充は国策として推進された。他方で、満洲事変後の移民拡大は、同様に移民拡大が進んでいた南米、とくにブラジルにおいて日本人移民への警戒感が高まり、一九三四（昭和九）年には、外国移民二分制限法が制定され、移民に制限が課されるようになった。これを受け日本では、中南米への移民政策だけでなく、貿易推進が目指されていく。なお、この時期に日本商工会議所より派遣された訪伯経済使節団の団長は、東京外国語学校に在籍した平生釟三郎であった。

一九三〇年代における入学志願者数は、まさにこうした国際情勢の影響を受け、推移していく。一九三〇年には七〇五人であった入学志願者数は、満洲事変が開始した翌年には八七九人を数え、その後一時減少したものの、一九三六年には九九五人、日中戦争のはじまる一九三七年には一〇八三人と、再び一〇〇〇人を上回っている（表5－1）。

とりわけ支那語部の入学志願者は、一九三二年以降継続して三科合計一〇〇人を上回り、露語部・蒙古語部もまた同様に貿易科を中心に、その志願者数を増加させている（表5－2）。卒業後に、日本の勢力拡大著しい大陸において、その活躍を志していたのであろう。他方で、南米における移民警戒を受けてか、西語部・葡語部の拓殖科については一九三〇年代初頭から減少し、一方で一九三〇年代半ばからの貿易推進を反映してか貿易科については徐々に志願者数を増やしている。また、日独防共協定が締結された翌年には、独語部への志願者数も増加している。

このように東京外国語学校の入学志願者数は、日本の外交政策に合わせて、世間の国際情勢への関心を反映するがごとく推移していった。本学に入学を志願した学生たちは、外交関係の樹立や、貿易の振興といった国策を踏まえ、国際情勢と自身の将来を夢見ながら修得すべき言語・学科を選択していたのであろう。

就職難の時代における専門学校としての苦難と「満洲事変」後の変化

入学志願者数が低迷に向かいつつあった一九二七（昭和二）年四月、東京外国語学校は修業年限を三年から四年に延長させている。これにより、語学授業時間数は回復し、各科の専門教育の時間も多少は拡充することとなった。

先に見た通り、この修業年限延長は、長屋順耳校長の言葉を借りれば「本校が唱ふる内容充実」につながるものであり、大学昇格を目指さずにあえて専門学校としての道を選んだものであったが、残念ながら世間にはそのようには映らなかったようである。金融恐慌と世界恐慌が進むなか、本科の入学志願者数は修業年限が延長された一九二七年の九三八人から約五年にわたり減少しており、四年制に拡充された東京外国語学校に魅力を感じる者が多かったとは言い難い。

もちろん、修業年限の延長が、東京外国語学校が要求した二か年延長の五年制とならなかったことで、専門教育の充実が思うように進まなかった点も考慮されるべきであろう。しかし、一九二〇年代には、官立学校においても、東京高等商業学校の東京商科大学への昇格を皮切りに、医学専門学校の医科大学への昇格、東京高等工業学校の東京工業大学、大阪高等商業学校の大阪商科大学、神戸高等商業学校の神戸商業大学への昇格が相次いだほか、私立の大学昇格も進んだ結果、専門学校であった東京外国語学校の相対的地位の低下があったと考えられる。

加えて、この専門学校としての限界は、金融恐慌・世界恐慌と続くなか就職難の時代を迎えると、東京外国語学校卒業生に苦難をもたらしていくこととなる。

金融恐慌を経た一九二八（昭和三）年七月の東京外語露西亜会『会報』に掲載された露語部卒業生による「偶感」と題した記事では、「毎年のことではあるが、本年も東京及大阪の両外語校で、卒業生の就職運動がある」と就職状況について触れるなかで、「従来我母校の出身者の中で書記から鰻上りに登つて領事となつたのが成功第一位であろう。其外是れたる成功者を看ない。我露語科のみと限らない。他の語学科の卒業生でも、有為転変的な地位に在つて、一旦失職すれば後日就職するに、非常な困難と努力が要る」と外国語学校生の就職の厳しさを伝えている。

また就職難を反映してか、一九三一（昭和六）年に東京外国語学校に設置されていた「第十二臨時教員養成所」が廃止されている。臨時教員養成所とは、第一次世界大戦前後に中等教育の拡充が図られるなか生じた教員不足に対応するため、大学・専門学校・高等師範学校に設置されたもので、東京外国語学校には一九二六（大正一五／昭和元）年英語教員の養成を目的に設置され、臨教部と呼ばれた。先述の通り、とりわけ英語部の卒業生には中学校などの英語教員となる者も少なくなかった。就職難の時代にあって、本科卒業生の就職先を確保するべく、臨教部は廃止された。

他方で、「満洲事変」を契機とする一九三〇年代における日本の大陸進出は、就職難の時代における外国語学校の立ち位置に変化をもたらしていく。表5－3は『外語同窓會誌』（第六号、一九三五年四月一日）に掲載された卒業者の就職状況である。発刊時点での確定分であり、必ずしも卒業生すべての就職状況を反映したものではないが、その就職率は全体で六〇％を下回っており、厳しい就職状況が続いていたことがうかがえる。一方で、南米諸国との貿易関係の拡充と中国東北部を中心とした大陸への拡大を反映して、西語部（七三・九％）、露語部（六四・三％）、支那語部（六五・四％）、蒙古語部（七二・七％）にあっては他の語部に比して高い就職率を確保していた。とくに、露語部、支那語部、蒙古語部の就職先には、「満洲国」政府・満鉄、大連・新京の諸学校の名称が並んでおり、卒業生にとって満洲事変からはじまる大陸進出は、目先の就職先の確保という点では、まさに「僥倖」であった。

「鶏小屋」と呼ばれた竹平町校舎と学生生活

東京外国語学校の校舎は、皇居のお堀端、麹町区竹平町に位置していた（写真5－1）。関東大震災後に一時的に建てられた平屋の木造校舎であったが、新校舎の用地問題と戦争による校舎建設資金の不足により、約二〇年間もこの仮普請が本校舎となった。ときに床板を剝がしてストーブの薪に利用されたとの逸話や、受験生が受験時にまずその校舎の有り様に驚愕したと

語部	卒業者数	就職者数	就職率	就職先
英語	人 31	人 17	% 54.8	広島第一中学、富山高等学校、警視庁消防、鉄道省、長野県女学校、国際汽船、南里貿易(4人)、エンパイヤ自動車(2人)、近江セールズ、門司鉄道局、友田合資、横浜ゴム、古川拓殖
仏語	25	14	56.0	宝塚、東京鉄道局、日本無線電信会社、甲斐特許事務所、中央郵便外郵課、日本電報通信社、大阪鉄道局、台湾銀行本店、加瀬商店、富士フキルム、帝国酸素、浅野物産
独語	24	7	29.2	日本木材繊維工業、鉄道省、講演之友社、第一銀行、協調会、三洋商会、新聞聯合社
露語	14	9	64.3	満鉄(4人)、新京商業学校、国際運輸、朝鮮銀行、哈府商品陳列館、鉄道省
伊語	11	2	18.2	ツーリストビュロー、浅野物産
西語	23	17	73.9	太平洋貿易(3人)、日和商会、三井物産(2人)、日本郵船会社、並木製作所、丸松合資、東洋綿花、三丸商会、南里貿易、極東物産、加藤合名、桑原商店、兼松商店、又一株式
葡語	13	4	30.8	大阪商船(2人)、東洋綿花会社、三井物産
支那語	26	17	65.4	大連中学、大邱商業学校、満洲中央銀行(3人)、満洲国消費組合、東京鉄道局、満鉄(2人)、満洲電気会社、陸軍通譯、鈴木商店、国際通運会社、第一製薬、大連商工会議所、新聞聯合社、大同学院
蒙古語	11	8	72.7	国際運輸、外務文化事業部、満洲国蒙政部(3人)、満鉄、善隣協会
全体	178	95	53.4	

表 5-3　1934 年度卒業生の就職状況
『外語同窓會誌』(第 6 号、1935 年 4 月 1 日)をもとに作成。

の逸話が残るほどにボロボロであった校舎は、鶏小屋、馬小屋、あるいは豚小屋と呼ばれていた。

校舎内には、小教室が数多く存在し、各語部の部屋として語学の授業に用いられた。また、文科（のちに法科が分岐）・貿易科・拓殖科に分かれて受講する簿記・経済・商法・国際法など、各科の専門授業は語部の枠組みを超えて科ごとに大教室で実施されていた。

写真 5-1　東京外国語学校校舎（麹町区竹平町）

戦後七〇年を迎えた二〇一五（平成二七）年に実施した聞き取り調査によると、大教室の授業では出席確認を、生徒の名前が書かれた木札（名札）の回収により実施しており、木札の回収が済むと、教室の窓から庭や廊下にそっと抜け出す「授業エスケープ」と呼ばれる行為がしばしば確認されたという。しかし、下駄履きの当時、廊下からの「エスケープ」は大きな音が鳴り響いてしまったという。

日中戦争・太平洋戦争と東京外国語学校の役割

日中戦争の開始は、東京外国語学校関係者を一挙に戦争へと結びつけていく。

一九三七（昭和一二）年七月七日、北京郊外における日中両軍の衝突、いわゆる盧溝橋事件を機に日中戦争ははじまった。この事件からひと月も経たずして、東京外国語学校関係者から犠牲者が出ている。

同月二九日、北平（現在の北京）東部の通州にあった冀東自治政府保安部隊が起こした反乱により、宮脇賢之介、甲斐厚の二名が戦死した。事件を詳述した『外語同窓會誌』（第三五号、一九三七年九月一日）（写真5－2）によると、宮脇は一九一四（大正三）年に支那語部を卒業後、大連商業学校、山口高等商業学校などにおいて教鞭を執り、次いで「満洲国」政府の財政部調査課長、資料科事務官に就任し、北平冀東自治政府顧問となっていた。後者の甲斐は職業軍人であり、一九三四（昭和九）年に陸軍委託生として東京外国語学校に在籍し、翌年より支邦駐屯軍司令部にあった。

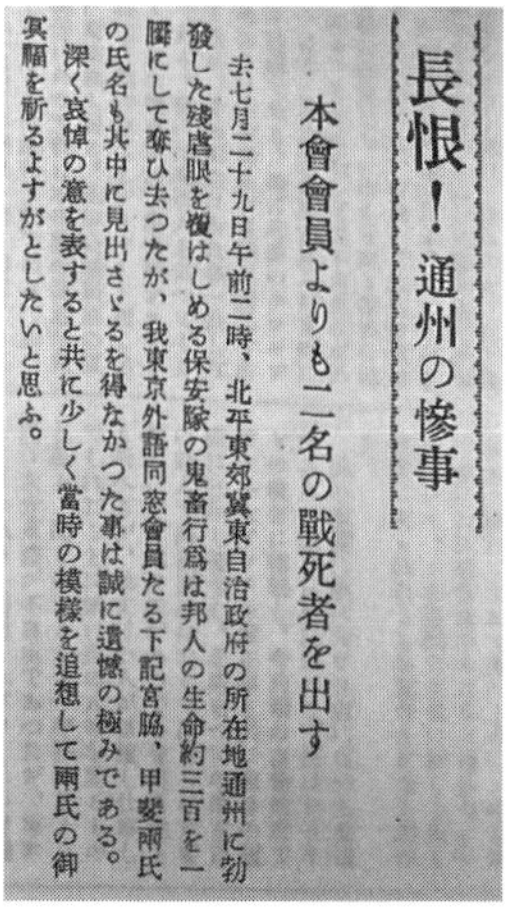

長恨！ 通州の惨事

本會會員よりも二名の戦死者を出す

去七月二十九日午前二時、北平東郊冀東自治政府の所在地通州に勃發した残虐眠を覆はしめる保安隊の鬼畜行爲は邦人の生命約三百を一瞬にして奪ひ去つたが、我東京外語同窓會員たる下記宮脇、甲斐兩氏の氏名も共中に見出さゞるを得なかつた事は誠に遺憾の極みである。
深く哀悼の意を表すると共に少しく當時の模様を追想して兩氏の御冥福を祈るよすがとしたいと思ふ。

写真5-2　「長恨！ 通州の惨事」（『外語同窓會誌』第35号、1937年9月1日所収）

同じ誌面には八月一九日に上海において発生した騒動により、報知新聞支局長であった百武末義（伊語）が負傷したことが報じられているほか、「本会会員続々応召」という記事も掲載され、一七人の学校関係者の氏名が掲載されるとともに「事変応召者御氏名をお報せ下さい」との呼びかけもある。この号以降『外語同窓會誌』には応召者や戦死者・負傷者の記事、また「前線便り」として従軍した卒業生の投稿記事が掲載されていく。

翌九月一一日に、東京外国語学校では第二学期始業式が催されている。『外語同窓會誌』（第三六号、一九三七年一〇月一日）に掲載された「校内たより」によると、この時点ですでに「本校関係の応召者三十余名に達し」、数名の犠牲者も出していた。また、学内にあった配属将校や教職員も召集され、それまで学生とともに授業を受けてきた陸海軍委託生はすべて九月一〇日付で委託を解かれていた。そのため、「本校は今や事変気分が満溢してゐる」といった有り様であったという。

また、戦禍の拡大は中国各地に赴任していた卒業生の生活をも即座に脅かし、『外語同窓會誌』には上海・重慶などからの卒業生の脱出の模様が伝えられた。一方で、『外語同窓會誌』には、戦時下における外国語学校の「積極的な」役割の必要性を論ずる記事も少なくない。

『外語同窓會誌』（第三八号、一九三七年一二月一日）には、一会員として執筆者不明ながら、その一面に「時局偶感」との記事が掲載されている。記事では、日本軍の進軍を賞賛するとともに、国家活動における「外国語の研究」の役目を論じ、「外国語の研究と訓練を主要目的とする母校に於ては将来国際人として立派に活躍し得る国家有為の人材を養成すべきである」と主張している。さらに、今回の事変と国難に対して「母校の教授諸氏におかれては対外宣伝其他に対しもっと積極的に乗り出されては如何であらうか?」と、「外国語学校として国家に貢献すること」を求めている。日清・日露戦争以来、戦時下において東京外国語学校が務めてきた「役割」を果たすべきとの主張であろう。

この記事の指摘を受けてではないであろうが、発刊日の一二月一日より同月二九日の約四週間にわたり、支那語教授の内之宮金城が文部政務次官などとともに北京、奉天、大連、上海などを巡る「皇軍慰問」と「教育視察」を行っている。帰国後、第三学期始業式において講演を行った内之宮は、陸海軍委託生をはじめとする本学出身者の活躍に言及するとともに、現地で会った元東京外国語学校配属将校の「色々仕事があつても安心して托せるだけ語学の出来る人がない。少くも外語の学生は校名に恥ぢないだけの語学力を養成するやうに努力して貰ひ度いものだ」との言葉を紹介し、「先輩方の期待に背むかぬやう」学生たちに求めている(『外語同窓會誌』(第四〇号、一九三八年二月一日)。そして、この教育視察を通じ、支那語に通じた人材の必要性が認識され、一九三八(昭和一三)年四月には、修業年限二か年の「支那語特修科」が設置された。慌ただしくも四月一〇日に入学試験を行い、一五日に五二名の入学が決定した。

このように非常時にあって東京外国語学校は、犠牲者はありながらも、従来通りの「役目」を果たしていくこととなる。そして、在校生や卒業生もまた、出身者の活躍に大いに心躍らせていた。『外語同窓會誌』(第四六号、一九三八年八月一日)に掲載された記事には出征予定の卒業生の言葉として、「会誌に依り始めて母校関係の予想外に多数の出征者あるを知り而も二百名に余るとは全く驚嘆もし力強さを覚えました。平時に於てさへ軍部と密接関係のある外語、増々その面目を発揮せるものと自慢物にして居ります」との記載もある。戦前の「外国語学校に求められていた役割とは何か」を考えさせられる記事であろう。

その後、日中戦争が長期化するなか、日本は石油などの戦略物資の確保を目指し、一九四〇(昭和一五)年フランスの降伏を機にインドシナ北部に進軍し、一九四一(昭和一六)年一二月、日本軍はハワイ真珠湾を攻撃し、ついに太平洋戦争が開始される。また同時期に、英領マレーに進出し、翌年二月にはシンガポールを陥落させ、その後、インドネシア、ソロモン諸島などを占領し、戦線は中国から太平洋・東南アジアへと拡大していった。占領地と戦線が拡大するなか、東京外国語学校関係者もまた各地に赴くこととなる。

第二節　学徒動員と学徒出陣

学生生活への戦争の影響——授業がほとんど実施されなかった一九四四・一九四五年

日中戦争が長期化し、太平洋戦争へと突入していくなか、学生生活にも戦争が影を落としていく。

一九三八（昭和一三）年四月、第一次近衛文麿内閣のもと国家総動員法が公布される。事変を含む戦時において、国防のために人的・物的資源の統制を定めた国家総動員法の成立を受け、同年六月文部省は「集団的勤労作業運動実施ニ関スル件」を発布した。この結果、学生たちは夏季休暇などの時期に、農作業や軍用品の生産等の簡易な作業に従事することが定められ、いわゆる勤労動員が開始された。翌年には、集団勤労作業は「漸次恒久化」され、学生たちの勤労動員が推し進められていく。一九四一（昭和一六）年二月には文部省により「青少年学徒食糧飼料等増産運動実施要項」が示され、一年につき三〇日までは授業を取り止め、勤労動員に充てることができることとなった。こうした動きは同年一二月の日米開戦以降、徴集により労働力の減少が進むと一層加速する。

一九四三（昭和一八）年一〇月、「教育ニ関スル戦時非常措置方策」が決定されると、勤労動員は「教育実践ノ一環」として、一年の三分の一程度まで引き上げられ、学生たちは労働力として活用されることとなった。同年一〇月には文科系学生の徴兵猶予が廃止されたこともあり、学徒の勤労動員と学徒出陣により、授業は閑散としたものへと変わっていく。

戦局が悪化するなか、一九四四（昭和一九）年二月、「決戦非常措置要綱」が閣議決定されると、中学校以上の学生は「今後一年、常時之ヲ勤労其ノ他非常勤務ニ出動セシメ得ル組織体制」に置くことが定められ、四月半ば頃より、全国の学生たちは軍需工場へと動員されていく。後述の通り、同年三月に東京外事専門学校と名称を変えた本学においても、学生たちは学徒動員として三菱製鋼の工場などに向かった。そのため、一九四四年には、同年に入学した一年生を除き、ほとんど授業が行われなかったという。

翌年三月には、「決戦教育措置要綱」が閣議決定され、「国民学校初等科ヲ除キ、学校ニ於ケル授業ハ昭和二十年四月一日ヨリ昭和二十一年三月三十一日ニ至ル間、原則トシテ之ヲ停止スル」ことになり、全国において学生生活から授業が姿を消していく。

戦時下の授業時間割と軍事教練

表5-4は、一九四四（昭和一九）年の馬来語部貿易科二年生（オランダ語選修）の授業時間割表である。馬来語部では、かつてイギリス、オランダの占領下にあったマレー半島・ジャワ島での活用を見こし、マライ語に加え、英語かオランダ語の選修が定められていた。時間割によると、週一〇時間のオランダ語と七時間のマライ語が課せられており、そのうちオランダ語では五時間を外国人教師アビンハ（Abinga）講師が、マライ語では四時間をオマール（Omar）講師がそれぞれ担当した。語学に加え、貿易科では修身（倫理・一時間）、各論（経済・二時間）、国際法（二時間）、民法（三時間）、教育学（一時間）、商法（二時間）といった経済・商業に関わ

	月	火	水	木	金	土
8:00 ～ 8:40	オランダ語 文法	オランダ語 ※	国際法	マライ語	マライ語	オランダ語 文法
8:50 ～ 9:30	会計	修身（倫理）	国際法	オランダ語 文法	オランダ語 ※	商法
9:40 ～ 10:20	マライ語 ※	マライ語	オランダ語 文法	オランダ語 ※	マライ語 ※	商法
10:25 ～ 10:50	体操	体操	体操	体操	体操	体操
10:55 ～ 11:35	オランダ語 ※	民法	オランダ語 作文		オランダ語 ※	マライ語 ※
11:45 ～ 12:25	マライ語 ※	民法	民法			
	昼休み					
1:10 ～ 1:50		各論（経済）	教育学		12:45 ～ 教練	
2:00 ～ 2:40		各論（経済）				

表 5-4　1944 年の馬来語部貿易科 2 年生（オランダ語選修）の授業時間割表
※は外国人教師による授業。

る諸法の授業も開講されていた。

　戦禍が厳しくなるにつれ、世間では外国語禁止が叫ばれ、街からは横文字が消えていく時代ではあったが、東京外国語学校においては、そうした制限はなく、外国人講師のもと会話訓練が行われていた。

　また、三時間目と四時間目の間には、毎日体操の時間が設けられ、金曜日の午後には軍事教練が課されている。軍事教練については、一九二五（大正一四）年に陸軍現役将校学校配属令が公布されたことを受け、中等学校以上の学校には将校が配属され、軍事教練が行われることとなっていた。東京外国語学校に

写真5-3　宮越健太郎教授講義（「ABRE Y VERAS TU JUVENTUD」、1940年代アルバム）

おいても、週一回ないしは二週に一回程度、軍事教練が行われていた。当時、竹平町校舎には小さな運動場しかなく、軍事教練については、滝野川の運動場（のちの西ヶ原キャンパス）の地で実施された。学生たちは、軍服・ゲートル姿に三八式歩兵銃を手に、市電を使って運動場に通っていた。軍事教練もまた修業課程の一部であり、欠席した学生が卒業できないこともあったという。聞き取り調査によれば、いわゆる「敵性語」であった英語部の学生は、教練に際して配属将校から目をつけられていたという。

さらに、こうした日頃の軍事教練に加えて、富士裾野や習志野、軽井沢において泊まりがけで野外教練が敢行された（写真5－4、写真5－5）。学生たちは軍服にゲートル、そして三八式歩兵銃を手に行進、操銃訓練を繰り返したという。

他方で、時代は遡るが、一九三八（昭和一三）年の

写真 5-4　富士裾野東京外国語学校野外教練（1927 年、附属図書館所蔵）

写真 5-5　軽井沢での野外教練（1942 年頃、「ABRE Y VERAS TU JUVENTUD」、1940 年代アルバム）

野外教練に際しては「野外教練ニ関スル訓示」があり、「苟モ『ピクニック』ニ来リタルガ如キ誤リタル考ヲ以テ行動スベカラズ」などと行動規範が示されている。裏を返せば、こうした規範が訓示された背景には、戦時下にありながらも、学生たちにとって野外教練がピクニックのように楽しい一面もあったのかもしれない。

聞き取り調査によると、戦争が厳しさを増し、学生生活への制限を実感していくのは、日米開戦以降であったとの証言もある。事実、学内の重要行事であった競漕大会もまた日中戦争開始後も継続され、一九四三（昭和一八）年五月二三日の第四一回大会まで開催されている。

徴兵猶予の撤廃と学徒出陣

戦線が拡大し、戦死者が増大していくなか、学生への徴兵猶予が改められていく。

対米開戦直前の一九四一（昭和一六）年一〇月、文部省は「大学学部等ノ在学年限又ハ修業年限ノ昭和十六年度臨時短縮ニ関スル件」を通知する。これを受け、大学・専門学校・実業専門学校の修業年限は三か月短縮され、一九四二（昭和一七）年三月卒業予定の者を一九四一年一二月に卒業させることが決定する。そして、同年度の卒業予定者は一二月に徴兵検査を受け、二月に入隊することとなる。

さらに一九四二年には、「大学学部ノ在学年限又ハ大学予科、高等学校高等科、専門学校若ハ実業専門学校ノ修業年限ハ当分ノ内夫々六月以内之ヲ短縮スルコトヲ得」として、大学・専門学校、予科・高等学校の修業年限が六カ月短縮され、同年度の卒業生は一九四二年九月の卒業と、一〇月の入隊が決定される。

そして、一九四三（昭和一八）年一〇月二日、東條英機内閣は、在学徴集延期臨時特例を公布し、理工系・教員養成系（師範学校）を除く文科系学生の徴兵延期措置が撤廃された。この結果、文科系学生の多くが徴兵検査を受けることとなり、同年一〇月二一日、明治神宮外苑競技場で「出陣学徒壮行会」が開催される。壮行会には東條首相も出席し、この時出征の対象となった東京外国語学校の二〇歳以上の学生もまた参列している。一〇月・一一月に徴兵検査を受けた学生たちは一二月に入隊し、各種訓練に従事し、戦場へ向かうこととなった。また、同年一二月には徴兵年齢も二〇歳から一九歳へと引き下げられる。

翌年三月に東京外国語学校が東京外事専門学校へと改称され、その後新たに制定された学則では修業年限が四年制から三年制へと短縮されるが、この措置も修業年限短縮という時勢の影響を受けたものと推察される。当時の在籍者への聞き取り調査によると、東京外国語学校を志望した理由として、東京外国語学校が他の三年制の官立専門学校とは異なり、四年制と一年分徴兵猶予が長いことを挙げた者もおり、戦時下の学生たちにとって、修業年限の長さは大きな意味を持っていた。

写真 5-6　東京外国語学校竹平町校舎の掲示板（「ABRE Y VERAS TU JUVENTUD」、1940 年代アルバム）

また、下士官の不足から、大学・専門学校以上の学生たちは、特別幹部候補生（陸軍）や海軍予備学生の試験を受け、士官候補生として訓練を受ける者もあった。東京外国語学校竹平町校舎の生徒控室には、海軍予備学生募集のポスターが貼られていたという。当時の掲示板（写真5－6）には、その出生年に応じて徴集猶予期間が満了される旨の通知と、生徒課への「徴集延期々間延長願」の提出を命じる生徒課の掲示が確認できる。

一九四三年一〇月の明治神宮外苑競技場での「出陣学徒壮行会」は、関東の諸大学とともに開催されたものであったが、翌月一五日、東京外国語学校においては、学校独自の壮行会が開催されている。その際に出陣学徒総代を務めた守田基礎（支那語部貿易科三年）の答辞には、「学窓ニ留マル諸子ヨ　吾等志半バニシテ征クハ諸子ノ決起ヲ信ジテ疑ハザレバナリ　吾等ノ果サザル処ハ諸子以テ之ヲ尽スベシ　学窓即チ戦場ノ覚悟ノ下益々学業ニ励マレヨ」と、修業年限の短縮により三月を待たず出征すること、そして同窓の学業への奮起を願う言葉が並べられている。

東京外国語学校／東京外事専門学校の学生の入隊者

学徒出陣に伴う入隊者の数はどの程度であったのだろうか。

表5－5は、一九四一（昭和一六）～一九四三（昭和一八）年度入学者における東京外国語学校の出陣学徒数である。その割合は八割を超え、一九四一年度入学者の八三・三％が出征し、翌年には八四・五％が、翌々年には九一・八％の学生が従軍している。

聞き取り調査によると、当時の学生の間には、一般兵として入隊すると訓練でひどい仕打ちを受けるとの認識があり、多くの学生が志願兵として応募入隊していったという。入隊後の訓練は各部隊で千差万別であったが、軍人としての精神を叩き込まれ、「命は鴻毛より軽い」と教えられた者もいたという。

のちに東京外国語大学教授となる半田一郎は、一九四五（昭和二〇）年一月に香川県豊浜の船舶特別幹部候補生隊に特別甲種幹部候補生として入隊した。その入営前後の動向を日誌にまとめている。同日誌によると、一九四五年一月、帰省先の長野を発ち、七日に豊浜に到着し仮編入した。その後、軍服などの支給を受け、身体検査・身上調査、入隊の記念撮影を経て、一五日特別甲種幹部候補生として入隊している。入隊後には素養検査（学科・術科）・体力検査、

（単位：人）

	1941 年度		1942 年度		1943 年度	
	入学者	入隊者	入学者	入隊者	入学者	入隊者
英語部	23	17	30	24	25	20
仏語部	27	21	29	23	28	24
独語部	28	25	27	23	23	19
露語部	35	27	49	42	45	42
伊語部	13	13			14	22
西語部	27	22	24	17	23	19
葡語部	17	14			16	16
支那語部	56	51	53	50	51	45
蒙古語部	19	17			23	22
泰語部	19	13	23	19	20	17
馬来語部			21	20		
ヒンドスタニー語部			22	17		
タミル語部						

表 5-5　1941〜1943 年度入学者における東京外国語学校の出陣学徒数
「入学者」は、入学者数から、退学・除名・死亡者を除いたもの。

「入隊者」は、入営・入隊・応召・入団者の合計。在学中の者のほか、退学者・除名者（授業料未納などによる）を含む。

学籍簿による。

『東京外国語大学史』203 頁参照。なお当時学内調査により閲覧可能であった「学籍簿」は、現在個人情報保護のため、閲覧することができない。一部表現を変更。


予防接種を経て二二日には執銃教練が開始している。二九日の日記には、「訓練期間は一〇ヶ月」で一一月には卒業予定といった記載があり、出陣学徒は学校の修業期間だけでなく、入隊後の訓練期間もまた短縮され、戦地に派遣されていたことがうかがえる。幸いにして一月入隊者については、訓練途上に終戦を迎えている。なお、戦没者についての詳細は、在学中に従軍し消息不明となった者も多く不明瞭な点が多い。

『東京外国語大学史』の記

載によると、学籍簿に戦没者（戦死者・戦病死者）の記載はあるものの、その数は一九四〇（昭和一五）〜一九四三年度の入学者のうち、一九四〇年が三人、一九四一年が二人、一九四二（昭和一七）年が一一人、一九四三年が一人となっており、明らかに戦没した者の記載がないなど、学校がその実態を把握していたとは言い難い。

戦没者の実態に関して、卒業生である河村功（西語部卒）が東京外語会に呼びかけて実施した調査によると、戦没者は、卒業者・中途者、本科・別科、外地・内地、軍務・軍属・徴用、戦没（戦死・戦病死）・公務殉職・刑死・自決等のいずれを問わないと、二二二人に及んでいる。戦没地は東北部をはじめとした中国各地、フィリピン、インドシナ、マレー半島、インドネシア、ビルマ、ソ連など各地にわたった。

戦没者の一人に瀬田万之助がいる。彼の書簡については、『きけ わだつみのこえ』（日本戦没学生手記編集委員会編、東大協働組合出版部、一九四九年）に採録され、『東京外国語大学史』においても再録されているが、当時の東京外国語学校の学生の苦悩を伝えてくれる貴重な記録のため、紹介したい。

瀬田は一九二三（大正一二）年三重県に生まれ、一九四一年に東京外国語学校支那語部貿易科に入学した。第三学年となった一九四三年九月に繰り上げ卒業し、一二月に入営した。その後、一九四五年三月にフィリピンのルソン島で二一歳の若さで戦死している。

この手紙、明日内地へ飛行機で連絡する同僚に託します。無事お手許に届くことと念じつつ筆を執ります。

目下戦線は膠着状態にありますが、何時大きな変化があるかも知れません。それだけに何か不気味なものが漂っています。生死の境を彷徨していると学生の頃から無神論者であつた自分が今更の様に悔まれます。死後、如何うなるか?と云った不安よりも現在、心の頼りどころのない寂しさと云つたものでせうね。

その点信仰厚かつた御両親様の気持が分るような気がします。何か宗教の本をお送り願えれば幸甚です。何派のものでもいいのです。何派のものでも期するところは同じだと思います。例え一時的でもいい心の平衡が求められればいいのです。

マニラ湾の夕焼けは見事なものです。こうしてぼんやりと黄昏時の海を眺めていますと、如何うして我々は憎しみ合い、矛を交えなくてはならないかと、そぞろ懐疑的な気持になります。避け得られぬ宿命であつたにせよもつと外に、打開の道はなかつたものかとくれぐれも考へさせられます。

あたら青春をわれわれは何故、このやうな惨めな思ひをして暮さなければならないのでせうか。若い有為の人々が次々と戦死していくことは堪らないことです。

中村屋の羊羹が食べたいと今ふつと思い出しました。

又お便りします。このお便りが無事に着けばいいのですが……
兄上、姉上、そして和歌子ちゃんにくれぐれも宜敷く。

早々不一

昭和二十年三月五日

瀬田万之助

父上様
母上様

第三節　東京外事専門学校への改称と終戦

東京外事専門学校への改称と「東京外事専門学校学則」の制定

学徒出陣により在校生の入隊が進むなか、東京外国語学校は東京外事専門学校へと改編されていく。

一九四四（昭和一九）年三月二八日勅令第一六五号により文部省直轄諸学校官制が改正され、東京外国語学校の名称が東京外事専門学校へと改称される。翌月二六日には文部省令第二九号により「官立外事専門学校規程」が公布される。この規程では、官立外事専門学校の目的は「海外諸民族ノ諸事情及其ノ言語ニ関スル高等ノ教育ヲ施ス」（第一条）と定められ、修業年限を三年（第二条）とし、それまでの東京外国語学校規程は廃止すること（第一〇条）などが定められた。大正期の校名存続運動では、在校生・卒業生・教職員による頑強な抵抗が見られたが、戦局も悪化した当時においては、そうした運動が展開される余地はなかったのであろう。

校名は改称されたものの、この時点においては、まだ学則も制定されていなかった。同年六月、文部省より「種類別官立専門学校規程制定ニ関スル件」が通知され、官立外事専門学校規程に基づく「貴校規則ノ制定」が求められた。この通知に別紙「〇〇専門学校規則」（準則）が付され、これに沿った規則制定が進められ、一〇月に学校側から文部大臣宛に学則案が提出された。最終的に、学則は年末の一二月二〇日に許可され、ここに「東京外事専門学校学則」が制定された。新たな学則は、およそ八か月も前の四月一日に遡って適用されることとなった。

学則では、「本校ハ専門学校令ニ依リ皇国ノ道ニ則リテ海外諸民族ノ諸事情及其ノ言語ニ関スル高等ノ教育ヲ施シ国家有用ノ人物ヲ錬成スルヲ以テ目的トス」（第一条）と、学校の設置目的は、時勢を反映して「皇国ノ道」に則った「国家有用ノ人物」養成とされた。東京外国語学校時代の各部は学科へと改称され、第一部・第二部として以下の一四学科が置かれたほか、別科として専修科（修業年限二年）および速成科（修業年限一年）が設置された。

第一部　支那科、蒙古科、タイ科、マライ科、インド科、ビルマ科、フィリピン科、イスパニヤ科、ポルトガル科

第二部　ドイツ科、フランス科、ロシヤ科、イタリヤ科、英米科

東京外国語学校において部（あるいは学科）の順番は、これまで英語部、仏語部、独語部……と、英語部がその筆頭に挙げられるのが常であったが、時局を踏まえてか官立外事専門学校規程に規定された並び順となっている。新たにビルマ科・フィリピン科が新設されたが、学則には「本校ハ事情ニ依リ特定ノ学科ニ付ソノ生徒募集ヲ為サザルコトアルベシ」（第一二条）と定められ、フィリピン科の募集は一九四五（昭和二〇）年度からと一年遅れとなり、ビルマ科に至っては募集されないまま戦後に廃止を迎えている。

写真5-7　チャンドラ・ボースによる特別講演（1944年11月18日）

各部ごとに学科目とその授業時間数が定められたが、「特別ノ必要」がある時には、「各学科目ノ全学年ヲ通ズル総授業時数ヲ減少セザル範囲内」で授業時数の変更が

可能であり、授業時間外に臨時講義や教練が課されることがある旨、定められた（第七条）。なお一九四四年一一月一八日には「自由印度仮政府」の指導者チャンドラ・ボースによる特別講演が、大谷敏治教授の通訳のもと開催された。講演会場には「印度独立運動スバース・チャンドラ・ボース」という垂れ幕が下げられた（写真5－7）。ボース以外にも、卒業生の海軍将校による「南方海戦ニ関スル講話」など臨時講義が実施されている。

第二部

	第1学年	第2学年	第3学年
	時間	時間	時間
道義	70	35	35
国語	70	70	70
教練	196	112	112
体練	70	70	70
外国語	700	735	665
外事	70	175	210
地理	70		
歴史		70	70
民族及文化		105	70
産業			70
地政概説			70
経済	70	70	
法律	105		
教育学			70
計	1,351	1,267	1,302

学科目と授業時間数（表5－6）を見ると、「外国語」については第一学年の年間授業時間数は第一部が五六〇時間、第二部が七〇〇時間となり、年間総授業時間数一三五一時間の四割から五割程度を占めているものの、週総授業時間数三〇時間のうち三分の二に当たる週二〇時間が「第一外国語」に割かれていた東京外国語学校に比べその比重を下げるとともに、「第二外国語」の項目が削除された。対して、従

第一部

	第１学年	第２学年	第３学年
	時間	時間	時間
道義	70	35	35
国語	70	70	
教練	196	112	112
体練	70	70	70
外国語	560	560	525
外事	105	140	175
地理	70		
歴史	35	70	
民族及文化		70	105
政治			70
地政概説			70
経済	140	140	210
経済学	70	70	
拓殖			70
東亜経済			70
経済実務	70	70	70
法律	70	70	
産業技術	70	70	
教育学			70
計	1,351	1,267	1,267

表 5-6　「東京外事専門学校学則」第７条に定める学科目と年間授業時間数

来には教練を含め週二時間であった「体操」が「教練」「体練」となり、合計して年間二六六時間と大幅に増加している。一九四四年度入学者は、すでに小・中学校時代から教練を繰り返してきた世代であるが、専門学校に進学してもなお教練が重ねられた。

また、外事専門学校における教育の核となる「海外諸民族ノ諸事情」については、「外事」（地理・歴史・民族及文化・政治・産業）、「地政概説」、「経済」（経済学・拓殖・東亜経済・経済実務）、「法律」、「産業技術」、「教育学」にまとめられ、東京外国語学校時代には学問領域に沿って設置されていた学科目である「言語学」「文学史」「哲学」「社会学」といった項目は削除された。

また学年暦のうち、休日は「祭日」「祝日」「本校創立記念日」とされ、従来休日として規定されていた日曜日や夏季・冬季・春季の休業は明記されず、「学校長ニ於テ必要ト認ムル場合ニハ日曜日並ニ七月末、八月中、十二月末、一月始、三月末其ノ他ニ於テ教授ヲ行ハザルコトアルベシ」と定められた（第一〇条）。とくに戦時下にあっては、先に見た学徒動員や野外教練もあり、授業は不定期であった。

城北大空襲による校舎の焼失と終戦

敗戦が色濃くなった一九四四（昭和一九）年、マリアナ諸島を抑えたアメリカ軍による日本本土空襲が本格化する。空襲の影響は、当然、学校関係者にも人的被害をもたらし、翌一九四五（昭和二〇）年三月一〇日の東京大空襲では、勤労動員先であった三菱製鋼一帯も焼失し、東京外事専門学校の学生からも死者が出ている。

また翌月の同年四月一三日に、東京西北部一帯を襲った城北大空襲により、東京外事専門学校の西ヶ原の新校舎は焼失した。この校舎は、長らく運動場として使用された滝野川区西ヶ原町の敷地（写真5-8）に、一九四四年に建設されたものであった。同年五月三一日、皇居お堀端の竹平町校舎から疎開を兼ねて、木造二階建ての新校舎に移転が行われたが、わずか一年を待たずして、新校舎を失ってしまう。

そのため、東京外事専門学校は、上野の東京美術学校・図書館講習所・美術研究所の建物の一角を間借りする形で、七月より授業を再開することとなった。一方、それまで授業が行われていた第一学年についても、三菱製鋼において勤労動員に従事させることが決定された。

写真 5-8　東京外事専門学校校舎敷地（滝野川区西ヶ原町）

戦中・戦後の学内掲示板や教官への通知文案を綴った『昭和十九年八月起　仝廿四年十二月迠　掲示及教官通知案』によると、七月四日に三菱製鋼において第一学年の学生には勤労動員のため入所式が行われ、九日から全員を「甲班」・「乙班」に分け、隔週交代で各班に授業と勤労動員を行うことが記載されている。授業の実施に当たっても、教官に対して「授業期間ハ約三ヶ月ノ予定ニツキ殊ニ語学授業ニ於テハ速成実用ヲ旨トセラレ度シ」と、短期間での速成が求められた。他方で、厳しい状況下にあっても「授業ハ外国語ノミナラズ講義学科モ行フ」とされている。

授業再開後には、空襲への備えとして「本科授業ト警報」が掲示され、「一・警戒警報発令中ハ授業ヲ中止セズ」「二・

空襲警報発令トナリタルトキハ授業中止ヲ原則トス」ことが定められている。

東京外事専門学校が上野で授業再開を進めつつあるなか、一九四五年七月二六日にはポツダム宣言により対日最後通牒が行われたのち、広島、長崎への原子爆弾の投下、ソ連の対日参戦を受け、日本はついに降伏し終戦を迎えることとなった。

終戦直後の八月一七日には三菱製鋼における勤労動員が解除され、退所式が執り行われた。翌一八日には校長の訓辞が行われ、二〇日より午前・午後の二部制により授業が再開された。

翌一九四六（昭和二一）年、板橋区上石神井の智山中学校校舎と三〇〇メートル程離れた元電波兵器技術専修学校の木造校舎を借用することが決まると、六月には移転が開始され、九月より授業が再開される。しかし、この時在籍し、のちに東京外国語大学学長となる原卓也の回想「広い！西ヶ原」によると、この仮校舎もまた「窓ガラスの代りに障子紙を貼った教室で、その障子紙も学生たちがチリ紙にしてしまうため、風が吹き込み放題だったし、ロシヤ語の授業を受けていると、ほかの教室のドイツ語や中国語が賑やかにきこえてくるという国際的、文化的環境」であったという。

復員者は、授業再開の通知を受け取ると、上野、上石神井の校舎に向かった。しかし、戦後の食糧・経済事情の悪化により、「生きるためのアルバイト」をせざるを得ず、授業に参加できない学生も多くいた。食糧確保に奔走せざるを得なかったのは教職員も同様であり、食糧難を理由とする休講措置が取られることもあったという。また授業は再開されたものの、外国人講師の先生が不在の学科もあり、タイ語では急遽、留学生に臨時講師を頼むなど混乱状況もあったという。

なお戦中・戦後の混乱のなかで、十分な授業を受けられなかった学生に対して、臨時措置による卒業認定が行われた。写真5－9は一九四六年の卒業生に発行された「学業成績表」であるが、その備考欄には「第三学年学科課程ハ臨時措置ニヨル」との記載が確認できる。臨時措置により卒業資格は得たものの、思い描いた学生生活を送れなかった学生のなかには、その後、大学に進学し学び直した者もあった。

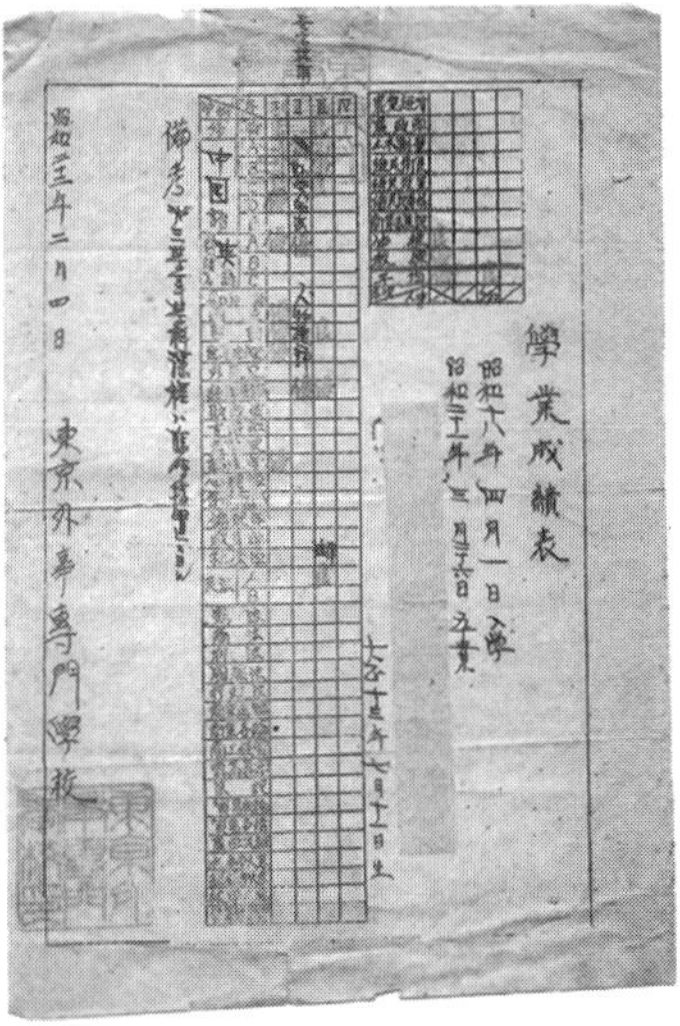

写真 5-9　1945 年度卒業生の学業成績表

一九四六年三月二六日には卒業式も挙行された。しかし、出席できなかった学生も多く、ましてや戦中の一九四四・一九四五年に卒業認定を迎えた者には、卒業証書未交付の者も少なくなかった。そのため、東京外国語大学では卒業から五〇年の節目の年となる一九九四（平成六）年と一九九五（平成七）年に、卒業証書未交付者に卒業証書を交付した。この時、一九九四年には八五人（遺族を含む）、一九九五年には一六人に交付された。

同様に、戦後七〇年を迎えた二〇一五（平成二七）年には、戦中の資料の収集と当時在籍した卒業生への聞き取り調査事業が実施された。その過程で卒業証書を受領していなかった卒業生の存在が明らかとなり、一九四四〜一九四六年の卒業者を対象に、卒業証書の交付希望者を募り、その結果、一九四四年以前の卒業者で卒業証書を受領していなかった二人を含む、計一四人（遺族を含む）に卒業証書の交付を行っている。なおこの一四人のなかには、当時一〇〇歳のジャーナリストとして反戦活動を続けていた武野武治（むのたけじ、二・二六事件が発生した一九三六年卒）が含まれる。

第四節　戦禍により失われた世界的な音声学実験室

千葉勉と音声学実験室の創設

東京外国語学校には世界的な研究成果を誇った音声学実験室があった。責任者を務めた千葉勉は、音声学研究に物理学の導入を進め、実験室には世界最先端の装置が設置されていた。戦禍で失われた実験室の歴史の一端を紹介したい。

音声学実験室を立ち上げることとなった千葉は、一八八三（明治一六）年に宮城県に生まれた。東京帝国大学文学部英文学科に進み、一九〇七（明治四〇）年に同大学を卒業し、大学院へと進学した。その後、一九一〇（明治四三）年に東京帝国大学文学部講師に着任すると、一九一三（大正二）～一九一六（大正五）年には文部省よりイギリスに派遣（留学）され、ロンドン大学（UCL）にて当時世界的な音声学研究の第一人者であったダニエル・ジョーンズ（Daniel Jones）の授業を受講した。帰国した一九一六年には、東京帝国大学講師と東京外国語学校講師を併任し、一九一九（大正八）年からは東京外国語学校教授（英語部）に就任した。

一九二八（昭和三）年、東京外国語学校に文部省特別経費が計上されると、長屋順耳校長は音声学実験室の設置に踏み切る。当初、その責任者は同じ英語部教授である片山寛に委託されたが、彼が就任を固辞したことで、千葉が責任者に就任するところとなった。当時、すでに日本最初の音声学実験室は、一九二一（大正一〇）年に兼弘正雄（英語音声学）の手により、大阪高等商業学校に建設されており、『千葉勉の仕事と思い出』によると、こうした関西の動向が東京外国語学校関係者の関心を刺激し、一九二七（昭和二）年頃には学内に実験音声学を進める機運が生まれていたという。

写真 5-10　東京外国語学校音声学実験室において千葉勉と学生たち（1930年頃）

『母音論』の成果を支えた音声学実験室の設備と人材

予算獲得の翌一九二九（昭和四）年に、千葉勉を責任者とする日本二番目の音声学実験室が東京外国語学校に設置されることとなった（写真5－10）。その頃は皇居お堀端の竹平町校舎の時代であった。

音声学実験室は、「木造の細長い校舎の東端にあり、廊下を含めて東西に四間、南北に九間半の大きさ」であった。「南から北へ千葉教授室（七・五坪）、X線室（四・五坪）、防音室（四・五坪）、実験室（一四坪）、暗室（二坪）の順に並んで」おり、当時の校舎図面にも「音声学実験室」の文字が確認できる（梶山正登「千葉先生と旧音声学実験室」『千葉勉の仕事と思い出』）（写真5－11）。

実験室にはX線撮影装置、カイモグラフ、マイクロフォン、電磁オシログラフなど、当時世界最先端の技術水準の機材が並んでおり、「防音室などは狭いながら殆んど完全なもの」があったという。とくにX線撮影装置については、音声学分野では一九〇四（明治三七）年以来、体内の構造の観測に利用されはじめ、一九三〇年代には

写真 5-11　東京外国語学校竹平町校舎内の音声学実験室位置

舌の位置と母音の関係性に関する研究の追試実験のために、X線を用いた実験が推進されていた。千葉の研究は、そうした世界の潮流に則ったものであった。なお装置の製作には、島津製作所が当たった。

　最先端の研究機材であったことを示す逸話としては、千葉が第二回国際言語学会（ジュネーブ、一九三一年）に携行した論文中のX線写真がF．トレンデレンブルクの書籍に転載され、日本放送協会から録音機の貸与の申し込みがあったとの話がある。千葉自身もまた、「自分が発表したものは東京外国語学校に三年前より設置せられた音声学実験室に於いて専ら研究したもの〻一部であるが、音声学並びに生理学実験に依つて得た結果を帰納して、日本母音の特性を明かにし、これを欧洲標準母音と比較し、これに対する日本母音の位置を

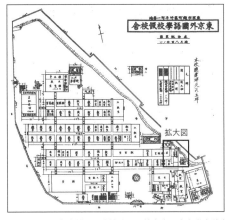

確定したものである。この実験は最も進歩した方法で行ひ、特に物理的方面の実験は欧米の諸大学に於いても用ひられてゐない最新式の電気記録装置に依り、生理学的方面の実験は主としてレントゲン撮影に従つた」と、その研究成果の根幹に最先端の装置の数々があったことを誇っている。他方で、こうした最新の設備の維持には費用も多くかかり、その一部は服部報公会から支援されていた。

また、こうした実験音声学の研究を進めるうえで、物理学に関する知識や設備を取り扱う技術を持つ物理学者の雇用が不可欠であった。設立当初には東京帝国大学理学部物理学科を卒業した土佐林忠夫が室員として着任し、機械類・実験室の新設と実験を進めた。一九三一（昭和六）年からは長内志雄が、一九三三（昭和八）年からは梶山正登が後任としてその職務に当たり、一九三八（昭和一三）年からは佐藤良雄がそこに加わった。とりわけ、梶山は約一〇年にわたって音声学実験室と千葉の研究を支え、実験室の成果をまとめた『母音論』では千葉とともに共著者となっている。

加えて、東京外国語学校に在籍した多くの外国人講師が、音声学実験室での被験者として、実験に協力した。

実験室において一九三四（昭和九）年から一九三九（昭和一四）年に進められた実験の成果は、『母音論』（*The Vowel, Its Nature and Structure.* Tokyo-Kaiseikan, 1941）としてまとめられた。同書は英語で出版され、言語学・音声学の古典とされている。

音声学実験室の焼失と戦後の復活

音声学実験室は、戦局の悪化に伴い、その活動を停止することとなる。実験室員であった佐藤良雄によると「昭和十九年には、東京外語が強制疎開で一ツ橋内から巣鴨のさきの西ヶ原へ移転することになり、折角先生が苦心して作られた防音室をとりこわし、レントゲンは分解して西ヶ原に運んだ。そしてそのまま昭和二十年四月十三日に焼けてしまって、一物をもとどめなかった」という。また戦中に出版された『母音論』の一九四一（昭和一六）年版は、「戦争中金も物資もない時に、立派なアートペーパーで出版され、本のカバーは「英国のカンバス用布、レントゲンのインクはアメリカのもの」であったらしいが、戦禍によりその多くは焼失してしまった。

戦中であったこともあり、音声学実験室は再建されないままに、戦後を迎える。実験室の責任者であった千葉勉は一九四五（昭和二〇）年に東京外国語学校を定年退職し、その後、上智大学において音声学実験室を発足させていく。

一九四九（昭和二四）年、新制大学として東京外国語大学が発足し、設備の充実化が図られていくなか、音声学実験室の再建が模索される。焼失から一五年余りを経た一九六〇（昭和三五）年度の概算要求書において、「特別設備費」として音声学実験に必要な実験研究用特別設備の概算要求が行われた。その要求理由には、戦前の音声学実験室の「研究業績は学会の等しく注目する所」となっていたこと、「疎開保管中」であった「貴重な実験用器具も戦災により烏有に帰し」、その復活が望まれていることが強調されている。

そうした学内関係者の尽力が実を結んだのは、一九六六（昭和四一）年であった。文部省は東京外国語大学に二つの音声学教官ポストの配分を決定し、同年から吉沢典男と竹林滋の両名が着任し、東京外国語大学に実験音声学の系譜が復活することとなった。西ヶ原キャンパス一号館に設置された音声学研究室には、実験音声学に必要な実験機材の整備が進められ、研究室は常に学生たちが機械を駆使して実験をやっているという状態にまで発展したという。

幸いにして、音声学実験室は復活することができたが、二十余年の中断により、研究の発展が阻害されたことは間違いないであろう。このように戦禍は、世界水準を誇った音声学実験室にも多大な損害をもたらしていた。

第六章　戦後の外国語教育と「国際人」の養成

戦後、一九四九（昭和二四）年五月三一日「国立学校設置法」が制定され、六九の新制大学が発足することとなった。東京外事専門学校もまた、この時、「東京外国語大学」として新たな歩みを踏み出すこととなる。専門学校から大学へと転換していく過程において、新たに誕生する「外国語大学」にはどのような教育・研究のあり方が求められたのであろうか。

第一節　戦後の教育改革と新制大学の発足

戦後の教育改革

終戦と連合国軍による占領のなか、戦時教育体制が一掃され、民主的な教育改革が実施されていく。

文部省は、終戦間もない一九四五（昭和二〇）年八月一六日に勤労動員を解除し、二一日には「戦時教育令」を廃止し、二八日には全学校における授業の再開を通達した。九月に入ると、いわゆる教科書の「墨塗り」がはじまり、戦時教育が少しずつ修正されていくこととなった。そして、連合国軍最高司令官総司令部（GHQ、General Headquarters）の占領が本格化すると、教育現場には軍国主義者を排除する教職追放を含む、いわゆる「四大指令」が示され、戦前から続く軍国主義的教育の解体が進められた。

戦後の教育改革の方向性は、一九四六（昭和二一）年に来日した米国教育使節団の勧告によって方向づけられた。アメリカの教育専門家二七名から構成される使節団は、日本における民主的な教育制度を確立するための調査・検討を行い、『米国教育使節団報告書』をまとめた。そこでは、「民主政治下の生活のための教育制度は、個人の価値と尊厳を認めることが基になるであらう。それは各人の能力と適性に従つて、教育の機会を与へるやうに組織されるであろう」と個人の尊重と教育機会の平等が唱えられた。そして「民主政治における教育の成功は、画一と標準化とを以てしては測られない」として、教育の地方分権など、教育課程の改革が提起された。具体的な改革として、新しい学校制度としての六・三・三制、男女共学などが勧告され、高等教育についても、戦前は「少数者の特権と特殊の利益」となっていたと批判され、「多数者のために開放」されるべきとして、高等教育の門戸開放とその拡大が主張された。また大学において行われる研究についても「創造的または独創的であるよりはむしろ多分に模倣的吸収的であ」り、「大学教授を制約する障壁」をなくし、「学問の自由」を確立することが提唱された。この報告は、調査に協力した日本側の専門家らの意見も反映したものであったと言われ、国内において好意的に受け止められ、戦後の教育改革の主軸となっていく。同年には、内閣に教育刷新委員会が設置され、改革の具体案の検討が進められ、翌年に新憲法の理念に沿った教育基本法と学校教育法が制定されていく。

学校教育法と新制大学

一九四七（昭和二二）年三月三一日に公布され、翌四月一日に施行された「学校教育法」は、高等教育のあり方に大きな転換をもたらした。

学校教育法では、戦前の大学が早くから専門分化し、「職業的色彩」が強く、普通教育を受けさせる機会が少なかったとの米国教育使節団の勧告を踏まえ、大学の目的は「学術の中心として、広く知識を授けるとともに、深く専門の学芸を教授研究し、知的、道徳的及び応用的能力を展開させること」と定められ、幅広い教養教育を基盤として、専門的な研究を行うことが目指された。

旧制の高等教育機関は大学、高等学校、専門学校および教員養成諸学校に分岐し、各学校は教育の目的が異なるため、それぞれが大学令、高等学校令、専門学校令、師範学校令といった

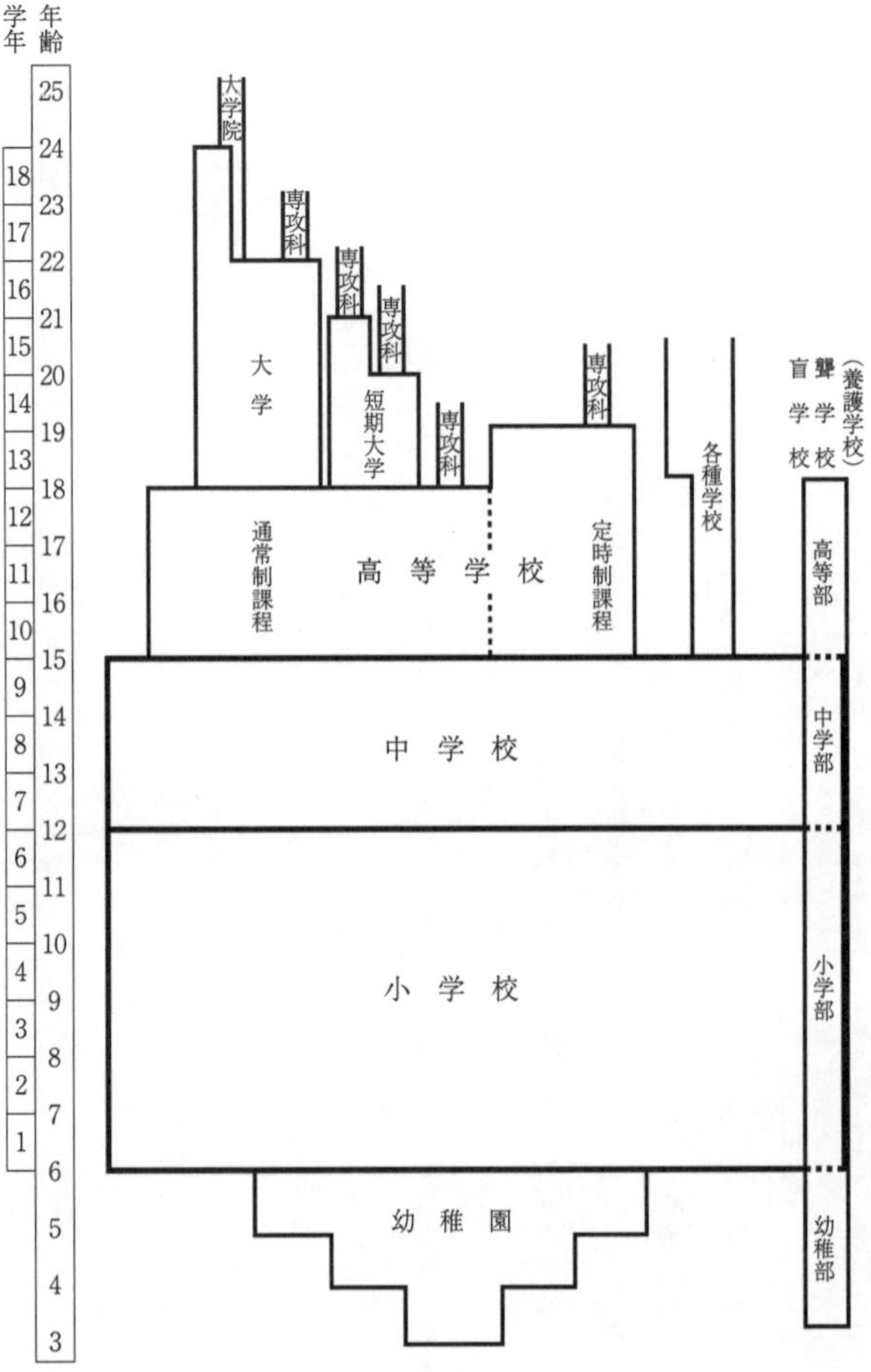
学年
年齢
大学院
専攻科
大学
短期大学
専攻科
専攻科
専攻科
専攻科
通常制課程
高等学校
定時制課程
各種学校
盲学校
聾学校
（養護学校）
高等部
中学校
中学部
小学校
小学部
幼稚園
幼稚部

〈1949年〉

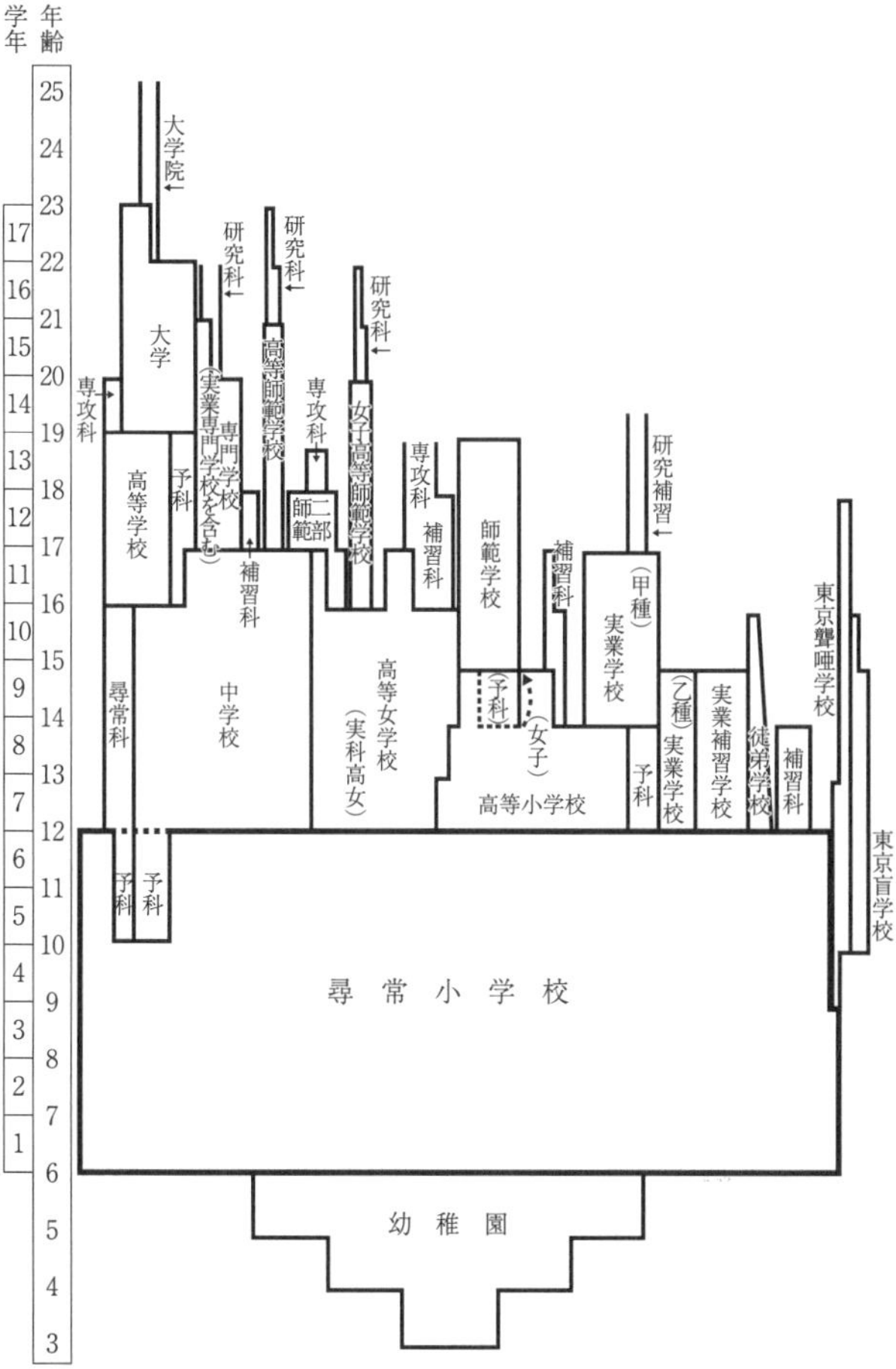

〈1919年〉

図 6-1　1919 年と 1949 年の学校系統図（文部省『学制百年史』）

異なる法令により規定されていた（図6-1）。また各学校により修業年限が異なり、高等学校の高等科や専門学校の入学資格は「中学校第四学年ヲ修了シタル者」と定められたこともあり、進学時期も一律ではなく、「複線型」と呼ばれる教育体系をしていた。

学校教育法は、これらの旧制の高等教育機関を四年制の新制大学に再編し、学校体系の「単線型」に変更し、その一元化を進めた（図6-1）。この学校教育法の施行により、東京外事専門学校のような従来の専門学校は、廃校、新制大学への昇格、他の新制大学への統合のいずれかを選択することになった。

文部省は新たな大学制度の発足に当たり、大学設置基準の策定を進めることになる。文部省は、一九四六（昭和二一）年一一月、都内の国公私立大学一〇校から構成される「大学設立基準設定協議会」を設置し、検討をはじめた。翌年には、より広範な大学の意見を聞くため、全国大学連合協議会が開催される。この連合協議会において、大学が相互に協定する自主的基準を設けるため、大学基準協会の設置が決定する。同年七月には大学基準協会は創立総会を開き、大学基準を採択する。一九四八（昭和二三）年一月には大学設置認可の審査を担う大学設置委員会が設けられ、大学基準に従って審査を行う体制が整えられた。

また文部省は、連合国軍最高司令官総司令部（ＧＨＱ）において教育行政を担当した民間情報教育局（ＣＩＥ、Civil Information and Education Section）が教育の機会均等を実現するべく、国立大学の一府県一大学の方針を要請したことを受け、一九四八年六月「一府県一大学」の設置や大学の名称に「都道府県名」を用いることなどを定めたいわゆる「新制国立大学設置の十一原則」を発表した。

こうして、一九四九（昭和二四）年五月三一日「国立学校設置法」が制定され、後述する東京外国語大学を含む六九の新制大学が発足することとなった。

東京外事専門学校における大学昇格の議論——外国研究と地域研究への注目

戦後の高等教育改革が議論されるなか、一九四七（昭和二二）年七月二八日、文部省は旧制高等学校と専門学校に対して「新学制転換について官立高等学校大学予科の希望報告依頼の件」との通知を発送し、新制大学への昇格の希望状況について調査を進めた。これを受け、東京外事専門学校では、同年一一月、「学校昇格準備委員」が任命され、学校昇格に向けた議論が本格化する。

学内の学校昇格準備委員は、井手義行校長が任命した一般委員・別科委員・戦災復興資金募集委員から構成され、そのうち新制大学となった場合の諸制度についての検討を担ったのは二六名の一般委員であった。『学校昇格準備委員会綴』によると、一般委員には学校昇格に向けた「研究項目」である「大学基準及学科課程、単科カ綜合カ名称、押出シ横上リ、教官ノ資格基準、三年制（暫定）ト四年制、現行授業刷新」の検討が求められた。

『東京外国語大学史』によると、東京外事専門学校の大学昇格に際して、一般の大学基準ではなく、学芸大学基準が適用されようとするなか、本学は「外事大学設置基準案」を作成し、大学設置委員会に提出した。この時提出された案の具体的な内容は定かではないが、この第一次申請ともいうべき案は、旧来の外事専門学校を四年制に延長したものに過ぎず、外国語は学術研究の手段であって目的でないとして不採用となり、学内はその打開策を見つけるべく奔走することとなったという。

この時、一般委員の一人として学内の議論をけん引した河部利夫によると、その糸口となったのが、「外国学（Foreign Studies）」と「地域研究（Area Studies）」を軸とした新たな議論であったという。「外国学」とは外国との交流を理論的に考察する学問であり、「地域研究」とは地域の文化について理解する際に、地域の歴史・政治・経済・文学・哲学などを統合して、総合的な理解を目指す研究志向・方法論を指す。この地域研究の方法論を用いた外国学は、第二次世界大戦前後のアメリカにおいて盛んになり、そうした学科や課程の新設が進められていた。こうしたアメリカにおける動向は、のちに東京外国語大学の初代学長に就任する澤田節蔵を通じて、本学に提供された一冊の文献、Robert B. Hall, *Area Studies, with special references to their implications for research in the Social Sciences*, New York, Social Science Research Council,

1947により、学内委員の共通理解となっていった。

この外国学・地域研究を基盤に、大学設置認可申請に向けた設置案の作成が進められていく。一九四八（昭和二三）年五月に作成された「東京外国語大学設置案」では、大学の「目的及使命」は、「外国の言語とそれを基底とする文化一般につき理論と実際にわたり研究教授し国際的な活動をするために必要な高い教養を与え、言語をとおして外国に関する理解を深めることを目的とする」とされ、大学名称については、「東京外国語大学（TOKYO COLLEGE OF FOREIGN STUDIES）」と示された。ここに現在まで続く、外国語（Foreign Languages）だけではなく、外国語とその地域の文化一般について研究教授する「Foreign Studies」を目的とする大学の教育・研究理念が誕生した。

なお「東京外国語大学」の名称については、英語名である「College of Foreign Studies」が先に決定し、その訳語として「外国語大学」が決定したという。河部によると、この英語名称の発案者は澤田であり、当初「教授会では、戦時中に改名された「外事専門学校（College of Foreign Affairs）」を流用しようとする案もあったが、澤田案は新鮮な名称であると評価され決定した」という。また訳語である「外国語大学」については、「東京外語大学の構想」（原文ママ、『大学設置申請書』所収）によると、「東京外国語大学と称する理由は、一ツには適当なる訳語がないためと、二ツには外国研究の根本は外国語の研修に俟つべきものが多いからである」とも

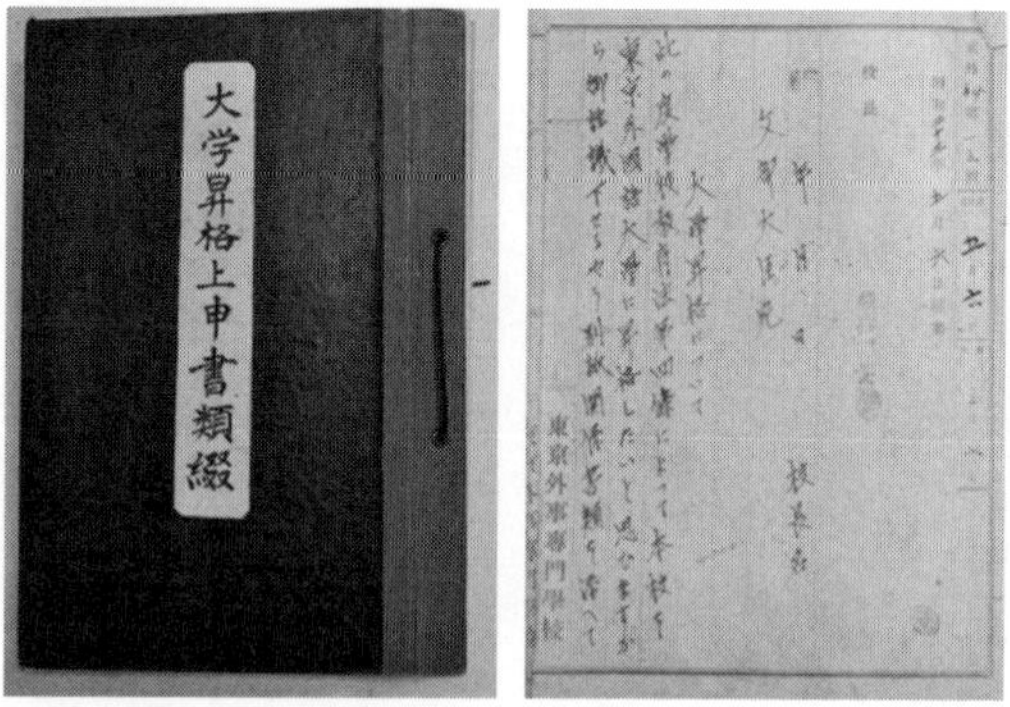

写真 6-1　大学昇格上申書類綴（1948年）

っともらしい公式理由が挙げられているが、河部によると、占領下における教育担当部局である民間情報教育局（CIE）との交渉のなか、蕃書調所以来の長い伝統と同窓会への配慮を踏まえ、「東京外国語大学」の訳を黙認してもらえることになったという。

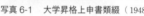

この外国学・地域研究を軸とした設置案は、一九四八年八月一五日までに提出を求められた概算書とともに、大学設置委員会において認可申請に向けた審議が行われていく。

また一度は不採用となった「大学基準」に関しても、再度「外国語大学設置基準」策定に向けた働きかけが進められていく。設置申請後の一九四八年年九月には、文部省において大学設置委員会外事大学及外国語大学設置基準作成小委員会が開催され、本学からは井手校長と大谷敏治が委員として出席した。審議の詳細は定かではないが、これを受け、外国学・地域研究を基盤とした「外国語大学設置基準」が策定されるに至った。同基準に記された外国語大学の目的は、「外国語大学は外国の言語とそれを基底とする文化一般につき理論と実際にわたり研究教授し国際的な活動をするために必要な高い教養を与え言語をとおして外国に関する理解を深めることを目的とする」とされ、先に紹介した「東京外国語大学設置案」の「目的及使命」と同じ内容となっており、外国学・地域研究の視座に立った新たな「外国語大学」の設置が進められていくこととなった。

教育刷新委員会における「外国事情の研究を目的とする教育機関設置の必要」の提案

こうした学内議論と並行して、内閣に設置され、戦後の教育改革に関する重要事項の審議を担っていた教育刷新委員会においても、戦後の外国語教育のあり方が検討されていく。それらは東京外国語大学が誕生するうえで極めて重要な議論となった。

一九四八（昭和二三）年一二月〜一九四九（昭和二四）年一月に開催された教育刷新委員会第十一特別委員会（第二七回）では、澤田節蔵委員を通じて東京外事専門学校長の井手義行が臨時委員として参加することとなった。一九四八年一二月三日の特別委員会において、井手校長は東京外事専門学校の教育のあり方の説明を求められるなかで、「外国語だけをやるように世間一般じゃ考えているようでございますが、そうじゃないのでございます」と述べたうえで、東京外事専門学校における教育が外国語に限定されるものではなく、一般教養と外国語の教育が相まって進められていること、外国語を基礎に各地域の人文・社会・自然科学の教育・研究が進められるものであることを主張した。

　翌年一月二一日、再度、特別委員会に臨時委員として参加した井手校長は、「外国事情の研究を目的とする教育機関設置の必要」（写真6－2）をもとに、外国事情の研究に関する問題提起を行った。そこでは、「外国事情研究の根本である外国語の研究」について、「明治以来、種々の教育機関で多大の労力と時間を割いて語学研究に努めてきたけれどもその研究方法が妥当でなかったため、最高教育を受けた人でも十分なる効果を上げていないのが実情」とし、「今や国際情勢の進展とともに、十分たる外国知識を備へ国際活動（文化的芸術的政治的経済的の活動）に奉仕し得る人材を求むる声が益々大きくなっている」ため、その人材養成は「一国の文教政策として極めて肝要」であることを主張した。加えて、人材養成に必要な事項として、①外国語に対する興味と関心、②研究機構の整備、③外国語および外事研究の段階、④教授法の改善、⑤特殊語学研究の重要性について、それぞれ提案を行っている。

　とりわけ、外国語および外事研究の段階においては、「大学教育では、専攻語学を通じて、その言語地域の文化、社会、自然等の諸現象の研究（Area Study）を行う。例へば、当該地域の言語学及（原文ママ）言語史、文学及び文学史、其の他の文化現象一般。当該言語地域の社会組織及びその発達、経済、産業、政治、法制、国際機構等。当該地域の自然現象、自然資源と民族生活との関係、当該地域に於ける自然科学の特性及びその発達等」と、外事専門学校内において検討が進められていた「地域研究（Area Studies）」に基づく教育のあり方が示された。

また、「特殊語学研究の重要性」では、「スペイン語、イタリヤ語、ロシヤ語、中国語、其の他東洋諸民族の言語研究は、とかく学界から忘れられ勝ちである。今や刷新の途上にある我が国の教育制度を見ても、これ等特殊語学及び民族の研究は重要視されていない観」があり、「特殊語学の専門家が後を絶つ憂い」があると、「特殊語学研究」軽視の現状を指摘し、その改善を求めた。そして、戦後の国際交流の活性化を念頭に置いて、「外国語及び外国事情の研究を目的とする教育機関を早急に設置」することを求めた。

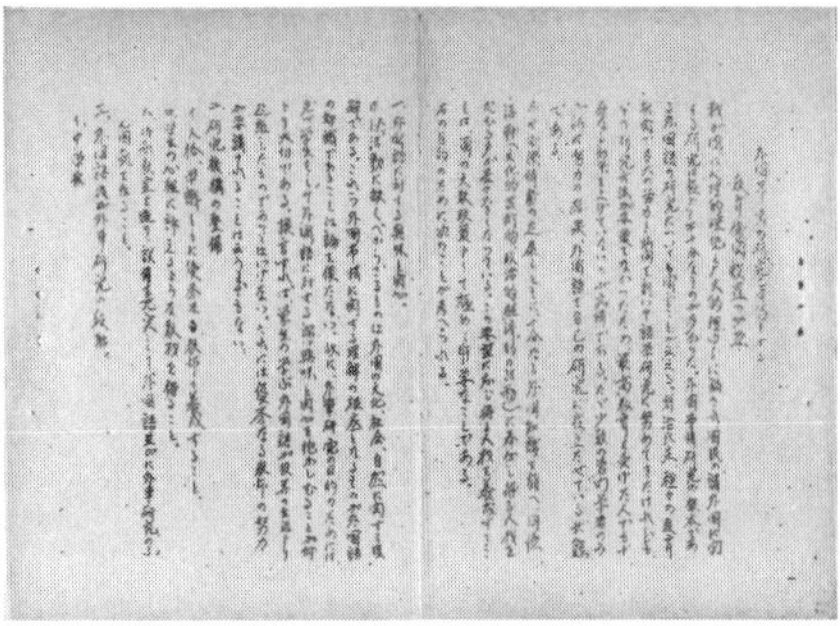
写真6-2　「外国事情の研究を目的とする教育機関設置の必要」（国立公文書館所蔵）

この第十一特別委員会の議論を受け、同年二月一八日に開催された教育刷新委員会第九〇回総会において、「外国事情研究機関（スクールオヴフォーリンスタディーズ）」の設置を含む「外国語教育について」が採択される。

この議論のあとに作成されたであろう資料「東京外語大学の構想」（原文ママ、『大学設置申請書』所収）には、「前期二年で一般教養学科と外国語学を修め、後期二年で其の言語の語られる地域の人文、社会、自然を研究する」という、外国学・地域研究を基盤とした具体的な教育・研究のあり方が示されるとともに、「この種の教育機関の必要なことは、教育刷新委員会第十一特別委員会でも論ぜられた所である」との記載がある。このことからも、教育刷新委員会第十一特別委員会における議論が、外国学・地域研究を軸とする新制大学「東京外国語大学」の設置を進めるうえで、大きな後押しとなっていたことは間違いないであろう。

東京外国語大学の誕生

一九四九（昭和二四）年五月三一日、国立学校設置法の公布と時を同じくして、「東京外国語大学」の設置が認可された。翌六月一日に制定された学則第一条には「本学は、外国語大学基準に従い、外国の言語とそれを基底とする文化一般につき、理論と実践にわたり研究教授し、国際的な活動をするために必要な高い教養を与え、言語をとおして外国に関する理解を深めることを目的とする」ことがうたわれ、地域を単位とする英米学科、フランス学科、ドイツ学科、ロシヤ学科、イタリヤ学科、イスパニヤ学科、ポルトガル学科、中国学科、蒙古学科、インド学科、インドネシヤ学科、シャム学科の一二学科が置かれた。ここに外国学・地域研究を基盤とした東京外国語大学が誕生することとなった。

この学則第一条は、二〇二三（令和五）年四月一日時点で「世界の言語とそれを基底とする文化一般につき、理論と実際にわたり研究教授し、国際的な活動をするために必要な高い教養を与え、言語を通して世界の諸地域に関する理解を深めることを目的とする」と、ほぼ原形を残したまま継続している。戦後の新制大学への昇格を巡る議論のなかで生まれた外国学・地域研究の理念は、大学の礎となったと言える。

なお新制大学の発足に伴い、東京外事専門学校の学生は編入試験が受けられることになり、発足後の六月一三日から二五日までは、大学入学試験のため、授業が休講となっている。

第二節　東京外国語大学における「国際人」の養成——初代学長　澤田節蔵の活躍

澤田節蔵と「国際人」の養成

新制大学として発足した東京外国語大学には、課題が山積していた。発足期の難局に対処したのが、初代学長となった澤田節蔵（写真6－3）であった。

澤田は、東京帝国大学卒業後、外務省に入省し、一九二一（大正一〇）年には皇太子裕仁親王（のちの昭和天皇）の欧州外遊に書記官として随行し、国際連盟帝国事務局長やブラジル駐在特命全権大使を歴任した外交官であった。戦後の教育改革のために総理大臣所管のもと教育刷新委員会が発足すると、同委員会では連合国軍最高司令官総司令部（GHQ）や民間情報教育局（CIE）との連絡の緊密化が不可欠となり、国際経験を有し、かつ教育問題に理解のある人材が必要となった。そこで白羽の矢が立ったのが、外交官として国際経験豊かな澤田であった。

写真6-3　澤田節蔵東京外国語大学長（初代）

『澤田節蔵回想録』によると、澤田は委員に就任後、新制大学設置や教育委員会新設などの特別委員会に所属し、戦後の教育制度や外国語教育のあり方に様々な提言をするとともに、運営委員長として司令部との連絡を担った。そうしたなか、先に紹介した通り、東京外事専門学校にアメリカにおける外国学・地域研究の動向を伝え、井手義行校長を教育刷新委員会第十一特別委員会に招聘するなど、東京外国語大学の設置を陰に陽に助けていた。

一九四九（昭和二四）年五月、国立学校設置法の制定に伴い、新制大学が発足すると、国立大学学長は官選により選出されることとなった。しかし、理由は不明であるが東京外国語大学長の選考は難航し、発足した当初、東京外事専門学校長であった井手が学長代理として大学運営を担った。そこで文部省は文部大臣の要請として澤田に東京外国語大学長への就任を依頼した。その後、東京外国語大学の「長老教授五・六名」や「同窓会有志」らも澤田のもとを訪れ、その説得に当たり、同年八月末、遂に学長就任が決まったという。九月二日には上石神井の校舎において、教官に向けた学長就任挨拶が、学生・生徒に対しては、後述の通り、戦災により校舎を失ったため戦後直後は校舎が複数に分かれていたこともあり、五日、七日の二回に分け、上石神井校舎・滝野川校舎において学長就任挨拶が執り行われた。

澤田は『澤田節蔵回想録』において、「外務省退官後わが国の国際的地位向上のために必要な国際的人材が欠如していることを痛感し、この種の人物育成をはからなければいけないと思いこんではいた」と述べており、外交官経験を活かし、東京外国語大学長として「国際人」の養成に邁進していく。

澤田が学長に就任した東京外国語大学では、語学教育を中心とする専門学校から脱却し、外国学・地域研究を担う大学への転換が目指されていた。『学校昇格準備委員会綴』に収められた「東京外国語大学設置について」によると、とくに、大学設置認可に際して、その「設置条件」として、「滝野川本校舎建設計画を可及的速かに実施すること」「一般教養関係自然科学関係の図書、標本、機械、器具を充実すること」「外国事情、外国生活研究室資料室等を設けること」の三点の整備が課されていた。澤田は、発足期における諸課題について、学長として解決の道筋をつけていく。

校舎問題――目黒移転計画と西ヶ原の増改築

まず校舎問題については、東京外国語大学が発足した一九四九（昭和二四）年五月末時点において、その校舎は、練馬区上石神井の東京工業専門学校からの借用校舎、同じく上石神井の智山中学校所有の借用校舎、そして戦災により焼失した北区西ヶ原に三月二三日に建設されたばかりの戦災復興校舎の三つに敷地が分散していた（なお、一九四七年に練馬区は板橋区より分離し、滝野川区と王子区が統合し北区が成立しており、住所が一部変更されている）（写真6－4、写真6－5）。

写真6-4　東京外事専門学校校舎（板橋区〔当時〕上石神井1丁目216番地）

写真6-5　東京外事専門学校校舎（板橋区〔当時〕上石神井1丁目79番地）

写真6-6　1959年頃の東京外国語大学西ヶ原キャンパス（右手前が木造の戦災復興校舎。写真中央の建設中の建物は1号館の増築分に当たり、1961年に1号館は完成を迎える）

この上石神井と西ヶ原の校舎間の移動は教職員にとって大きな負担であった。生々しい話ではあるが、この校舎間の移動に伴う教職員の都内出張旅費は大学運営上も多大な負担であり、一九五〇（昭和二五）年度の概算書では「既定経費の不足増加に要する経費」として「旅費不足額の増加」が計上されるほどであった。

澤田節蔵が学長に就任した当初、文部省や大学関係者から、目黒の「旧海軍軍令部跡」への移転計画があったという。その後、澤田はGHQや文部省に掛け合ったとのことであるが、この移転計画はうまくいかず、新宿や中野方面においても土地を探したが、好立地は見つからず、結局、西ヶ原において校舎整備を進めることになったという。篠田浩一郎の回想「惜別の辞」（『東外大ニュース』No.73所収）によると、木造校舎は「男の学生ばかりで、皆ゲタばきだったから、授業が終わるとガランゴロンという轟音が全学をゆらした」という。一九五一（昭和二六）年には事務機能の一部を残し、西ヶ原への移転が完了する。翌年には鉄筋コンクリート校舎の新築が始まり、その後、西ヶ原では学科の増設にあわせ、校舎の増改築が重ねられていく（写真6－6）。

東京外国語大学の教育課程その一——一般教養科目の充実

次に、一般教養関係の図書・器機等の整備の必要性は一見すると備品の整備に見えるが、専門学校から大学への教育課程の移行を意味していた。「外国語大学設置基準」においては、その教育課程について、一般教養科目に関しては大学基準によること、専門科目に関しては、「特定の外国語の専門的素養の上にその外国語の用いられる地域の人文、社会、自然の研究をするに必要な科目を主要科目」とすることが定められた。東京外国語大学における教育課程は「外国語大学設置基準」に準拠し、表6－1のように定められた。

その特徴として目立つのは、他の大学同様に「一般教養科目」の履修が定められている点であろう。戦後の学校教育法においては、幅広い教養教育を基盤として専門的な教育研究が目指されていたこともあり、前期二年間において、人文科学（哲学論理学・心理学・教育学・歴史学・人文地理学・文学）、社会科学（社会学・法学・政治学・経済学・国際関係論）、自然科学（数学・物理学・人類学）の計四〇単位からなる一般教養科目の履修が不可欠であった。

	前期		後期	単位合計
専攻科目	第一年 専攻語学 24単位	第二年 専攻語学 24単位	普通講義 特殊講義 演習及講義（連関特殊講義） 40単位	88

20単位	178単位					
	卒業論文10単位					
	4	60				16
教育心理学・青年心理学・教育原理・教科教育法・教育実習・教育史・教育哲学・教育社会学・教育行政	体育講義 体育実技	第三系列4単位演習				一般語学（英・フランス・ドイツ・ロシヤ・イスパニヤ・中国）
		音声物理学・音声生理学・自然地理学等（自然）	貿易論・市場論・商品学・金融論・保険論・会計学・交通論・工業論・新聞学・国際私法・外交史・民商法等（社会）	比較文学論・民俗学・哲学史・史学概論・教育史・芸術論・ラテン語・ギリシャ語・梵語等（人文）	言語学・憲法・国際公法・思想史・国語・国文学・民族学・日本文化史 第一系列 8単位	
		第二系列8単位				
		（関連科目）				初級（8単位） 上級（8単位）
20単位	2単位 2単位	数学・物理学・人類学（自然）	社会学・法学・政治学・経済学・国際関係論（社会）	哲学倫理学・心理学・教育学・歴史学・人文地理学・文学（人文）		
教職科目	体育科目	一般教養科目　40				一般語学科目

表6-1　1950年度の学科目（『大学便覧』）

戦前の専門学校時代においても、すでに文科・貿易科・拓殖科が置かれ、人文科学・社会科学分野については「歴史」「法律」「経済」「哲学」などの講義が開講され、教官が配置されていた。しかし、『昭和二十五年度概算書』によると、専門学校時代の蔵書の中心は「外国書」であり、新制大学の設置審査に際しても「人文及び自然科学関係図書の不足が重要視されて問題の一つ」となっていたという。言うまでもなく、授業開講のなかった自然科学分野については、図書・器機類ともに不足しており、「新制大学に於ける一般教養科目としての物理学の教授上学生の実験・実習のため器具器械並びに装置が必須となり急速に整備を要する」状態であった。

不足していたのは教官も同様であった。一般教養科目の開講は、新制大学として発足した大学の共通課題であった。澤田節蔵の回想によると、一般教養科目を担当する教官の確保を巡り各大学で引き抜き競争が起こったが、その競争に出遅れていた東京外国語大学では、彼が学長に就任した直後の九月においても一般教養科目の教員を中心に、いまだ欠員が生じていたという。そのため、新制大学発足直後に学生に配布された「昭和二十四年度東京外国語大学入学者手引き（七月九日交付）」では、「一般教養科目としてどんな科目を選び、どんな順序で履修するかは学生の自由であるが本年は大学開設の初年度であるためすべての科目を開講することができない」と、やや正直すぎるほどに、発足当初は一般教養科目の整備が未完であることが記されている。

なお東京外国語大学では、新制大学への昇格に際して、東京外事専門学校時代の教官が横滑りで、そのまま教官となった。そのため、大学昇格を機に教育課程の刷新が図られた一方で、教官が同じであったことから理解が進まず、戦前の専門学校的な性格が抜けないまま、その「歪み」は一九六〇年代後半の学園紛争のなかで「糾弾」の対象となっていく。

他方で、一般教養科目を通じた外国学・地域研究の充実も図られた。『澤田節蔵回想録』によると、澤田は国際的人物の育成を目指し、外国語・国際関係の書籍・新聞の充実化を図るとともに、現場経験を有する外交官などを非常勤講師として招聘し、学生が「平素から外務省との接触」を得る機会を設けた。外務省からは大野勝巳（のちの駐英大使）、鶴岡千仭（のちのスウェーデン大使）、渋沢信一（のちの駐タイ大使・外務次官）が招かれ「国際関係論」の講義を、NHK解説委員の藤瀬五郎が「国際経済論」の講義を担当し、学生に刺激を与えたという。

東京外国語大学の教育課程その二――制度委員会と教授法研究会による検討

全国の官立学校の多くが一斉に一九四九（昭和二四）年に新制大学として発足することとなったこともあり、東京外国語大学内においては、大学発足後の制度・教育課程のあり方は必ずしも十分に検討が済んでいたわけではなかった。次章において触れるが、「学科」の名称も、のちに「部類」（一九五一年）、「科」（一九六一年）、「語学科」（一九六四年）と変遷を遂げ、大学発足後しばらくの間、教育課程の試行錯誤が進められていく。

そのため新制大学発足直後には、東京外国語大学としての制度および大学教育のあり方を検討するべく、学内には制度委員会と教授法研究会が発足し、新制大学としての教育体制の研究を進めている。

制度委員会は、一九四九年一〇月、永井順、樺俊雄、佐々木達、蒲生禮一、河部利夫の五名が委員を委嘱され発足した「学制その他研究会」（仮称）がその前身と推定される。制度委員会は、新たな学制について、①「地域学的研究（Area Studies）及一般的教育（General Education）を構想の基盤」として、「設置基準による外国語大学（University of Foreign Studies）の性格を再び確認する」こと、②その手段として、「専攻学科々目と一般教養及関連学科々目を有機的に連関」させること、③学生の質的向上を図るため、入学試験選抜方法を改正し、定期試験制を実施すること、を中心に検討を進め、「学科組織及内容」「学務運営」「希望及考究事項」の三件について提言を行っている。

また同年一一月以降には、学内に「教授法研究会」が発足し、新制大学における教授法の検討を進め、翌一九五〇（昭和二五）年六月には『教授法研究会中間報告』（写真6－7）が作成されている。この中間報告を通して新制大学発足直後にどのような教授法が目指されていたのか、見ていきたい。なお、この研究会の担当者についてはわかっていない。

　まず、この中間報告には「前文」として、大学における言語教育と今後の学科のあり方についての基本方針が示されている。「前文」は一九五〇年六月の中間報告の作成後に、正確な時期は不明であるが、一年以内と推定される時期に「訂正文」が付され全面的に差し替えられている。初版では専門学校として「外国語ニ熟達シ実務ニ適スヘキ者」の養成を目指していた外国語学校のあり方を踏襲し、「実用に根底をおく語学修得」の徹底が主張されているのに対して、訂正版では新制大学として新たに目指していくべき「地域研究」と言語教育の関係性を軸に構成されており、「地域研究」を旨とする外国語大学への脱却を示すために、学内の検討を経て差し替えられたものと推察される。以下、訂正版を見ていきたい。

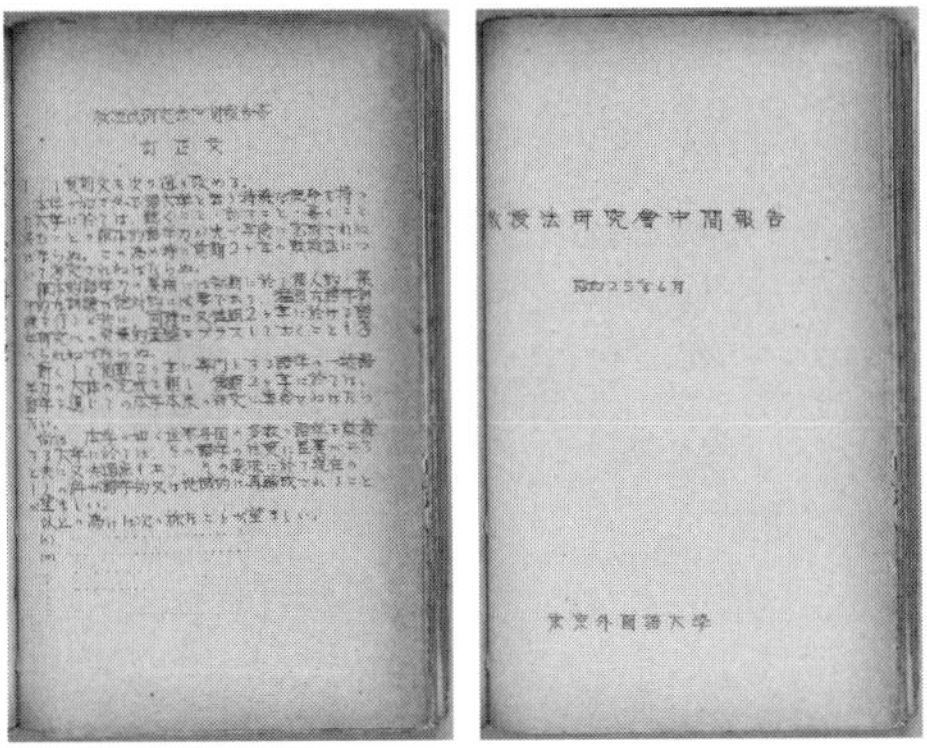

写真6-7　『教授法研究会中間報告』（1950年）

　前文の冒頭では「本学の如き外国語大学と云う特殊な使命を持った大学に於ては、聴くこと・話すこと・書くこと・読むことの根本的語学力が先づ早急に完成されねばならぬ」と、いわゆる四技能の修得がうたわれるとともに、「根本的語学力の養成には初期に於て個人的・集中的な訓練が絶対的に必要」と前期二か年における集中的な言語の修得の必要性が、「猛烈な語学訓練を行う」との言葉で主張されている。この言語修得を大学の使命とする主張は、表現の違いこそあれ初版と同様である。

しかし、訂正版では言語修得にとどまらず、地域研究との関係性に言及している。前期二か年の言語修得とは後期における「語学研究への発展的基盤」を構築するものであり、後期二か年では「語学を通じての本学本来の研究に専念せねばならない」と、あくまで言語教育が新制大学である東京外国語大学の目指す「地域研究」の基盤であること、「本学本来の研究」は単なる語学修得とは異なることが強調されている。

そして、「本学の如く世界各国の多数の語学を教授する大学」の特徴を活かすために、今後、各言語の差異・共通点を活かし、一二の学科を「語学的又は地域的に再編成することが望ましい」との主張も展開している。

つまり、「外国語大学」としての「使命」から言語修得という「教育」に一定の比重が置かれながらも、大学という教育とともに研究を担う機関として、地域研究あるいは語学研究に活かす言語修得のあり方が新制大学への転換期に目指されていたと言えよう。他方で、専門学校時代の色彩の濃い初版が作成されていたことからわかるように、新制大学へと制度上の転換は図られたものの、そこで教育・研究に当たる教官たちの意識の転換は思うように進んでいなかったとも言える。

なお中間報告では、この前文を踏まえ、その具体的な対策として、①語学授業の時間数について後期を少なくして前期に集中すること（一年生に対して夏期休暇までに自学自習できる程度に持っていくこと）、②クラス定員を少なくすること、③各国事情研究室の設置、④音声実験室の設置、⑤優秀な生徒の採用、⑥教師の増員、⑦各国出身教師の招聘および日本出身教師の海外旅行、⑧学生の学外活動（雄弁大会、懸賞論文、日米学生大会への参加）が主張されている。その後、これらの一部は概算要求等を通じて達成されていく。

その他にも『中間報告』には、教授法研究会の議論を通じて生まれた先駆的とも言える改革案が示されている。その一部を列挙すると、「新制高等学校併設」「語学教授法研究所案」「教室外に於ける学習の促進」「学生海外旅行」「休暇実習」などが案として提起された。

「新制高等学校併設」案については、「有為有能なる国際人を養成するためにはできるだけ学習者に早くから外国語の洗礼を受けさせせることが必要である」との主張から、大学に新制高等学校の併設を目指したもので、「英語の徹底的教育」を図る学校を計画している。「語学教授法研究所案」は「学内に於ける外国教授法を刷新し、且その成果の普及により全国的に外国語教授法の改善に資す」ことを目的とする研究所であり、大学への附置機関の構想を含めた将来計画が話し合われていたことがうかがえる。

また学生の課外教育を促進する提案として、「教室外に於ける学習の促進」では、学内にディクタ・フォーン、蓄音機、ラジオ等を設置した施設を設け、「hearingとspeaking」の自習をさせることが提起され、「水曜日の午後」という時間設定まで検討されていた。「学生海外旅行」については、戦前の中国語部の生徒たちが「夏季休暇」を利用して行った中国旅行を念頭に置いたもので、「之は語学の研究と事情の研究に於て、時には絶大な自信を与え、時には勉学への刺激となり、そのもたらした効果は少くなかつた」と、その高い効果をうたっている。他方で「学生の海外旅行は現状よりすれば夢の様な話ではあるが、今後の遠大な計画の一環として考えられねばならぬ問題である」とも記載され、戦後間もない当時は「夢の様な話」であった。今日、学生の海外旅行が当たり前になっていることを思うと感慨深い。

「休暇実習」については、「外国人の入国に際し、之が為めガイド其他の仕事を通じて語学実習に資する」もので、「之が為にはビューロー其他の各機関と連絡をとり、之が実現を期する次第である」と、今日で言うところの産学連携をも視野に入れた提案をしている。

その実現の有無はともかくとして、戦後、そして新制大学への昇格という新しい時代のなかで、新たな「東京外国語大学」像が模索されていたことは間違いない。

海外事情研究所の開設

東京外国語大学が外国学・地域研究を担う大学へと転換を図るうえで、澤田節蔵の功績の一つが一九五四（昭和二九）年の海外事情研究所の開設であった。

すでに新制大学発足に際して、大学設置委員会により「外国事情、外国生活研究室、資料室等を設けること」が大学の「設置条件」とされていた。そうした外圧だけではなく、「国際人」の養成を目指す澤田と教職員にとって、諸外国の政治・社会・経済・文化等の地域事情を研究する施設の整備は不可欠であった。そのため、発足間もない一九五一（昭和二六）年度から「海外事情研究施設」の設置に関する文部省への予算要求が進められていく。

その結果、一九五四年七月五日、当初文部省による予算措置ではなく、学内措置による設置ではあったものの、海外事情研究所が開設された。初代所長は五島茂であった。海外事情研究所『月報』第一号に掲載された「研究所の発足にあたって」には、その開設目的が以下のように記されている。「由来本学は語学を専門に研究する学校として古い伝統と歴史をもっている。しかし新しき国際人として社会活動に適する人材を養成すべき本学の使命にかんがみて、従来の特徴たる言語の修得とともに、海外諸国における政治、経済、社会、文化の諸般の事情に関する具体的知識の修得が、新制大学として発足してから、広く強く要請せらるようになった。われわれがこの海外事情研究所を設立せんとした最大の理由はここにある」。まさに海外事情研究所は、言語教育に重きを置いていた専門学校から脱却し、新たに外国学と地域研究を担う大学に転換するうえで必要な地域研究の担い手であった。

また海外事情研究所の特色は、「研究対象が現代である」ことにあった。現代研究とは「ジャーナリズムがとりあつかうニュースや情報の意味ではなく、それらを正確に分析し、基本的傾向を系統的に正しく把握しうるものでなければならない」とされ、「歴史的過去」や「近代社会の土台となっている基礎社会」も検証の対象としていた。研究活動には全所員が参加する共同研究会が設けられ、その初期には「帝国主義」（一九五六年度）、「ナショナリズム」（一九五七年度）が共同研究会のテーマとされている。

研究所の整備と並行して専門的人材の育成のために、大学院の設置が模索されていく。その実現は一九六六（昭和四一）年の大学院外国語学研究科修士課程の設置を待たなければならないが、一九五三（昭和二八）年には、本学卒業生を主な対象とした修業年限一年の専攻生制度が、その三年後には専攻科が設置された。専攻科の設置については、その予算要求に際して「本学は言語をとおして外国に関する理解を深め、国際人として活動すべき人材の養成を使命としているが、大学において修得したる研鑽を基として更に我が国と最も関係の深い地域の言語並に国際事情に関する専門的知識を教授しその研究を指導するため」と目的が語られており、言語と国際事情が東京外国語大学の教育研究体制の両輪として目指されていたことがうかがえる。

一九五五（昭和三〇）年、澤田は学長の任期満了に伴い、約六年間勤めた学長の職を退いた。彼は学長就任以前より東京外事専門学校の大学昇格を助け、就任後には外国学と地域研究の拠点としての東京外国語大学が発展していく道筋をつけた。第二代学長には、初めての学長選挙を通じて岩崎民平が選出された。

第三節　サンフランシスコ平和条約締結後の留学生政策と東京外国語大学

サンフランシスコ平和条約の締結と日本の国際社会復帰

一九五一（昭和二六）年九月七日、サンフランシスコ講和会議において、吉田茂首席全権は平和条約の受諾を宣言し、翌日、日本は四八か国との平和条約を締結した。翌年四月二八日に発効したこのサンフランシスコ平和条約により、連合国軍による占領は終結し、日本は独立を回復し、国際社会へ復帰することとなった。

この平和条約締結には、東西冷戦の進行が大きく影響していた。とくに東アジアでは、一九四八（昭和二三）年九月に朝鮮民主主義人民共和国が、翌年一〇月に中華人民共和国が建国され、一九五〇（昭和二五）年二月には中ソ友好同盟相互援助条約が締結され、共産主義勢力の拡大が見られた。そして同年六月に朝鮮戦争が勃発すると、東アジアにおける冷戦は一気に本格化していった。こうした情勢のなか、アメリカは占領政策を転換し、日本にアジアにおける共産主義の防波堤としての役割を期待していく。そのため、サンフランシスコ平和条約の当初の対日懲罰的な性格は、日本の経済復興を促すため賠償は最小限とされるなど、「寛大」な内容へと修正された。加えて、平和条約の調印と並行して、日米安全保障条約が締結され、日本国内およびその周辺に、アメリカ軍が引き続き駐留することとなった。これにより、日本は西側諸国の一員として国際社会への復帰を果たすこととなった。

なお、この平和条約に対しては、修正案を拒否されたソ連が、東側諸国であるポーランド、チェコスロヴァキアとともに調印を拒否した。また寛大な内容へと修正されたことで、日本の侵略による被害を受けたアジア諸国には不満を残した。韓国は日本と交戦状態になかったことから講和会議への参加を認められず、インドや賠償条項に反発したビルマは不参加を表明し、インドネシアは条約調印後に批准をしなかった。また最大の被害国である中国は、イギリスが中華人民共和国を、アメリカが中華民国の参加を支持し、代表権が合意に至らなかったため両国ともに会議に招聘されなかった。日本は、こうした平和条約締結に至らなかった各国との間に国交回復交渉や、平和条約で規定された賠償交渉を進めることとなる。

とりわけ、東南アジア諸国に対しては、一九五四（昭和二九）年第一九回国会において、吉田首相が施政方針演説において「東南アジア諸国に対しては、賠償問題の早急なる解決を期し、正常なる国交の樹立を急ぐとともに、経済協力を通じて相手国の繁栄に寄与し、善隣相助けて世界の平和に貢献したいと考える」と述べるなど、賠償と経済関係の強化が目指された。一九五五（昭和三〇）年四月のビルマとの賠償協定締結を皮切りに、フィリピン（一九五六年）、インドネシア（一九五八年）、ベトナム（一九五九年、南ベトナム）と賠償交渉を推し進めた。また、サンフランシスコ平和条約の賠償請求権を放棄した諸国に対しても、一九五八（昭和三三）年にはラオスと、翌年にはカンボジアと経済・技術協力協定を締結し、賠償に代わる経済協力を行うこととなった。

サンフランシスコ平和条約において日本による賠償は、日本の「存立可能な経済」を維持し、その負担を軽減する観点から、生産や作業といった役務で支払うことが定められていた（第一四条）。しかし、ビルマとの賠償協定以降、賠償協定では役務だけでなく工場や建物、機械などのいわゆる資本財による賠償支払いも採用されたことで、日本企業が東南アジア各地に工場を設置し、技術提供を行うなど、長期的な経済・技術上の協力関係を生み出し、日本の東南アジア諸国への経済進出の契機となっていった。

折しも、日本は一九五二（昭和二七）年八月、国際通貨基金（ＩＭＦ）に加盟し、翌年から世界銀行の対日借款を受け、電力事業を中心としたインフラ整備を進め、戦後の経済復興から高度経済成長期へと足を踏み入れていた。経済成長を背景に、政財界を中心として、東南アジア諸国に対する教育・技術援助の一環として留学生受け入れの必要性が主張されるなか、国策として留学生政策が進められることとなる。東京外国語大学は留学生教育の受け皿となっていく。

東京外国語大学における留学生教育のはじまり――留学生別科・留学生課程の時代

サンフランシスコ平和条約発効の翌年一九五三（昭和二八）年九月、文部省は国公私立大学などに対して「海外からの留学生受け入れについて（照会）」を通達し、留学生を入学させる場合の教育方法、受け入れの時期や手続きなど、その現状の調査を開始した。これを踏まえ、翌年四月、国費外国人留学生制度が整備され、留学生の受け入れが進められることとなった。

制度設計からわずか二か月後の六月、東京外国語大学は文部省調査局から「国費外国人留学生制度により東南アジア諸国から来朝する留学生の受入れについて（依頼）」を受け、突如としてパキスタン、ベトナム、カンボジア、セイロン、インドネシア、フィリピンの六か国一一人の留学生への日本語教育が要請される。これを受け、本学では、翌月「東京外国語大学留学生別科規程」を制定し、「我が国の大学に入学せんとする諸外国の留学生に対し、日本語を教授し且つ我が国諸般の事情を知らしめること」を目的とする留学生別科を発足させることとなった。

留学生別科は修業年限一年、学生定員三〇名と定められ、同年九月から日本の大学への入学を希望する国費留学生を中心に、大学入学前の予備教育として一年間の日本語教育を開始した。留学生別科はその後の六年間（一九五四～一九五九年）に、一一五人の留学生を受け入れた（再入学者を含めると一二四人）。その出身国は東南アジア諸国を中心に世界二五か国に及んだ。留学生別科の入学者には、来日前の日本語能力は全く要求されない一方で、一年後には進学先の大学で日本出身学生と同様の授業を受けることになっていた。そのため、授業時間は日本語一八時間、日本事情二時間、演習八時間の週二八時間に及び、三学期制で夏季・冬季休業は約二週間、春季休業は約三週間と短く、一年間で徹底した日本語教育が目指された。

当時の授業内容ついては、『学報』（第一七号、一九五八年一〇月一日）に掲載された佐藤純一「留学生別科の現況」によると、第一学期は日本語の日常会話能力の確立を目標に、「最初二週間、日常会話の主要語句・文型、発音、文字、正字法について入門的教育を与えた後、会話・読本購読の集中的訓練に入」り、教科書は長沼直兄編『Basic Japanese Course』などを用い、第二学期は読解力の増進を目標に、読本の他に「種々の文体や表現を含む若干の副読本や抜粋のプリントを併用する一方、当用漢字・文法について、より体系的な集中的学習」を実施し、第三学期には「読み・書き・話し・聞きとる能力の平均的綜合・完成」を目指し、「理数関係の学術用語・学術的表現や文体についての練習」を進めたという。

他方で、教育事情の異なる各国からの留学生の受け入れは、多難を極めたようで、留学生間の基礎学力だけでなく来日時期にも著しい開きがあるなど、問題は山積していた。それにもかかわらず、留学生別科には専任教官は配置されていなかった。授業は学部教員の兼務と非常勤講師が担当し、そのうち日本語教育の専門家は、非常勤講師として委嘱した鈴木忍（国際学友会）わずか一人だけであった。

こうした状況を改善するべく、文部省は、一九六〇（昭和三五）年四月、東南アジア・中東諸国からの留学生を主たる対象とする三年制の留学生課程を本学と千葉大学に設置した。留学生課程は文科（定員九〇名、各年次三〇名）、理科（定員一八〇名、各年次六〇名）に分かれ、本学には文科が、千葉大学には理科が置かれた。そして留学生別科時代の反省に立ち、留学生課程には専任教官と事務官が配置され、専任教官を中心に、留学生に対する日本語教育や教材開発が進められていく。

留学生課程は、当時の大学の学部一・二年次の前期課程に相当するもので、一年次には日本語教育を中心とした授業が、二・三年次には大学学部の前期二か年に該当する授業が行われ、「大学設置基準」に定められた諸科目（一般教育・外国語・体育・専門基礎）を履修し単位取得をした留学生は各自の専攻に従い他大学の後期課程に進学した。留学生課程ではこの三年間の教育により日本語能力・基礎学力ともに、可能な限り日本出身学生と同等のレベルまで引き上げることが目標とされていた（写真6－8）。

カリキュラムの充実化が図られた一方で、留学から三年間にわたり留学生だけで教育を受けるという隔離教育に近い体制が、留学生の日本語能力向上に適しているのか、といった批判もあった。加えて、課程修了後に「現代語を中心としてより深い研究を希望する留学生」の進路となる日本語や日本事情を扱う学部・学科がないという進路上の課題もあったという。

写真 6-8　留学生課程授業風景（1964 年）

すでに高度経済成長を背景に、留学生受け入れの拡充が求められていた。一九六五（昭和四〇）年八月、「外国人留学生の日本語教育に関する調査研究会議」は、文部省に対して「日本語教育の改善充実に関する方策について（案）」を答申し、「海外における日本語、日本事情等の学習熱が最近とくに高ま」る状況に対応するべく、日本語教育に関する調査研究や教材作成を一体的に担う「日本語教育センター」の設置を提言していた。学内においても、この翌年、日本語研究で著名な金田一春彦が中心となり「日本語学部設置準備委員会」が設置され、「日本語学部設置計画案」が作成される。計画案では日本語学部の目的は「日本語と日本語を基底とする日本文化を研究教授すること」とされ、その設置の趣旨として、海外における日本語・日本事情に関する研究・教育の隆盛に伴い、日本留学を希望する外国人が増加していること、日本語教師の早急な養成が求められていること、そして日本研究の専攻を希望する留学生と日本語教師を志す日本出身学生に対して学士号を取得できる学部（学科）の設置が求められていることなどが挙げられた。しかしながら、計画案は一九六六（昭和四一）年度中に概算要求と設置申請を行い、翌年度の発足を予定していたが、新学部設置案は全学の同意を得られず、見送られることとなった。

なお当時「日本語学部」の名称の候補に「国際学部」があった。この案は、「学生の人種が多様であることを意味するにとどまり、実質的な根拠に欠ける」として廃案となった。

附属日本語学校の設置と留学生教育から日本語・日本事情の教育・研究への転換

日本語・日本事情の教育改善の声を受け、文部省は一九六八（昭和四三）年留学生課程の再編に着手する。予備教育としての日本語教育は一年制に戻し、それとは別に、日本語を専攻する学生を受け入れる四年制の学科の設置が進められる。東京外国語大学には、四年制で留学生三〇名を定員とする「特設日本語学科」が設置されるとともに、一九七〇（昭和四五）年には留学生課程の一年次に相当する予備教育を担う一年制の東京外国語大学外国語学部附属日本語学校（府中市住吉町、定員六〇名）が設置されることとなった。なお附属日本語学校には、その後一九八六（昭和六一）年四月に「東京外国語大学留学生教育教材開発センター」が併設され、教育教材の開発・研究機能が整備され、一九九二（平成四）年に両者が統合され、留学生日本語教育センターへと改組されていく。

特設日本語学科の設置は、現代日本語学の学士課程を持つ、「国語・国文科ではない『日本語学科』という四年制の学科が、日本の大学制度のなかに初めて位置づけられたことを意味」し、「その後の留学生教育のあり方の反省材料となると同時に、日本語の研究・教育の新しい発展を促す画期的な改革」（『東京外国語大学史』）となったと評価されている。

特設日本語学科は、来日以前の日本語能力を要求されなかった留学生別科・課程の時代とは異なり、「国費・私費同条件の入試により一年またはそれ以上集中的に日本語を学んだ一定の水準に達したと判断される学生を入学させる」という入学の条件を課していた。この「一定の水準」とは附属日本語学校修了時の水準が目安とされ、「入学時に要求される水準は相当に高いもの」であったという。

特設日本語学科の設置と前後して留学生の出身国にも変化が見られた。留学生課程の発足当初にはイラン、東南アジア、オーストラリア、ニュージーランド等多種多様な国からの留学生がいたが、次第に台湾・韓国出身学生が増え、さらに日中国交正常化を経た一九七〇年代後半には中国出身学生が増えていき、中国・台湾・韓国からの留学生は「御三家」と呼ばれた。

特設日本語学科の設置に際して、重大な論点の一つとなったことが、日本出身学生を入学させるか否か、という点であった。当初計画では一九六五（昭和四〇）年に学内で検討された「日本語学部設置計画案」を引き継ぎ、日本出身学生と留学生各一五名の計三〇名での構成を予定していた。しかし学内において、本学は「外国語」を専門とする大学であるから、日本出身学生が「日本語」を専攻する学科は望ましくないのではないか、との意見もあり、特設日本語学科では留学生課程と同様に、留学生のみ三〇名で発足することとなった。

しかし、その後も特設日本語学科の教員を中心に、日本出身学生受け入れの道が模索される。菊池武弘、窪田富男、国松昭、松田徳一郎によって記された『特設日本語学科の構想と問題点』（一九六九年九月）では、「母国語を客観的に認識し研究することは、それ自体の意味をもつだけでなく、日本人の外国語の研究・教育にとっても歓迎すべき」ことであり、日本出身学生の受け入れは「本学科のために欠くことのできない条件」と主張された。また日本語教師の社会的必要性が高まっているなか、これからの日本語教師は、「単に母国語として日本語を話す者、あるいは外国語や国語国文の専攻者がそのまま教師となりえた時代は過ぎており、外国語としての日本語研究に専門的知識をもち、専門的訓練をつんだ者が要求されている」。加えて、留学生の観点からも「四年間を外国人だけのクラスで教育を受けることは、来日の効果や意味をおおはばに減殺することになろう」と、主張されている。

その後、一九七五（昭和五〇）年に大学院外国語学研究科に設置された日本語学専攻（定員五名）については、日本出身学生の受け入れが認められたが、学部段階で日本出身学生受け入れが実現するのは、一九八五（昭和六〇）年の「日本語学科」の設置を待たなければならなかった。

「留学生十万人計画」と日本語学科の発足

中曽根康弘内閣が一九八三（昭和五八）年に打ち出した「留学生十万人計画」は、留学生受け入れ政策に大きな転換期をもたらした。文部省学術国際局は二〇〇〇（平成一二）年に必要な日本語教師を二万五〇〇〇人と試算し、国立大学に受け入れ体制の拡大と、教師養成課程の新設を早期に実現するための措置を進めた。この動きは日本出身学生の定員化を目指していた東京外国語大学に、新たに「日本語学科」を誕生させる契機となった。

改組申請に際して、本学は学科定員を日本出身学生・留学生ともに各一五名、計三〇名として文部省に申請したが、文部省は留学生数の削減を認めず、従来の留学生三〇名に日本出身学生一五名を加えた四五名（計一八〇名）で承認し、一九八五（昭和六〇）年、ここに念願であった留学生と日本出身学生がともに学ぶ日本語学科が成立した。

日本語学科では、日本出身学生と留学生は基礎段階の履修科目が分けられ、日本出身学生に対しては一・二年次の「対照語学演習」としてタイ語（当初はアラビア語）と朝鮮語を履修させた。これは外国語として日本語を捉え、日本社会を相対化させることを企図していたという。

その後、後述の通り、一九九一（平成三）年大学設置基準の大綱化を経て、一九九五（平成七）年に外国語学部を七課程（欧米第一、欧米第二、ロシア・東欧、東アジア、東南アジア、南・西アジア、日本）三大講座（言語・情報、総合文化、地域・国際）に改組する「九十五年改革」が行われ、日本語学科は日本課程へと再編される。

二〇一二（平成二四）年には、本学に言語文化学部と国際社会学部を置く「二学部化」が進められ、日本課程は言語文化学部「日本語」と国際社会学部「日本地域」の日本専攻となり、さらに二〇一九（令和元）年、日本出身学生と世界各地からの留学生が一緒に学び、日本の、その先を考える国際日本学部へと改組していく。

第七章　高度経済成長と「地域研究」

戦後、日本経済が高度経済成長期を迎え、日本が国際社会へと復帰していくなか、外国語と外国事情に通じた国際的人材への需要は高まっていく。そうした社会的な需要、とりわけ国際貿易の拡充を中心とした新たな「国策」に応じて、東京外国語大学では語科の新設や定員の拡充が進められていく。

第一節　高度経済成長期と外国語需要の高まり

高度経済成長のはじまりと冷戦下の国際社会

戦後日本経済は、急速な回復を見せた。一九五六（昭和三一）年七月に発表された「経済白書」では「もはや『戦後』ではない」ことが強調され、生産性の向上によるさらなる経済成長が目指されていく。同年一〇月には、日ソ共同宣言が調印され、両国の交戦状態が終了し、ソ連が日本の国際連合加盟を支持したことに伴い、同年一二月日本は国際連合に加盟し、国際社会への完全な復帰を果たした。一九五八（昭和三三）年には、皇太子の婚約発表、東京タワーの完成など慶事が続いた一方で、同年には日米安全保障条約の改定を巡る議論が開始し、国内は紛糾していく。

とくに一九六〇（昭和三五）年一月、ワシントンにおいて、「日本国とアメリカ合衆国との間の相互協力及び安全保障条約」（新安保条約）が締結される。同年五月、衆議院における新安保条約の強行採決を機に、反対運動は急速に高まりを見せ、学生を含む多くの人々がデモのため国会周辺に集結した。六月一五日には国会構内で発生したデモ隊と警官隊の衝突のなか、東大生の樺美智子さんが死亡する。こうした事態を受け岸信介内閣は総辞職し、新たに池田勇人内閣が成立することとなった。

池田内閣は、国民の関心を経済に向けるべく一〇年以内に国民総生産を二倍にし、「国民の生活水準を大幅に引き上げること」を目的とする「国民所得倍増計画」を発表した。輸出競争力の向上と、それに伴う外貨収入の拡大を意図したこの計画により、一九六〇年代以降、高度経済成長が促進されていくこととなった。

国際社会に目を向けると、東西冷戦のなか、西側諸国による一九四九（昭和二四）年の北大西洋条約機構（NATO）の成立に対抗し、一九五五（昭和三〇）年ソ連は東欧諸国とともにワルシャワ条約機構を成立させた。同年七月ジュネーブにおけるアメリカ、イギリス、フランス、ソ連による四巨頭会談や、翌年二月のソ連共産党第二〇回大会において、フルシチョフがいわゆる「スターリン批判」を行い、平和共存路線を打ち出すと、一時世界には「雪どけ」の機運が広がった。

しかし、ハンガリーにおいて発生した反ソ暴動に対し、ソ連は軍事介入を行い、一九六一(昭和三六)年には「ベルリンの壁」が築かれるなど、東西の緊張度は依然高いままであった。同様に、カストロらが進めたキューバ革命を経て、ソ連によりキューバへのミサイル基地建設が進むと、一九六二(昭和三七)年にはキューバ危機が発生した。辛くもソ連のミサイル撤去により危機を脱したが、東西の緊張は衝突寸前まで高まっていた。

そうしたなか、アジア・アフリカにおいては、東西両陣営に属さない、いわゆる第三勢力の形成に向けた動きも生まれていく。一九五四(昭和二九)年には、インド首相ネルーと中華人民共和国首相周恩来により平和五原則が発表され、翌年バンドンにおいて開催されたアジア・アフリカ会議と平和十原則の発表は、第三勢力の誕生を国際社会に知らしめるものとなった。その後も、エジプトでは一九五六年に大統領ナセルによりスエズ運河の国有化が宣言され、第二次中東戦争が勃発したものの、ナセルは国際社会の支持を得ることとなった。またアフリカでは一九五七(昭和三二)年のガーナの独立を皮切りに、一九六〇年には一七か国が独立し、同年は「アフリカの年」と呼ばれ、国際社会からの注目が急速に高まっていった。

冷戦下という制約はありながらも、日本の国際社会への復帰と国際貿易の進展は、東京外国語大学に、海外志向の多数の入学志願者と、貿易商社等からの卒業生に対する求人という具体的な形で影響を及ぼしていく。大学側もまた、そうした社会的要請を受け、学科の新設を通して、教育・研究の対象となる言語・地域を拡充するとともに、その入学定員を増加させていく。

外国語需要の高まりと東京外国語大学への入学志願者数・受験倍率の推移

日本の国際社会への復帰と国際貿易の拡大のなか、外国語の需要は急速に高まり、外国語大学あるいは外国語学部の設置が進められていく。新制大学の発足に際しては、東京外国語大学と同様に、一九四九（昭和二四）年には大阪外国語大学、神戸市外国語大学が大学へと昇格し、翌一九五〇（昭和二五）年には北九州外国語大学（現北九州市立大学）が成立した。私立大学においても、一九五二（昭和二七）年に天理大学、一九五八（昭和三三）年に上智大学などに外国語学部の設置が進められていった。

東京外国語大学においては、入学志願者数の増加が年を追って顕著となっていく。図7－1は新制大学発足後の一九四九年度から一九七〇（昭和四五）年度までの本学への入学志願者を示したグラフである。新制大学へと昇格を果たした本学の入学定員は三九〇名であった。これ

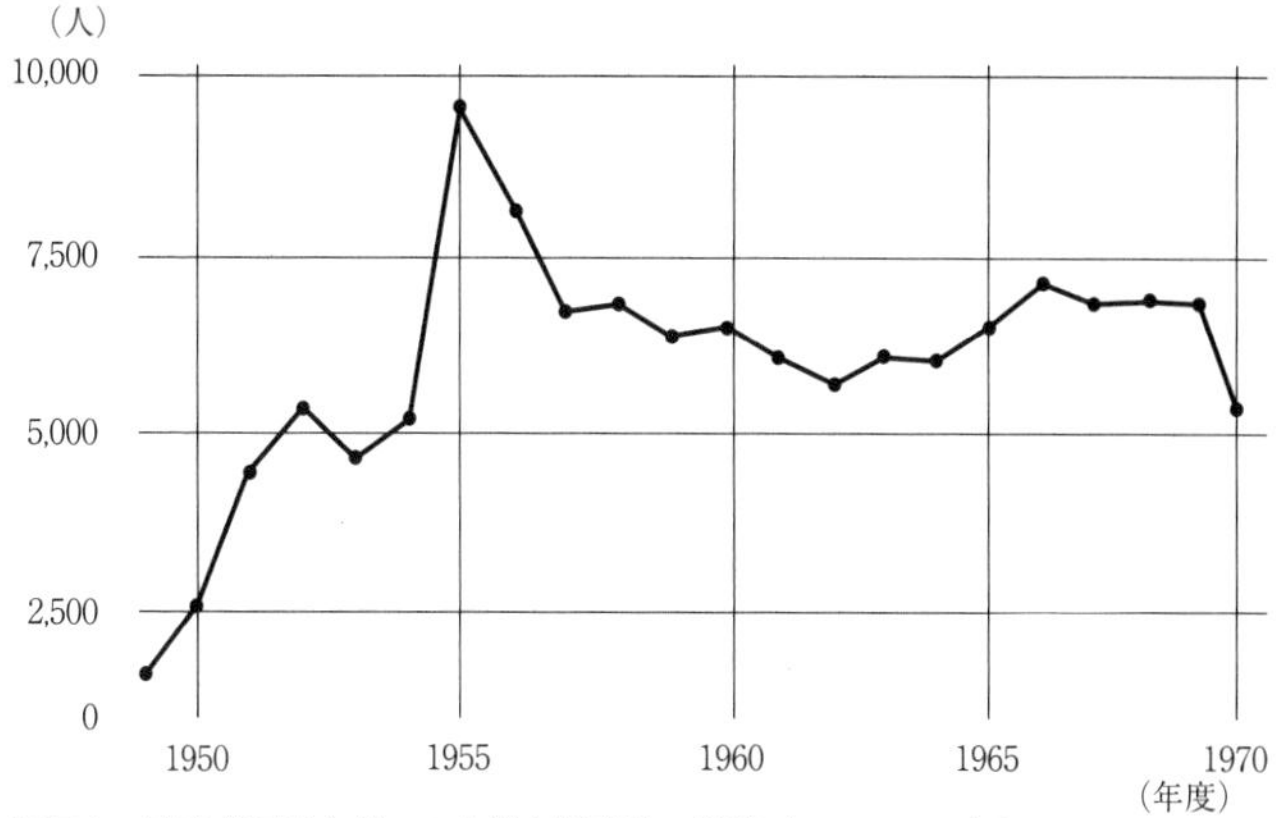

図 7-1　東京外国語大学への入学志願者数の推移（1949～1970 年）
『東京外国語大学史 資料編三』より作成。同書は教務課資料および学籍簿により作成。

に対して一〇七七人が入学を志願し、受験倍率二・八倍であった。しかし、翌年度には二倍を超す二五六七人が入学を志願し、一九五二年度には五〇〇〇人の大台を超え、一九五五（昭和三〇）年度には九四一六人、受験倍率にして二四・一倍もの受験者が押し寄せることとなった（表7-1）。同年、とくに受験倍率の高かったのは、英語四一・一倍、イスパニヤ語三七・四倍、フランス語二九・六倍、ポルトガル語二六・二倍、ドイツ語二四・三倍、ロシヤ語二一・四倍、中国語一八・五倍であった。本学は二期校（後述）であったため、入学志願者全員が受験をしたわけではなかったが、あまりの受験者数の多さから、試験会場は本学だけでなく、東京大学を借用することになった。

その後、六〇〇〇人から七〇〇〇人前後を推移し、受験倍率が一〇倍を下回ることはなく、人気

（単位：人）

中国	蒙古	インドネシヤ	シャム	インド	大学全体
64	13	19	20	31	1,077
126	8	42	25	46	2,562
236	23	65	50	112	4,460
276	41	98	57	145	5,386
238	18	35	16	83	4,653
237	28	71	49	78	5,204
740	64	148	125	222	9,416
491	76	290	103	315	8,062
537	92	202	138	224	6,884
494	152	263	223	257	6,941

校としての地位を確立していくこととなるが、一九六八（昭和四三）～一九六九（昭和四四）年度の学園紛争（後述）を機に落ち込み、一九七一（昭和四六）年度に入学志願者数四〇九五人、受験倍率八・〇倍となる。そして、一九七九（昭和五四）年度に共通一次学力試験が導入されると、同年の入学志願者数は一八五二人（当時留学生のみであった特設日本語学科は含まない）、受験倍率三・三倍へと落ち着いた。

一九六〇年代までの高い受験倍率の背景には、国際情勢の好転という社会変化のなか、英語・スペイン語を中心に、その需要が急速に高まったことに加えて、戦後の東京外国語大学が置かれた「二期校」としての位置づけという入試制度が大きく影響していた。

戦後の入試制度の変遷と「二期校」としての位置づけ

戦後、文部省は入試制度の再編を進めた。

学科 / 年度	英米	ドイツ	フランス	イタリヤ	イスパニヤ	ポルトガル	ロシヤ
1949	466	70	120	23	103	24	124
1950	1,251	158	365	36	260	49	196
1951	1,853	346	586	141	571	134	343
1952	2,370	389	733	85	711	108	373
1953	2,231	377	641	51	625	72	266
1954	2,053	532	774	105	701	161	415
1955	2,877	971	1,184	208	1,497	524	856
1956	2,310	836	1,091	250	1,250	397	653
1957	1,824	627	793	363	1,108	394	582
1958	1,579	584	744	281	1,334	344	686

表 7-1　1949～1958 年度入学志願者数内訳
『東京外国語大学史 資料編三』より作成。同書は教務課資料および学籍簿により作成。

一九四七（昭和二二）年、従来の学力検査偏重による入学者選抜を改善するために、知能検査が導入される。翌年、「進学適性検査」と改称されたこの検査では、知的資質を測定しその傾向を分析することが目指され、国立学校の志願者には全国一斉に実施される進学適性検査と個別の学力検査が課されることとなった。

結局、この進学適性検査は、その結果の妥当性と受験生への負担から大学・高等学校双方から廃止要求が出され、一九五四（昭和二九）年度を最後に廃止される。

進学適性検査廃止の翌一九五五（昭和三〇）年度に、東京外国語大学への入学志願者数がピークを迎えていることから、進学適性検査廃止に伴う受験生への負担軽減は、志願者数の増加に結びついたと考えられる。

加えて、新制大学の入試については、一九四九（昭和二四）年三月二四日に文部省学校教育局より各大学に対して、全国の国立大学の入試は「二期に分けて」実施することが通知された。国立大学は文部省の通知によりいわば「一方的」に一期校・二期校に区分され、東京外国語大学は二期校に区分されることとなった。このいわゆる一期校・二期校の枠組みのなかでは、受験生は一期校・二期校を併願することが可能であった。新制大学が発足した一九四九年度については、その発足が五月末となったことに伴い、例外的に新制大学最初の入試は一期校は六月八日から、二期校は六月一五日から実施され、東京外事専門学校においては六月一三日から同月二五日にかけ、大学入試のため休講措置がとられた。以降は、三月上旬に設定された一期校の学力検査とその合格発表後に、二期校の学力検査が実施され、受験生には国立大学を複数受験する機会を与えられた。

東京外国語大学の入学志願者数と入試倍率に大きく影響していたのは、主に、この「二期校」という位置づけであった。一期校には旧帝国大学をはじめとする「難関校」が割り振られるなか、本学が位置づけられた二期校は、一期校の受験に失敗した学生が、いわば「滑り止め」として併願することも多く、そのため入学志願者数が異様に増加したという。この入学志願者数の多さは、試験会場の手配や合格者に多数の入学辞退者が出る問題など、入試事務を遂行するうえで様々な弊害を生じさせていた。

他方で、東京大学など「難関校」の入学志願者が「滑り止め」として本学に入学することで、優秀な学生が集まったことも事実であった。とくに、入試倍率の高かった英語・スペイン語を中心に、就職状況も好調であり、高度経済成長期の社会に、優秀な人材を送り出す大学としての地位を確立していくこととなる。

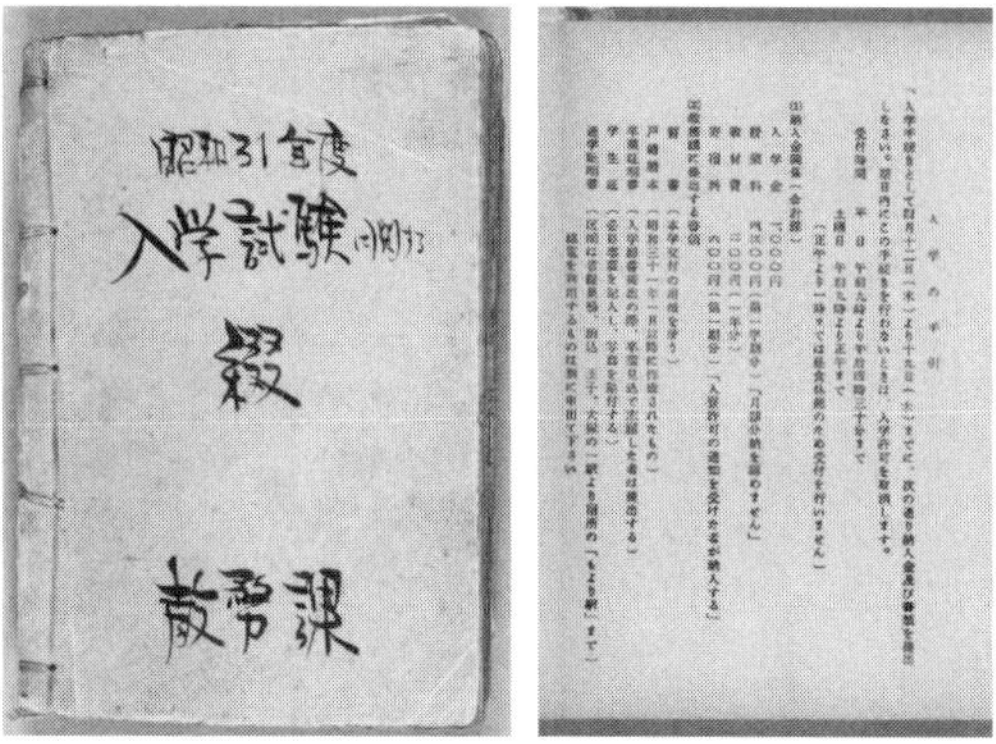

写真 7-1 「昭和 31 年度入学試験に関する綴」（1956 年）

ここで戦後の入試の教科や日程を史料から振り返ってみたい。『昭和28年度学生募集要項』によると、募集要項に定める「入学資格」には「新制大学に入学資格を有するもので、昭和28年度の進学適性検査を受験したものに限る」と進学適性検査の受検が入学資格に定められ、学力試験の科目としては「外国語」「国語」「社会」「理科」の四科目が課されていた。外国語については、引揚者などへの配慮もあり、英語・フランス語・ドイツ語・ロシヤ語・中国語が選択可能であり、聴き取り試験も課されていた。

入学試験は、進学適性検査と調査書に基づく「第一段階選抜」を経て、学力検査による「第二段階選抜」

を通じて合否が判定された。「第一段階選抜」は募集人員の約七倍が採用され、三月一二日にその合否が掲示された。その後、三月二三日に学力検査が実施されている。

進学適性検査の一斉実施が終了すると、一九五五年度以降、東京外国語大学では二度にわたる個別学力試験が実施されることになった。『学報』によると、一九五五年度当時の入試日程は、出願期間は二月一七日から三月三日に定められ、第一次試験は三月二三日に、第二次試験はなんと四月七日に設定されていた。二次試験合格者には四月九日に身体検査・面接が実施され、最終的に四月一二日に合格者が決定した。さらに補欠入学者については四月一九日に決定しており、学年暦が進行してからの入学となっていた。

その後、学力に偏重した入試のあり方に対して、一九六三（昭和三八）年中央教育審議会が「大学教育の改善について」答申を行い、信頼度の高い共通的・客観的テストの研究・作成を行う専門機関の設置を提案すると、入試制度の変革が図られていく。一九七一（昭和四六）年「大学入学者選抜方法の改善に関する会議」の報告において、出身学校長から提出される調査書を活用した総合判定主義や、共通学力検査の実施、大学が行う学力検査等の改善がうたわれると、これらを受け、一九七九（昭和五四）年度からは共通一次学力試験が導入され、一期校・二期校制も廃止されることとなった。

一九五〇〜一九六〇年代における学科の新設と学生定員の増加

日本経済の発展や国際社会との関係性の変化に伴う外国語と地域事情に通じた国際的人材への需要の拡大と、入学志願者数の増加にみられる社会的な要請を受け、大学の整備と機能拡充が進められていく。

もともと新制大学として発足当初の東京外国語大学には、従前の東京外事専門学校時代を引き継ぎ、英米、フランス、ドイツ、ロシヤ、イタリヤ、イスパニヤ、ポルトガル、中国、蒙古、インド、インドネシヤ、シャムからなる一二の「学科」が設置されていた。この言語を基盤とする「学科」は、のちに「部類」(一九五一年)、「科」(一九六一年)、「語学科」(一九六四年)と名称を変えながら継続され、一九九五(平成七)年に教育体制が抜本的に改変されるまで、東京外国語大学の教育体制だけでなく、教員配置やその昇格人事の核となっていた。そのため、他大学が学部の新設により、大学の拡充を図るなか、外国語学部の単科大学である本学の場合、学科の新設と学生定員の増加により、整備が進められていく。

将来的な「学科」の増設は、すでに新制大学への昇格を目指す段階から構想されていた。一九四八(昭和二三)年九月に文部省に提出された『大学設置申請書』では、将来増設を希望する学科として「古典語学科(ギリシャ語学・ラテン語学・サンスクリット語学・ヘブライ語学)」「オランダ語学科」「朝鮮語学科」「ビルマ語学科」「アラビヤ語学科」「トルコ語学科」「イラン語学科」が挙げられ、学科の増設を基本とする将来計画が企図されていた。

これらの多くは、政治的・経済的・文化的な理由を背景とした当該言語や地域への関心の高まりや、ときには入学志願者の急増や求人申込の増加という、より直接的な必要性に応えるなか、一九九〇年代までに「学科」として新設されていくこととなる。まず一九五〇〜一九六〇年代の学科の新設と学生定員の増加の背景を通して、戦後日本社会における東京外国語大学の役割を見ていきたい。

入学志願者と求人申込の増加への対応――「イスパニヤ学科」と「インド学科」の増員

新制大学二年目となる一九五〇(昭和二五)年度、大学全体の学生定員三九〇名という枠はそのままに、前年度の入試倍率に合わせて、各学科の入学定員の調整が図られている。ロシヤ・中国両学科の定員を六〇名から四〇名に減員し、一九四九(昭和二四)年度の入試倍率が高かった英米学科(七・八倍)、フランス学科(四・〇倍)、イスパニヤ学科(三・四倍)、ドイツ学科(二・三倍)について、それぞれ一〇名ずつ振り分けて増員した。この調整にもかかわらず、翌年度以降の入学志願者数の急増により、各学科の入試倍率は高止まりを続けていく。

入学志願者数が増えていくなか、他の「学科」に先駆けて、学生定員の純増が目指されたのが、当時「第五部第一類(イスパニヤ語)」と呼ばれていた「イスパニヤ学科」であった。

一九五七（昭和三二）年度の概算要求において、「国際情勢の好転に伴い海外特に中南米方面への進出を希望する者極めて多く」なり、入学志願者が急増していること、「貿易商社等南米に関係のある向より卒業生の需要とみに激増し、求人申込に応じ切れぬ現況」があることを理由に、二〇名の増員の要望が出された。当時の本学の『昭和32年度概算要求書』には、その根拠として、過去三か年の入学志願者数や就職決定状況、就職先別一覧が表として付されている。

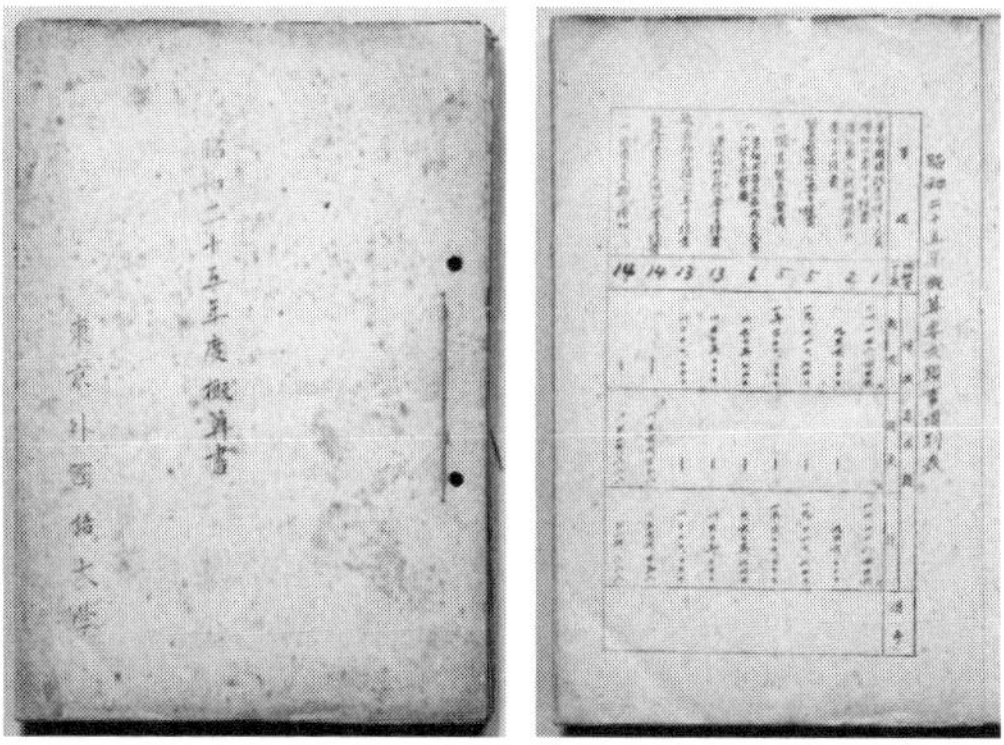

写真 7-2　『昭和二十五年度概算書』（1950 年度）

　具体的には、どのような就職状況があったのであろうか。「イスパニヤ語専攻者就職先決定状況調（昭31・3・31）」（表7-2）によると、一九五三（昭和二八）年度には就職希望者数二七人のところ求人者数は三〇人と、就職希望者数を求人者数が上回り、同様に一九五四（昭和二九）年度には二六人のところ三一人、一九五五（昭和三〇）年度には三三人のところ四四人と、求人者数は年々増加していた。また就職時期についても、一二月にはイスパニヤ語専攻者については八割を

年度	卒業者数（人）	就職希望者数（人）	求人者数（人）	就職者数（人）	就職時期別内訳（人）		大学全体の全就職者の12月までの決定率（%）
					12月まで	1～3月	
1953	28	27	30	27	23 ※85%	4	66
1954	28	26	31	26	23 ※88%	3	58
1955	35	33	44	33	30 ※91%	3	66

表7-2 「イスパニヤ語専攻者就職先決定状況調（昭31.3.31）」
『昭和32年度概算要求書』より作成。
※希望者に占める割合

超す学生が就職決定しており、六割程度であった大学全体の決定率を大きく上回っており、引く手あまたであった状況が確認できる。また、その就職先についても、「イスパニヤ語専攻者就職先別一覧（昭31・3・31）」（表7－3）によると、「貿易・商事」が多く、伊藤忠商事、三菱商事、丸紅、兼松がその具体的な就職先として挙げられており、国際貿易の活性化のなかで、イスパニヤ語と、とくに中南米の地域事情に通じた国際的人材が必要とされていたことがうかがえる。

この予算要求の結果、一九五七年度には、入学定員の増加が認められ、「第五部第一類（イスパニヤ語）」の学生定員は四〇名から六〇名へと増員された。

同様に一九五八（昭和三三）年度の概算要求では、「第七部第一類（インド語）」と呼ばれていた「インド学科」のヒンディー語・ウルドゥー語専攻への分離と学生定員の増員が要求されている。

（単位：人）

	1953年度	1954年度	1955年度	備考
貿易・商事	8	12	11	伊藤忠商事、三菱商事、丸紅、兼松等
生産（漁業を含む）	9	4	10	日立製作所、日本鋼管、大洋漁業等
銀行・保険	4	2	2	東京銀行、三井銀行、富士銀行、大正海上等
運輸	3	6	6	大阪商船、日本郵船、日本通運等
報道・出版	1	0	1	共同通信社
教育	2	0	2	公立中学校
官庁・団体	0	2	1	日本交通公社
就職者計	27	26	33	
就職希望者	27	26	33	
卒業者	28	28	35	

表7-3　「イスパニヤ語専攻者就職先別一覧（昭31.3.31）」
『昭和32年度概算要求書』より作成。

「インド学科」については、戦前には「インド語」の名のもとにウルドゥー語教育が行われてきた。東京外事専門学校時代の一九四五（昭和二〇）年に採用された土井久彌は、一九五五年にインド留学から帰国するとヒンディー語教育を本格化させる。こうした学内における教育・研究体制の整備を背景とするとともに、東京外国語大学の『昭和33年度概算要求書』では、戦後インド、パキスタン両国が分離独立し、両国が言語・宗教・習慣等が異なること、インド方面への進出が拡大していること、という国際情勢の変化と日本の経済進出を理由に、一学年の定員の増加と、ヒンディー語専攻とウルドゥー語専攻の二クラス編成にすることが求められた。

結果として翌年度には要求通り、在学生を含めた専攻学生のヒンディー語専攻とウルドゥー語専攻への分離が行われ、学生定員は二〇名から各専攻一五名の計三〇名へと増員されることとなった。

その後も、日本の海外進出を背景に、貿易商社等からの卒業生に対する求人申込が増加していくなか、学生定員の増員も要求されていく。

『昭和41年度概算要求書』には、「最近三年間に於ける卒業者求人件数調」として、一九六三（昭和三八）年度から一九六五（昭和四〇）年度までの専攻語別・業種別の求人申込が掲載されている（表7－4）。調査によると、「語学指定なし」を含め、一九六三年度には七六三人、一九六四（昭和三九）年度には九七八人、一九六五年度には九七七人もの求人申込があった。業種別に見ると、「貿易商事」が三割程度、「生産」が四割程度を占めており、国際貿易が回復するなか、国際的人材への需要が高まっていたことが見て取れる。また、一九六四年は東京オリンピックが開催された年であり、その前年からは「語学指定なし」を中心に「報道出版」の求人申込も高まっていた。

学科別には、とくに英米語学科、フランス語学科、ドイツ語学科、スペイン語学科に対して恒常的に高い求人申込数が続き、一九六五年三月卒業者数に対する求人申込数では、英米語学科三・八倍、フランス語学科二・六倍、ドイツ語学科三・三倍、スペイン語学科一・九倍と卒業者数を大きく上回る求人申込があり、次いで中国語学科にも一・四倍の求人申込があり、まさに「求人申込に応じ切れぬ現況」があった。

高度経済成長期の一九五〇〜一九六〇年代は、地方から中学校・高等学校を卒業した多数の少年・少女が集団就職のため上京してきた時代であった。社会全体の就職状況が上向いている時代にあっても、東京外国語大学の就職の強みは突出していたようである。そして教員・学生たちもまた、その強みを意識していたようである。

一九七〇年代まで学内にあった東京外国語大学新聞部により発行されていた『東京外国語大学新聞』(第九七号)の一九六五年三月の記事「外語大の就職状況　多岐にわたる進路『就職六大学』の一翼担う」によると、東京外国語大学は都内の就職状況のいい「就職六大学」に入っていたという。「就職六大学」とは、「いかなる不況時にも会社側が求人を申し込んでくる大学」であり、東大、一橋大、東工大、早稲田大、慶應大、東京外国語大の六大学を指していたらしい。記事には、「三年前に入学したとき主任教授が『本学は東京における就職六大学の一つである。だから諸君は就職のことなど気にかけず、安心して勉学に励んでほしい』といったのを覚えている」との記載もあり、就職への強さが当時の大学の魅力の一つであったことがうかがえる。

なおこの時代の就職において重視されていた能力は、英語力であったようである。『東京外

（単位：人）

中国	モンゴル	インド・パーキスターン	インドネシア	インドシナ	アラビア	語学指定なし	合計
10	0	0	2	1		86	232
15	0	4	7	7		112	326
18	0	3	4	4	2	92	275
8	0	0	4	2		52	295
10	0	1	11	2		57	365
17	1	4	8	4	4	75	427
1	0	0	1	0		24	59
4	0	0	0	1		24	66
3	0	0	0	0	0	16	59
3	0	0	3	0		13	32
1	0	0	0	0		30	48
2	0	0	0	0	0	20	42
1	0	0	0	0		63	82
0	0	0	0	0		83	83
1	0	0	0	0	0	59	65
0	0	0	0	0		0	2
0	0	0	0	0		0	0
2	0	0	0	0	0	22	42
1	0	2	1	1		19	61
3	2	0	1	0		34	90
1	0	0	1	0	0	41	67
24	0	2	11	4		257	763
33	2	5	19	10		340	978
44	1	7	13	8	6	325	977
31	13	26	21	24	8		375

業種＼学科	英米	フランス	イタリア	ドイツ	ロシヤ	スペイン	ポルトガル・ブラジル
貿易商事							
1963 年度	42	24	4	29	13	20	1
1964 年度	50	37	8	32	16	33	5
1965 年度	49	26	3	27	12	32	3
生産（漁業を含む）							
1963 年度	101	32	1	38	11	40	6
1964 年度	129	41	5	45	9	49	6
1965 年度	134	61	6	47	16	46	4
金融保険							
1963 年度	5	7	0	6	0	8	7
1964 年度	7	8	1	7	0	9	5
1965 年度	6	9	0	8	1	10	6
運輸							
1963 年度	7	2	0	1	1	2	0
1964 年度	9	4	0	3	0	1	0
1965 年度	7	4	0	4	1	4	0
報道出版							
1963 年度	8	3	0	2	1	3	1
1964 年度	0	0	0	0	0	0	0
1965 年度	1	1	0	1	1	1	0
教育							
1963 年度	2	0	0	0	0	0	0
1964 年度	0	0	0	0	0	0	0
1965 年度	17	1	0	0	0	0	0
公共団体その他							
1963 年度	12	7	3	7	1	5	2
1964 年度	17	11	4	9	1	8	0
1965 年度	8	5	2	4	0	5	0
合計							
1963 年度	177	75	8	83	27	78	17
1964 年度	212	101	18	96	26	100	16
1965 年度	222	107	11	91	31	98	13
1965 年 3 月卒業者数	59	41	20	28	34	51	19

表 7-4　1963〜1965 年度の求人申込数
「最近三年間に於ける卒業者求人件数調」（『昭和 41 年度概算要求書』所収）より作成。

国語大学新聞』（第一一一号、一九六七年三月）に掲載された記事「外語大の就職　もてはやされる希少価値　求人は英米科がトップ」によると、「求人を特に語学科を指定せず、単に英語堪能者を求めているのが非常に多」く、「誰もが英語を学ぶ現代でもやはり英語の能力を持つことは就職に関して大きな武器なのであろうかこれからは特殊なアジア語を学び、しかもその上に英語に優れている者が求められる傾向になりそうだ」との記載もある。

こうした状況を受け、一九六四年度から概算要求を通じて、定員の増員が要求されていく。一九六五年にフランス語学科、翌年にドイツ語学科、中国語学科、ロシヤ語学科の定員が、それぞれ四〇名から六〇名に増員され、一学年二クラス編成となった。この時、後述の通り、新設されたアラビア語学科（新設時点の呼称は「アラビア科」）についても、「アラビア語の学習を志望する学生数」とモンゴル語学科との定員振替により増員が図られることとなった。

このように、東京外国語大学の定員増加には、高度経済成長期における「求人申込」という社会の要望を踏まえていたことがうかがえる。

アジア・アフリカへの関心の高まりと学科の新設――「アラビア科」の新設・タイ科のインドシナ語学科への改称

「イスパニヤ学科」「インド学科」の増員に対する予算要求の成功を踏まえてか、一九五九（昭和三四）年度の概算要求では、一挙に「アラビヤ語学」「ラオス語学」「ヴェトナム語学」「カンボヂヤ語学」「ビルマ語学」の学科の新設が予算要求された。新設を目指した学科のうち、「アラビヤ語学」と「ビルマ語学」については、大学昇格時の将来計画においても、その設置が企図されていた学科でもあったが、これ以降、一九五〇年代に第三勢力の形成に伴い注目が高まったアジア・アフリカ地域を中心に、学科の新設に関する予算要求が進められていく。

まず「アラビヤ語学」の新設は、『昭和34年度概算要求書』において初めて予算要求として現れた。その設置要求の理由は、国際情勢の進展のなか「中近東に対する外交貿易等多方面の交渉密度を加え、将来への発展飛躍を予測せられる」と、日本にとっての外交上・貿易上の重要性が主張されるとともに、「アラビックは外国語語源系として、アングロサクソン、ラテン、ギリシャ等とともに重要欠くべからざる地位を占め、中近東地域を中心とする回教徒の分布は広範囲にわたり、今日も使用せられているもので近時殊に民族意識強まり、従来の英語、ドイツ語、フランス語のみでは通じない状勢になって来た」（原文ママ）と、研究上の重要性もまた強調されていた。

折しも、日本社会では「所得倍増計画」が発表され、国際貿易の促進や経済成長への関心が高まっていた。そのためか、研究の必要性に重きを置いたこの予算要求が通ることはなかったが、翌年度以降、より貿易上の必要性が強調された形で予算要求は継続されていく。

最終的にアラビア科の新設につながった『昭和36年度概算要求書』においては、「アラビア語は、ペルシャ語とともに、主として中近東地域を中心とする回教徒の言語であって、アングロサクソン、ラテン、ギリシャ等と並び、外国語語源系として重要な地位を占めている。現在その使用国は、アルジェリア外20ヶ国に及び、使用人口も又約6000万の多きに達しているが、戦後日本経済の発展に伴い、これ等中近東諸国との経済活動は益々活発となり、これがためアラビア語の研究は愈々その重要性を加え来たったものである。最近貿易商社等関係各方面より本学に対し本学科設置の要望切なるものがあるにより、緊急にこれを設置しこれら諸地域に活躍する有為有能なる人物の養成を図りた」いとしている。

この予算要求が認められ、一九六一(昭和三六)年度より学生定員一〇名のアラビア科が設置されることとなった。なお前記の『概算要求書』においては「石油」「原油」への直接的な文言は見られないものの、一九六〇年代の日本は、中東からの原油輸入量が増大し、原油輸入量における「中東依存度」は上昇し、一九六七(昭和四二)年には、原油輸入量二一五(万バレル/日)のうち九一・二%を占める一九六(万バレル/日)を中東から輸入するなど、その重要性は年々高まっていた。アラビア科の卒業生らは、そうした石油産業をはじめとする国際貿易に従事していくこととなる。

東南アジア諸語については、東京外事専門学校時代にビルマ科、フィリピン科が新設され、タイ科（一九四六年にシャム科に改称）、マライ科（一九四六年にインドネシヤ科に改称）、ビルマ科（新規募集なし）、フィリピン科（一九四六年にフィリッピン科に改称）を有して戦後を迎えたが、一九四九（昭和二四）年に大学へと昇格するなか、ビルマ科、フィリッピン科は廃止され、インドネシヤ学科、シャム学科（一九六一年にタイ科に改称）の二つの学科が設置されていた。

戦後の東南アジアでは、一九四五（昭和二〇）年のインドネシア、ベトナムの独立宣言を皮切りに、一九四六（昭和二一）年にはフィリピンがアメリカから独立し、一九四九年にはインドネシア共和国がオランダから、一九五三（昭和二八）年にはラオス、カンボジアがフランスから独立し、加えて一九五五（昭和三〇）年にはアジア・アフリカ会議がバンドンで開催され、脱植民地化の動きが顕著となっていた。こうした諸国の独立を受け、一九五九年度の概算要求において、「インドシナ地域には、タイ国をかこんで独立国家として、ラオス、ヴェトナム、カンボヂヤ、ビルマの諸国は現下の国際情勢のもとに発展せんとするときこれら諸国語研究の重要性にかんがみ以上の諸学科を設置したい」と、各国の現地語の教育・研究が目指されることとなった。

翌年度以降も「第二次世界大戦を契機として起ったインドシナ地域の独立国は、それぞれ民族意識の昂揚するに従い、従来の仏語、英語、依存の立場を脱却して自国語の確立を意図するようになった」（『昭和35年度概算要求書』）と、各国の独立に伴う民族意識の高揚のなか現地語の重要性が強調される形で予算要求が継続し、さらには「最近彼我の間は外交、文化、貿易等にその交流益々頻度を加え、ためにこれ等諸国の言語の研究が緊要な問題となって来た。これに関し関係各方面より本学に対し、これら諸地域において活動し得る有能なる人物の養成を要望するもの切なるものがある」として経済関係の強化がうたわれている。

直接的な理由は定かではないが、その後も予算要求は継続されていくものの、東南アジア諸語については一九六〇年代に学科の増設にはつながらず、その実現は日本企業の進出が本格化し、より経済関係が強化された一九八〇年代となった。その代わりに、一九六四（昭和三九）年度にタイ科をインドシナ語学科に改称するなかで、二〇名の学生定員はそのままに、「ベトナム語学文学」の学科目を追加し、学生が入学後にタイ語・ベトナム語のいずれかを履修する形へと改組されることとなった。

あらゆる地域の言語文化研究教育施設を目指して

このように一九五〇〜一九六〇年代において東京外国語大学は、「外国語大学の特殊性に鑑み、あらゆる地域の言語文化研究教育施設を設けることを使命」（『昭和40年度概算要求書』）として、広範な地域への教育・研究対象の拡充を目指していた。実現には至らなかったが、前記で紹介した以外にも、一九五〇〜一九六〇年代には、多様な地域の学科の新設等の要求が試みられた。

その最たるものが、一九五九（昭和三四）年度の概算要求において設置要望が出された「特殊外国語学科」であろう。同学科は、「現在世界各国の数は誠に多いが、何れの国も国際上重視される今日、本学においても、特殊専門大学として当然授業の開設及研究の必要もあり、また希望者もあるので特殊語学科として一括設置したい」として、「ベンガル語」「ジャワ語」「北欧語（ノールウェー語、デンマーク語）」「ハンガリー語」「マジャール語」（原文ママ）の五つの言語文化の教育を目指した。

その後も、一九六二（昭和三七）年度の概算要求では、「大韓民国は我が国とは歴史的、文化的にも深い関係があり、今後も彼我の交流は産業、文化、外交等の万般に亘り、益々緊密さを加えることが予想される」との理由で、「朝鮮科」の設置が要望された。この時結局、本学では設置に至らず、翌年四月から大阪外国語大学に朝鮮語学科が設置されるに至った。

また一九六四（昭和三九）年度の概算要求では、「東南アジア、西南アジア、アフリカを結ぶ各地域」との交流拡大を受け、「これら諸地域に関する言語文化の研究教育は識者の目するところであり、現在政治、経済、文化あらゆる方面において、その必要性を増しつつあることは論ずるまでもない」として、「アフリカ科」「オランダ科」「ペルシャ科」の設置が目指されていた。

なお「オランダ科」については、戦前の東京外国語学校時代からその言語教育が行われていた。東南アジア進出が目指された一九〇八（明治四一）年、東洋語速成科の一つとして馬来語学科が設置され、一九一一（明治四四）年に本科に昇格すると、東南アジア史研究者であり当時校長であった村上直次郎によりオランダ語教育が開始され、その後、馬来語学科（部）ではマライ語とともに併修されてきた。学科の新設要求に際しては、そうしたインドネシア地域の言語文化研究の継続という観点だけでなく、北欧地域における言語文化研究と、インドネシア同様に長らくオランダの植民地下にあった「アフリカ南部地域におけるアフリカンズ語の言語文化研究につながる」ことが主張され、東南アジアからアフリカにまたがる言語文化研究が目的とされ、一九六四年度以降継続して、学科の新設要求が出された。

学科の新設要求は、アジア・アフリカ地域に限定されることなく、一九六五（昭和四〇）年度には、「最も近いヨーロッパ地域」として、「北欧語学科」の新設要求が出されている。「明治以来、思想、文学等文化面においてまた農林、水産、造船、鉱工業等産業の各方面において、わが国が北欧に負うているところは一般に考えられている以上に大きい」とその必要性が主張されている。

また既存の学科の「言語文化に密接な関連のある隣接の言語文化をも含めて研究教育する」との視座に立って、学科の拡充改組という形で、言語文化の対象拡大が図られた事例もある。一九六五年度の予算要求では、ロシヤ語学科に「セルビヤ語学文学」「チェッコ語学文学」の学科目の追加と、モンゴル語学科の「中央アジア語学科」への改称と「トルコ語学文学」の学科目の追加が目指された。

このように一九五〇～一九六〇年代は、外国語大学として使命感をもって、日本の将来的な海外進出に深くかかわるより広範な諸地域を覆う構想が目指されていた。これらは、学科の新設という形で、すぐには日の目を見ることはなかったものの、その一部は後述の通り、一九七七（昭和五二）年の朝鮮語学科、一九八〇（昭和五五）年のペルシア語学科の設置、一九九一（平成三）年のロシヤ・東欧語学科への改組、二〇一二（平成二四）年のアフリカ地域、中央アジア地域、ベンガル語専攻の新設により達成されていく。

なお、こうした語学教育・研究のすそ野を広げるべく、語学研究所と大学院の設置が進められた。一九五九年には、諸言語の比較研究を通じた語学研究と語学教授法研究の推進を目指し、のちに第三代学長となる小川芳男を所長に語学研究所が設置された。大学院については、第二次世界大戦直後より、語学や地域事情に通じた専門的人材の養成を進めるため、その設置が模索されてきた。一九五三（昭和二八）年には大学卒業者を対象とした専攻生制度が設けられ、一九五六（昭和三一）年には専攻科が設置される。専攻科は「大学において修得したる研鑽を基として各地域の言語及び文学」を「教授、研究」し、「その国の語学文学についての専門的知識技能を有する人材の養成」を行うことを目的としており、大学院の設置は新制大学発足以降の学内関係者の願いであった。

大学院設置に向けた議論は、一九六三（昭和三八）年に大学院設置研究委員会が学内に発足されて以降、本格化し、翌一九六四年度には初めて概算要求書の形にまとめられる。一九六四年度の概算要求書では、「学生の主体的研究をより一層展開せしめ、各方面の要望に応え得る指導的な要員を養成するには、４年制課程の不十分たることを年来痛感」し、「更により多くの特殊な地域語の新設を企図している現在」において、大学院課程は「喫緊たる要請」であると主張されている。

そして、ついに一九六六（昭和四一）年、日本で初めて外国語学を専攻する「大学院外国語学研究科」が設置されることとなった。修士課程は西欧地域ゲルマン系、西欧地域ロマンス系、東欧地域、東アジア地域、西南アジア地域、東南アジア地域の六地域の言語専攻に区分され、修了者には「文学修士」の修士号が与えられた。

アジア・アフリカ言語文化研究所の附置

こうしたアジア・アフリカに世界の関心が高まるなか、一九六四（昭和三九）年、人文科学分野最初の共同利用研究機関であるアジア・アフリカ言語文化研究所が東京外国語大学に附置される。

一九六〇（昭和三五）年、日本学術会議に「アジア・アフリカ研究特別委員会」が発足し、翌一九六一（昭和三六）年五月二四日、日本学術会議第三三回総会において「アジア・アフリカ言語文化研究センターの設立について（勧告）」が議決される。この勧告では、アジア・アフリカ諸国との関係を「日本としての死活問題」とし、その研究は「国家的な急務」であり、とりわけ、「最も緊急を要するのは各種の言語の基本的な研究と修得である」として、言語文化研究センターの設置を主張した。勧告には、「アジア・アフリカの約1000種の言語の中から特に緊急を要する重要言語34種類」をまとめた「アジア・アフリカ重要諸言語表」（表7－5）が付され、センターの設置を通じて、それらの言語の専門的指導者の養成と、言語研修の実施が目指された。

一九六三（昭和三八）年四月、文部省では第一回アジア・アフリカ言語文化研究センター設立準備懇談会が開催され、七月には国立大学附置研究所協議会において、大学附置研究所としての設置が決定した。時を同じくして、学内においては『昭和39年度概算要求書アジア・アフリカ言語文化研究センターの新設（共同利用施設）』がまとめられ、先の日本学術会議の勧告と同様に、「アジア、アフリカに関する研究は、国家的急務であるが、その広大な諸分野の中でも最も緊急を要するのは各種言語の基本的な研究と修得である。人文、社会、自然諸科学のいづれの分野からみても、言語の問題は極めて重要」と言語の基本的な研究と修得に重きを置い

    - Fijian
  - Micrinesian
  - Polynesian
    - Hawaiian
    - Tahitian
    - Samoan
    - Maori
- Papuan
- Australian
- Tasmanian
- ○Dravidian
  - Tamil
  - Malayalam
  - Canarese
  - Cushitic
    - Somali
    - Galla
  - Chad languages
    - ○Hause
  - Songhai
  - Chari-Nile
    - Nuba
  - Central Saharan
    - Kanuri
  - Miger-Congo
    - West Atlantic
      - Fulani
    - Mandingo
    - Kwa
      - Ewe
  - ○Pushto (Afghan)
  - ⊘Persian
  - Kurdish

- ○Armenian
- Cancasian
  - South Caucasian
    - ○Georgian
  - North Caucasian
    - Aokhasian
    - Kabadian
- Semitic
  - ⊘Arabic
  - South Arabic
  - ○Hebrew
  - ○Amharic
- Berder Languages
      - Yoruba
  - Gur
  - Central
      - Efik
      - Tiv
  - Bantu
      - ○Swahili
      - Kongo
      - Luba
      - Ngala
      - Shona
      - Ganda
    - Zulu
- KhOisan
  - Hottentot
  - Bushman
- Africaans

アジア・アフリカ重要諸言語表

- ⊘Korean
  - Altaic
    - ○Tungusic
    - ⊘Mongolian
      - Turkic
        - ○Turkish
        - Azerbaijani
        - Turkmen
        - ○Uzbeg
        - Kirgiz
        - Kazak
- ○Vietamese (annamite)
  - Austro-Asiatic
    - ○Khmer (Cambodian)
    - Mon
    - Munda
      - Santali
  - Malayo-Polynesian
    - Indonesian (Malayan)
      - ⊘Malay
      - Indinesian
      - ○Javanese
      - ○Tatar
      - Bashkir
      - Chuvash
      - Yakut
      - Uigur
  - Uralic
    - ○Finnish
    - Estonian
    - ○Hungarian
  - Chinese
    - ⊘Mandarin (Pekinese)
    - Wudialects
    - ○Cantonese
    - Hakka
    - ○Fukien
  - Tibeto-Burman
    - ○Tibetan
    - ○Burmese
  - Kadai
    - ⊘Thai (siamese)
    - Lao
    - Telugu
  - Indic
    - ⊘Hindi
    - ○Urdu
    - ○Bengali
    - Oriya
    - Marathi
    - Gujerati
    - Panjabi
    - Rajasthani
    - Bihari
    - ○Sindhi
    - Sinhalese
  - Iranian
    - Pamir dialects
    - Baluchi
      - Sundanese
      - ○Tagalog
      - Bisaye
      - Formosan
      - Chamorro (Guam)
      - ○Malagasy
    - Melanesian

⊘○印はアジア・アフリカ言語文化研究センターにおいて第一次にとりあげる言語。
⊘印は東京外語、大阪外語、天理外語の何れかで現在教授されているもの。

表7-5 「アジア・アフリカ重要諸言語表」
『アジア・アフリカ言語文化研究センターの設立について（勧告）』より引用、原文ママ。

た形で、センターの設置が要求された。

翌年四月一日、学内外の後押しを受け、アジア・アフリカの言語文化の総合的な研究、諸言語の辞典編纂と研修を主たる目的とするアジア・アフリカ言語文化研究所が設置された。

第二節　東京外国語大学の諸相

東京オリンピックと東京外国語大学の学生たち

日本の国際社会への復帰と海外進出に伴い、東京外国語大学への世間の注目が高まるなか、どのような学生生活があったのであろうか。本項では東京オリンピック、次項ではキャンパスの充実化を中心に、学生生活の諸相を見ていきたい。

一九六四（昭和三九）年のオリンピック東京大会（東京オリンピック）の開催は、東海道新幹線の開通や首都高速道路の建設、史上初の衛星生中継によるテレビ放送など、日本社会に多岐にわたる影響をもたらした。

東京オリンピックは、アジア初のオリンピックとなった。それまで一九五六（昭和三一）年にメルボルン（オーストラリア）において開催された以外は、ヨーロッパ、アメリカにおいて開催されており、選手の移動距離など問題が山積するなか、大会の成否を巡るひときわ大きな課題とされたのが、前例のない難問となった「言葉」問題であった。

現在とは違い、国際交流が乏しかった当時において、英語をはじめとした外国語話者は少なく、諸外国からの選手団だけでなく、観光客の受け入れ等、大会の成否はこの「言葉」の問題の解決が鍵となっていた。そうしたなか、東京外国語大学の学生たちは、「学生通訳」（写真7－3）として大会に参画した。

写真 7-3　国立競技場付近における学生通訳

当時の大会組織委員会は、「言葉」の問題に対処するべく、一九六二（昭和三七）年一一月頃より諮問機関を設置し、対策の検討を開始した。諮問機関のメンバーは、都内の大学から招集された語学を専門とする八名の教授陣であり、東京外国語大学からはイタリア語の奥野吟右衛門が参加している。彼らは通訳の採用に当たって、「単に外国語の会話力が優れているだけでは不十分」であり、競技内容に精通していない限り特殊競技用語が十分に理解できないとのオリンピックの特殊性を考慮し、以下の三つの基本方針を採択した。

①通訳として採用すべき要員を大会前、何らかの形で訓練する必要のあること。
②特に競技運営面に配属する通訳は長期にわたり其の競技内容、技術用語、競技ルールの会得をはかるため訓練を施す必要があること。
③また若人の祭典であるオリンピックにふさわしい様にできるだけ青年層の協力に期待すること。

この基本方針を受け、①競技運営のための通訳は大学生を早期に養成すること、②競技以外の通訳は大会年度に一般から公募することが、一九六三（昭和三八）年の全体計画のなかで具体策として決定され、前者は学生通訳、後者は一般通訳として大会に向けて養成されることとなった。

学生通訳は、各競技団体の監督・指導のもと、競技運営にかかわる通訳を行ったという。その選抜と養成は、東京都内の一八の国立・私立大学の総数二九八名に委嘱され、「一競技＝一大学」を原則に、二〇の競技団体の担当校が決定した（表7-6）。各競技団体を担当する大学の振り分け方法は定かではないが、後述の通り、各競技団体と各大学の日頃の関係性が考慮さ

（単位：人）

大学名	競技種目	総数	英語		仏語	
			男	女	男	女
青山学院大学	陸上競技	31	22	9		
お茶の水女子大学	バレーボール（仏）	5				5
学習院大学	バスケットボール	9	5		4	
	体操	14				14
慶應義塾大学	ボート	16	3	3	5	5
国際基督教大学	水泳・水球	14		11		3
	馬術競技	20	5	5	5	5
上智大学	自転車競技	16	6		10	
	フェンシング	18		3		15
成城大学	ホッケー	15	7	8		
津田塾大学	バレーボール（英）	10		10		
東京大学	近代五種競技（仏）	5			5	
東京外国語大学	ボクシング	8	6		2	
	サッカー	21	18		3	
東京教育大学	柔道	15	7		8	
東京女子大学	ヨット	12		12		
東京都立大学	ウエイトリフティング	12	7	2	1	2
日本女子大学	ライフル射撃	14		14		
一橋大学	カヌー	10	10			
明治学院大学	クレー射撃	11	10		1	
立教大学	近代五種競技（英）	6	6			
早稲田大学	レスリング	16	6	5	2	3

表 7-6　競技運営学生通訳大学別配分表
オリンピック東京大会組織委員会『オリンピック東京大会資料集 資料編3 渉外部』より作成。

れた例もあったようである。そして大学ごとに、オリンピックの公用語である英語・フランス語に通じた学生と、学生通訳養成責任者となる教授が選出された。

二〇一四（平成二六）年に実施した聞き取り調査によると、東京外国語大学では、学生通訳の選抜は、①教授による推薦、②学内選抜試験、の二種類によって実施された。前者の教授推薦の明確な選考基準は明らかではないが、留学経験者や通訳ガイド業の国家資格を持つ学生が推薦を受けたようである。後者については、学生課掲示板を通じて公募され、応募者には五分程度の口頭試験が課せられた。試験ではオリンピック通訳を志望する動機などが英語で問われた。こうした学内選抜の中心を担ったのは、受験英語で知られていた海江田進であった。

他方で、学生通訳の養成は、基本的に各大学・競技団体に一任されていたが、語学力の均質化・オリンピックに関する知識の醸成を図るために、組織委員会主催の全体講習会も開催された。一九六三年七〜八月に実施された第一回全体講習会では、前回大会となるローマオリンピックにおいて陸上競技総監督を務めた鈴木良徳や、「フジヤマのトビウオ」と呼ばれた競泳の古橋廣之進といったオリンピック関係者による講演と、上智大学語学ラボラトリー（LL教室）を利用した会話訓練が実施された。

そして同年一〇月一一〜一六日にかけて開催された東京国際スポーツ大会（プレ五輪）は、学生通訳にとって初めて国際大会を経験する舞台となった。当時の『朝日新聞』の記事「足り

なすぎた通訳　施設、食事などは好評」（一九六三年一〇月一七日）によると、この大会は本大会に比べ参加選手・観客の人数は少ないものの、学生通訳が約一週間にわたり国際大会の雰囲気を体験する絶好の機会となったという。他方で、通訳の配置が少なく、かつ英語に偏っていた点は批判を受け、一部会場では「ちゃちな英文」の資料が配布されただけで、プログラムもアナウンスも日本語だけで行われるなど大きな混乱をもたらし、組織委員会と参加した学生通訳に一層の訓練の必要性を痛感させることとなった。そのため、当初一九六三年夏・一九六四年夏の二回を予定していた全体講習会は、さらに一回追加され、学生の学期末休業を利用して一九六四年春に第二回全体講習会が開催されることとなった。

第二回全体講習会では、とくに会話力の強化のため、約二五人の小グループに分かれて外国人講師との会話訓練が実践され、大会直前の一九六四年夏には、各大学の学生通訳が静岡県御殿場市にある「国立中央青年の家」に集められ、研修会を通じて大会への士気を高めたうえで、大会に臨むこととなった。

選手村などで大会運営をサポートする一般通訳は、大会年度の一九六四年四月、新聞などによる広告を通じて一般公募された。公募対象は英語、フランス語、ドイツ語、スペイン語、ロシア語の五言語とされ、旧赤坂離宮正面玄関に受付が設けられ、総勢七四八四人の応募があった。四月二〇日の応募締切の後、無資格者を除いた六一五九人に対し、①書類選考（英語受験者対象）、②第一次試験（筆記試験）、③第二次試験（口頭試験）、④第三次試験（面接〈人物〉試験）が実施された。一般通訳には社会人も応募可能であったが、その大半を占めたのは学生であったという。

一般通訳の試験では、日常会話程度の言語能力が試された。ドイツ語の場合、教室の四隅にいる試験官と順に会話し、その応対に評点が付けられたようである。また応募者には、第三次試験の際に配属部署等に関する希望調書の提出が求められ、組織委員会は各部署の通訳要員数を調整したうえで、配属先を決定した。こうして選抜された九百人余の一般通訳もまた、養成講習会を受講した。

一般通訳の養成は、筆記・口頭試験を経た採用予定者は語学能力に不足はないものとして、オリンピックへの認識を深める講演を中心に実施された。一九六四年七月末に開催された第一回講習会では、オリンピックに関する講演に加え、制服の採寸や配属部署ごとのオリエンテーションが、一か月後の八月末に実施された第二回講習会では講演・施設見学に加え、部門別に専門的・実践的な講習が実施され、大会に向けた準備が進められた。

こうして学生通訳・一般通訳の採用者には、組織委員会より委嘱状が送られ、①制服、②身分証明書、③通行証が付与された。通行証は選手村や競技場に入退出する際に利用され、彼らの着る黒色のブレザーは通訳の証であった。また、通訳採用者は一日二〇〇〇円（社会人三〇〇〇円）の日当が支給され、学生たちは大会前後数週間に及ぶ通訳の「仕事」により、初任給を優に上回る大金を手にした。

一〇月、東京オリンピックのため外国選手が到着すると、学生通訳は担当競技の競技団体のもと、一般通訳は選手村・会場など配属先の各部署でその職務に当たった。

写真 7-4　ルーマニア選手と学生通訳・競技補助員

東京外国語大学は学生通訳としてサッカー、ボクシングの各競技を担当した。とくにサッカーについては、東京外国語大学サッカー部が競技補助員を担ったこともあり、聞き取り調査と資料から当時の様子が明らかになっている（写真7－4）。

学生通訳・競技補助員としてサッカー競技の運営にかかわった東京外国語大学の学生は、『蹴球競技役員名簿』によると全一七名であり、東京オリンピックのサッカー競技に参加予定であった全一六か国（日本を含む）の各チームと大会本部に学生通訳と競技補助員が一名ずつ配属され、大会前の練習から大会終了までチームに帯同することとなった。担当チームの配属は学生たちが大学で学ぶ専攻語や関心に沿って決定されたという。学生通訳の職務は、選手村から練習場・試合会場への移動に付き添い、監督・選手の案内誘導やインタビューの通訳を行うことで、時には観光や買い物の付き添いも行うチームのサポート役であった。なお、学生通訳や競技補助員を経験した卒業生への聞き取り調査によると、本学のサッカー部が競技補助員としてオリンピック大会にかかわるきっかけは、当時サッカー部のマネージャーが、日本蹴球協会理事と渉外部長から「外語の連中だったら、英語もできるだろう。何とか語もできるだろう」と、口頭で依頼されたことがはじまりであったという。

ユーゴスラヴィア・チームの事例（表7-7）を見ると、開会式前から八幡製鉄、三菱などのグランドで練習が行われ、グループリーグ（GL）～決勝トーナメント（決勝T）を約二週間のうちに行う過密日程で実施されている。また、当時サッカーには今のような人気はなく、その普及を図るため、オリンピック期間中には、関西の長居、京極の競技場を舞台に、決勝T敗退チームによる大阪トーナメント（大阪T。五・六位決定戦）も開催された。決勝Tにおいて敗退したユーゴスラヴィア・チームもまたこの大阪Tに参加している。選手たちは、この大会の合間に京都・大阪観光を楽しみ、選手が宿泊した梅田の新阪急ホテルの前には連日観衆が詰めたという。この全日程に学生通訳・競技補助員は帯同し、通訳は観光案内をも担った。

このように学生通訳や競技補助員として、学生たちは大会期間前から各チームに帯同してい

10月	練習・対戦相手と結果	会場	備考
1日	練習（午前）	川口市営グランド	
2日	練習（午後）	八幡製鉄グランド	
3日	練習（午後）	東京学芸大グランド	
4日	練習（午後）	三菱グランド	
5日	練習（午前）	第一生命グランド	
6日	練習（午後）	長期信用グランド	早大練習試合
7日	練習（午前）	住友グランド	
8日	練習（午後）	八幡製鉄グランド	
9日			
10日	開会式		
11日	【GL】対北朝鮮 （北朝鮮棄権）	駒沢陸上競技場	
12日			
13日	【GL】対モロッコ 3：1（勝利）	三ツ沢蹴球場	得点者：Spasoje Samardžić ①、Rudolf Belin ②
14日			
15日	【GL】対ハンガリー 5：6（敗北）	駒沢陸上競技場	得点者：Ivica Osim ②、 Rudolf Belin ②、 Slaven Zambata ①
16日			
17日			
18日	【決勝T】対ドイツ 0：1（敗北）	秩父宮ラグビー場	
19日	【大阪T】		大阪旅行：飛行機で伊丹へ、富士山頂1周を観覧
20日	【大阪T】対日本 6：1（勝利）	長居競技場	得点者※：Ivica Osim ②、 Slaven Zambata ④
21日	【大阪T】		大阪周遊レセプション
22日	【大阪T】対ルーマニア 0：3（敗北）	長居競技場	5位決定戦
23日			
24日	帰京、閉会式	国立競技場	

表7-7　サッカー競技日程（ユーゴスラヴィア・チームの場合）グループB
9日・10日の動向不明。
GL：グループリーグ／T：トーナメント
得点者名の後の数字は得点数を表す。※10月20日の日本得点者は釜本邦茂。
聞き取り調査および『東京オリンピック関係資料群』より作成。

た。聞き取り調査の限り、残念ながら、この間の授業の開講状況は定かではないが、数週間に及ぶ大会への参加に際して、休講あるいは公欠といった措置が取られたものと推察される。

一般通訳の場合には、その担当部署によって、仕事の内容・業務量にばらつきがあり、通訳の肩書きを持ちながらも、雑務全般に対応することが彼らの職務であった。選手村の一般通訳は、二四時間外国人選手に対応できるよう勤務時間帯・場所が割り当てられていた。なかには通訳をする機会に恵まれなかった者もいたが、担当時間外には選手村内を自由に見て回ることもでき、金メダルを獲得した各国の選手と記念撮影をし、雑談する機会があった者もいたという。他方で馬術競技が行われた軽井沢選手村では、スペイン語・イタリア語担当を欠いており、アルゼンチンやイタリアの選手には、フランス語通訳が担当するといった事態もあり、万事について臨機応変に対応せざるを得なかったという。

こうした大会組織委員会や競技団体からの依頼による通訳・競技補助員としての参加以外にも、アルバイトとして大会にかかわった学生が多数存在していた。東京外国語大学では学生課や教授の紹介により欧州放送連合（EBU）や英国放送協会（BBC）などの海外メディアに雇用された学生もおり、彼らはディレクター、カメラマンとともに各地の取材に赴いた。また、オリンピックが開幕した開会式の後に、急遽相模湖で開催されたカヌー競技会場での公式アナウンスを依頼され、辞書を片手に会場に向かいアナウンスを担った学生もいた。

写真 7-5　1964 年頃の東京外国語大学西ヶ原キャンパス

留学・海外勤務が今より一般的でない当時において、外国語話者は今よりも貴重な存在であった。そうしたなか、「外語の学生＝外国語ができる」といった世間の評判は、学生たちを様々な形でオリンピックと結びつけた。その結果実現した学生通訳などの「職務」は、学生たちに普段勉強する外国語を実践的に活用する場を与えた。

西ヶ原キャンパスの増改築

西ヶ原キャンパス（写真7－5）では、一九五二（昭和二七）年に鉄筋コンクリート造校舎の新築が始まり、一九五〇年代に戦後の木造校舎からの移行が進んでいく（図7－2）。その後、語学科の増設や大学院の設置に伴い、新制大学発足当初は約一五〇〇人であった在学生数が、一九八〇年代には二五〇〇人を超えていく。学生数の増加を受け、西ヶ原キャンパスでは増改築が

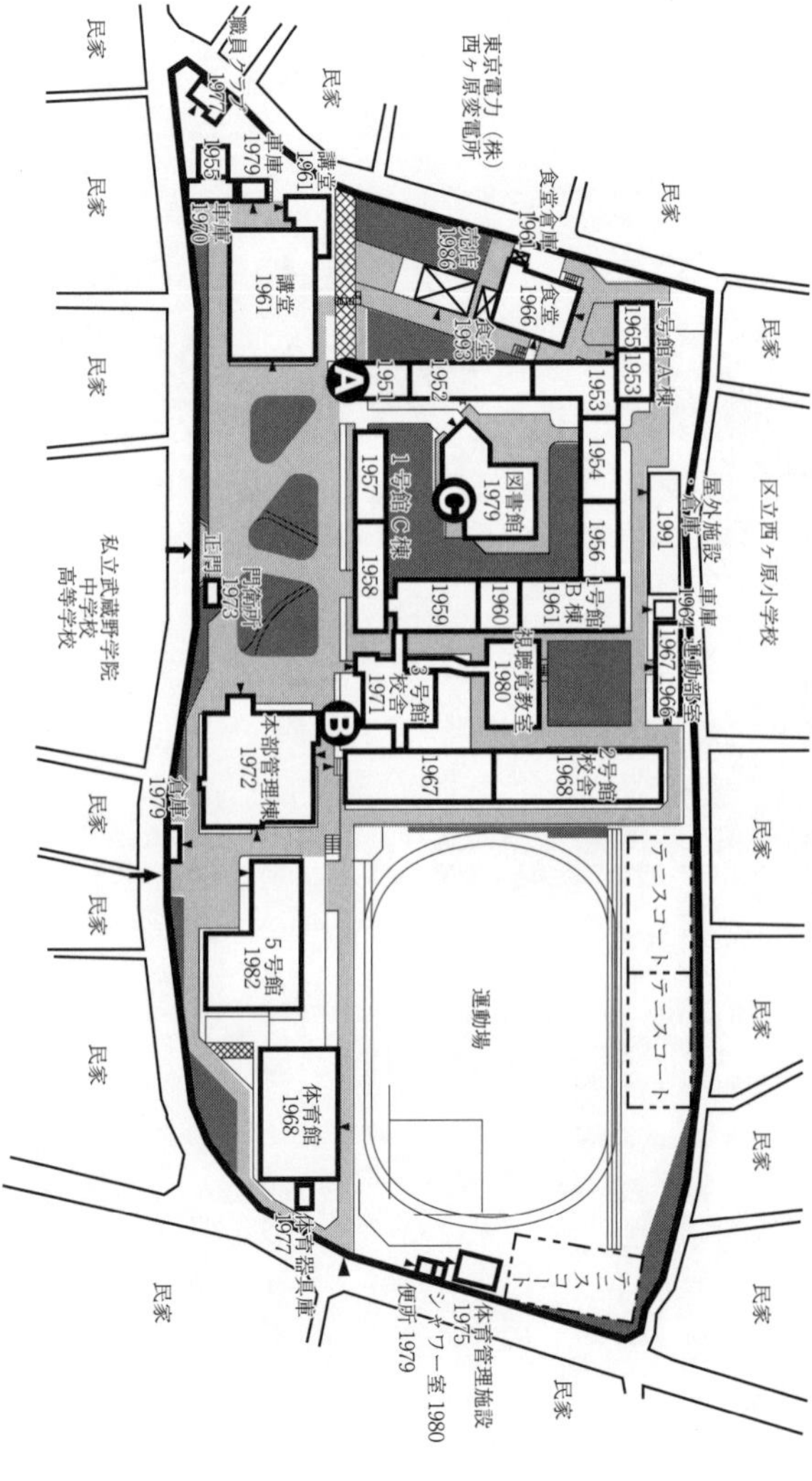
民家
職員クラブ 1977
東京電力（株）西ヶ原変電所
車庫 1979
1955
車庫 1970
講堂 1961
食堂倉庫 1961
完結 1986
食堂 1966
食堂 1993
1号館A棟
1965
1953
1951
1952
1953
1954
1956
1957
1号館C棟
図書館 1979
1958
1959
1960
1号館B棟 1961
区立西ヶ原小学校
屋外施設
倉庫
1991
車庫 1964
運動部室
1967
1966
視聴覚教室 1980
3号館校舎 1971
本部管理棟 1972
2号館校舎 1968
1967
正門
門衛所 1973
私立武蔵野学院中学校高等学校
倉庫 1979
5号館 1982
体育館 1968
運動場
テニスコート
テニスコート
テニスコート
体育器具庫 1977
体育管理施設 1975
シャワー室 1980
便所 1979
A
B
C

図7-2　西ヶ原キャンパス図面と校舎等
A　1号館（1953年頃）→ 60周年記念講堂（奥が1号館）（2000年頃）
B　木造戦災復旧校舎（1949年頃）→ 新築の4号館（1972年頃）
C　中庭（1959年頃）→ 附属図書館（1979年頃）

繰り返されていく。一九六〇年代には一号館、二号館、体育館が、一九七〇年代には三号館、四号館、図書館新館が、一九八〇年代には五号館、国際交流会館が建設または増改築された（表7－8）。

	増改築した建物
1961年	1号館・講堂
1967年	2号館
1968年	体育館
1971年	3号館
1972年	4号館・保健管理センター
1979年	図書館新館・ LL（ランゲージ・ラボラトリー）
1982年	5号館
1985年	国際交流会館

表7-8　増改築が進められた西ヶ原キャンパス

一九六一（昭和三六）年一一月には、大学創立六〇周年記念講堂が建設された。この講堂は入学式や卒業式といった式典の挙行だけでなく、それまで学外で開催されていた語劇の舞台として活用されていく。また増改築が進められるなか、戦前から学内に設置され学生生活を支えてきた「健ちゃん食堂」が学外に退去することとなる。「健ちゃん食堂」は、その正式名称を「常盤食堂」と言い、経営者の小川健三さんの名前にちなんで、「健ちゃん食堂」と呼ばれていた。東京外国語学校時代の竹平町校舎の頃から学内に設置され、戦中・戦後の配給制の際には食券により食事を提供し、満足な食事ができない時代、肉なしの「あさりのカレーライス」はご馳走であったという。戦後の上石神井、西ヶ原と校舎移転の折にも、ともに移転し、厳しい食糧難の時代に学生に食事を提供していた。しかし、学内に生活協同組合が誕生したことを受け、一九五九（昭和三四）年、学内に二つの食堂を設置することが困難となり、学外に出ることとなった。

増改築の一方で、その校地面積には限界があった。そのため、戦後の新制大学発足を機に初代学長に就任した澤田節蔵の頃から校舎移転地の確保は大学の重要課題であり、早くから移転が検討されていた。一九六二（昭和三七）年、政府が大学や研究機関を集めた「研究学園都市構想」の計画を発表すると、最終的に筑波大学としてその地に移転することとなる東京教育大学とほぼ同時期に東京外国語大学においても筑波移転が検討された。結果的に移転は断念することとなるが、移転地の確保はその後の学長たちにとって、懸案事項の一つとなっていく。

第三節　学園紛争と外国語大学の「歪み」

一九六八～一九六九年——学園紛争の時代

戦後に入り、政治や社会問題への関心から、全国の大学において学生運動の気運が高まっていく。東京外国語大学の学生のなかにも、一九五〇年代には、立川基地拡張に対する反対運動（砂川事件）や原水爆禁止運動、教員への勤務評定導入に対する反対運動、そして一九五九（昭和三四）年以降の安保闘争などに参加した者がいた。こうした学生運動は一九六〇年代も継続され、一九六八（昭和四三）〜一九六九（昭和四四）年にいわゆる学園紛争の時代を迎える。

一九六八〜一九六九年には、五月危機（フランス）やベトナム戦争に対する反戦運動など、世界中で学生運動が活発化した。国内においても、学費の慢性的な値上げやカリキュラム編成への不満、寮・学生会館の管理・運営の自治権をめぐる不満をきっかけとして、各地の大学において学生運動が激しさを増していた。一九六五（昭和四〇）年には学費・学生会館を巡る闘争が全国的な広がりを見せ、一九六八年度には六七大学、一九六九年度には一二七大学において、学園紛争が生じ、大きな社会問題となっていく。

東京大学では、一九六八年一月、医師法一部改正案（登録医制）への反対を求めた医学部の無期限ストライキを契機に紛争が発生し、同年六月大学側が医学部学生の排除に機動隊を導入したことへの反発から他学部へと運動が波及していく。そのため、東京大学では一九六九年度の入試は中止され、一九六九年一月一八日大学側の要請を受け八五〇〇人の機動隊により安田講堂が封鎖解除されたことは、入試を控えていた受験生のみならず、社会に多大な影響を与えた。同様に日本大学では、裏口入学斡旋問題、使途不明金問題など相次ぐ不正・不祥事を契機に学生の大学への疑惑がデモ行進へとつながり、一九六八年九月には三万五〇〇〇人の学生が参加する大衆団交が生じている。

他方で学園紛争の背景には、大学への進学者数の増加に伴い、大学が大衆化するなか、旧態依然とした大学の教育・研究体制や管理・運営体制の変革を求める一面もあった。「学校基本調査」の統計によると、一九五〇（昭和二五）年には大学・短期大学への入学者は約一七万人で、一八歳人口全体の一〇・一%程度であったが、一九六五年には約三三万人（約一七・〇%）を超え、翌年には四〇万人を上回った。進学者数の増加に伴い、大学・短期大学の新設や学生定員の増加も相次ぎ、一九五〇年の三五〇大学から一九六五年には六八六大学へとその数を増やしたが、その教育・研究体制の整備は追いついてはいなかった。学園紛争は、高度経済成長期に社会の変革が進むなか、変革の進まない大学のあり方に対して疑問を投げかけた面もあった。

こうした全国各地で発生した学園紛争に対処するために、一九六九年四月中央教育審議会は「当面する大学教育の課題に対応するための方策について（答申）」を文部省に提出する。そこでは学園紛争の根底にある要因として、戦後の高度経済成長による社会変化や大学への進学者数の増加のなか、「世代による価値観の相違」「権利意識の高揚と責任感の軽視」「制度の改革、教育内容・方法の改善および教育条件の整備が立ちおくれた」ことが指摘され、大学教員のあり方、大学管理者の役割と責任に関する提案が行われた。

これを受け、政府は紛争の解決を大学の自主的努力に任せるだけでなく、立法措置が必要と考え、同年五月大学が紛争収拾の能力を欠くに至った場合には国が責任上積極的措置を講ずることを定めた「大学の運営に関する臨時措置法」案を国会に提案する。この法案には、大学の自治を侵すとの観点から批判もあったが、同年八月、五年の時限立法として同法が成立した。その後、各大学の学内秩序が徐々に沈静化に向かったことで、同法に基づく措置は実施されることがないまま、学園紛争は収束していく。

他方で、学園紛争期には、大学のあり方に対する改革が提起され、各大学ではこれを機に大学改革の検討が進んでいく。

東京外国語大学における学園紛争の発端と日新学寮

学園紛争の時代のなか、東京外国語大学では、その学内は学生のバリケード封鎖により占拠され、一時は入試の実施が危ぶまれるほどの混乱が生じた。最終的には、封鎖解除に向け機動隊が導入され、紛争の影響は一九七〇年代まで残ることとなった。そのため、本学は東京大学、東京教育大学と並び、国立大学の「最重症三大校」と呼ばれた。

こうした本学における学園紛争の契機は、学寮の建て替えを巡り大学と学生の間に生じた不信感であった。

さて紛争の経緯に入る前に、東京外国語大学の学寮である日新学寮（写真7－6）について簡単に紹介したい。日新学寮は、関東大震災により下宿を失った生徒への支援を目的に、一九二四（大正一三）年に東京府豊多摩郡野方村（現中野区上高田）において開寮された。学寮の名称は、中国の古典『大学』にある「苟日新、日日新、又日新（まことに日に新たに、日々に新たに、また日に新たなり）」に由来し、教員であった榮田猛猪、友枝照雄により命名された。

寮には南北五部屋ずつの計一〇部屋があり、一部屋四〇畳・定員一〇名であった。最初の入寮者の一人であった佐藤勇（のちの本学教授）の「寮名由来記」（『にっしん』一九六〇年所収）によると、開寮時には寮の周りは畑ばかりで「寮舎だけは建つたもの丶、電灯の配線などは未完成のまゝで、入寮后一週間ほどはローソクで間に合わせねばならない有様」であり、入寮時には四〇畳の一部屋に同室者が一名と「ガランとしたもの」であったという。また学寮寮則が整備され、その第一条には「学寮ハ生徒修学ノ便ヲ図リ共同生活ニヨリテ品性ノ向上ニ力メシムル所トス」と定められ、寮と寮生の生活は生徒課長と舎監という教員の指導下に置かれていた。とくに舎監は寮内の舎監室に家族とともに居住し、ときに学生に叱責を与える者として、ときに学生の話し相手として、日々の生活を監督していた。

写真 7-6　日新学寮

戦前の入寮者には、「ごんぎつね」で有名な新見正八（南吉）がいる。一九三二（昭和七）年九月に入寮した新見は、翌年四月末に執筆活動に集中するため、下宿に移るまでの約半年にわたり学寮にいた。新たな下宿先を見つけ、退寮を決めた彼の日記には、一九三三（昭和八）年四月三〇日、「寮を帰つて見ると何だか他の者達と別れて行くのがものがなしく別れにくゝなつた」（原文ママ）と退寮に寂しさを感じていた記述がある。

戦中には、空襲により周囲の建物が焼失するなか、学寮自体は戦禍を免れた。すでに二〇年の時を経て老朽化した学寮であったが、復員した学生たちの生活基盤となっていった。戦中から戦後にかけ学寮に在籍した黒柳恒男（のちの本学教授）の回想「日新寮の思い出」（『にっしん4』、一九六三年所収）によると、「終戦になると復員してきた学生が急に増え従来の空気は一変し、寮も自活制となった」という。

戦後の混乱期のなか、戦前には学則と学寮寮則のもと舎監の指導下に置かれていた日新学寮が、「学生自治」へと移行する。その立役者は初代寮務委員長を務めた村田徳三であった。一九四七（昭和二二）年頃、寮大会を開催し寮務委員長に就任すると、自治を宣言し、総務・会計などを組織化し自治改革を推し進めた。彼と教授となった佐藤勇の尽力により、寮の一部改築が達成され、大部屋四〇畳（二〇人用）の一〇部屋が、一五畳あるいは一八畳（五～六人用）の二三部屋に改築された。その後、一九六二（昭和三七）年一一月寮生大会において寮則・入寮選考規定が制定されると、学長は「社会人たる自治能力の滋養」の観点からこれを追認し、日新学寮は寮務委員会のもとでの学生自治が確立された。

学園紛争がはじまる一九六〇年代終わりにおいて、すでに学寮はその建設から四〇年以上の月日を経て老朽化が進んでおり、その建て替えは不可避であった。しかし、一九六四（昭和三九）年二月一八日、文部省から、寮経費の受益者負担の原則と、大学による寮の管理責任が明記された「二・一八」通達と、「〇〇大学学寮管理運営規則（参考案）」（通称「マル管規」）通達が示され、新寮建設に当たっては文部省通達に沿った形での概算要求が必要となる。この学寮の管理運営への大学の関与は、学生にとって学寮における学生自治の伝統を脅かすものと受け止められ、大きな反発を生んでいく。

一九六八（昭和四三）年六月、学生部長と寮生代表の間で新寮建設に関する交渉のなか、学生自治の伝統と文部省通達の齟齬が表面化し、学生たちは大学の交渉姿勢に反発していく。これが東京外国語大学における学園紛争の発端となった。

学内封鎖と四二時間にわたる「大衆団交」

一九六八（昭和四三）年九月、東京外国語大学における新寮建設をめぐる議論は、学生部長と寮生代表による二四時間にわたる交渉の結果、大学が文部省通達に反対する立場で新寮建設に臨むことが決定し、確認書が交わされた。その後、学生たちは全学共闘会議（全共闘）を組織し、一〇月三日全学集会が開催される。全学集会には教授団も参加し、一部の教授は学生たちとの共闘姿勢を示した。その結果、「教授会と学生とが協力して今後の本学の進むべき道を模索すべきこと」が確認される。

しかし、その後海外出張より小川芳男学長が帰国し、寮問題が再度検討されるなか、教授会は学生との共闘が難しいとの見方へ傾いていく。他方で、学生側は教授会との共同声明を求め、「大衆団交」を申し入れた。教授会がこれを拒否すると、学生たちは同月一一日ストライキを決議し、正門にバリケードを築くこととなった。対して、教授会は一五日に「〇〇大学学寮管理運営規則」および文部省通達「学寮における負担区分について」（「二・一八」通達）への反対声明を発布し沈静化を図るが、その内容が同月三日の全学集会より後退していたこともあり、学生側は激しく批判し、白紙撤回を迫った。

一一月二日、教授会が声明の白紙撤回を最終的に拒否すると、これに反発した学生たちは教授会の学外追放を宣言し、本館木造校舎を占拠のうえ、正門のバリケードを強化し、以後外国語学部教官の学内立ち入りを禁止していく（写真7－7）。当初、学生側は留学生を運動に巻き込むことを避けていたが、一二月四日には共同利用施設であるアジア・アフリカ言語文化研究所および留学生課程の学部兼担教官についても学内立ち入りを禁止し、全国的にも珍しい全学的な学内封鎖を推し進めていくこととなった。

交渉の硬直化という状況の打開に向け、学生側が「七項目要求」と大衆団交を求めた一方で、大学側は教授会代表委員会を設置し、学長・教授会代表委員会名での大学側の立場を表明した『全学生諸君への提案』を配布する。この提案では、「いまや紛争は長期化して深刻な様相を呈し、本学は存亡の危機にさらされようとしている。われわれはこの紛争が一日も早く終結することを願い、ここに、今回の紛争に対するわれわれの基本的な姿勢と大学改革への具体的なプランを提示し、全学生諸君の討論にゆだねたいと思う」と、紛争解決に向けた大学側からの解決案が提示された。この案では、後述の通り、寮問題にとどまらず「本学の制度改革の方向と将来のヴィジョン確立について」も言及され、大学のあり方を含めた改革案が提示されていく。

一二月一八日、この提案をめぐる全学討論集会が開催されることとなった。最終的に二〇日早暁までの四二時間にわたった「大衆団交」の末、教授会は学生側の要求を拒否し、両者の決裂は決定的なものとなった。

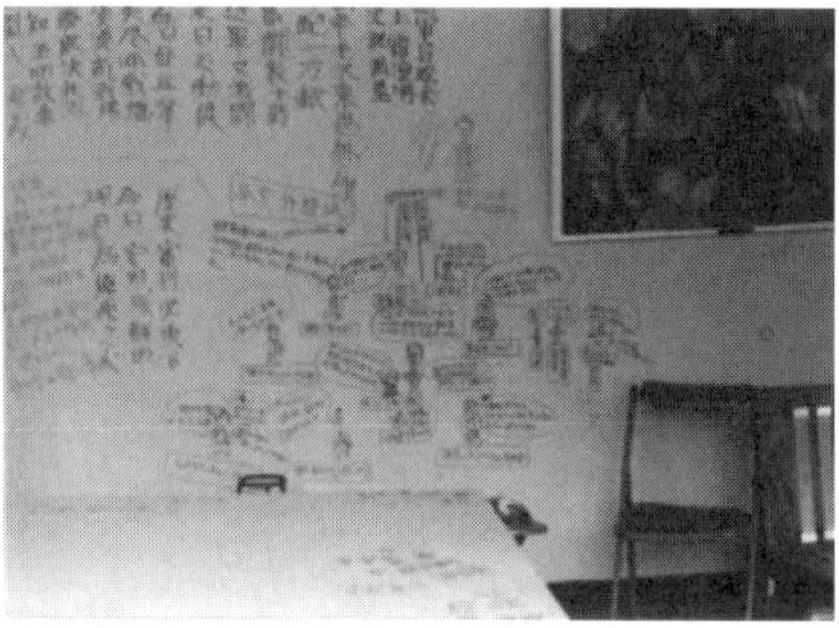

写真 7-7　学園紛争により占拠された校内の落書き

機動隊導入による封鎖解除と学寮の閉寮

一九六八（昭和四三）年一二月一六日、来年度入試が差し迫るなか、文部省は入試実施に関して、紛争の激しかった東京大学、東京教育大学、東京外国語大学、日本大学の四大学に対して、文部省事務次官名で緊急通達を行った。文部省は、紛争の長期化に伴う授業停止の状況が在学生の単位取得・進級・卒業にとどまらず、「新入生の受入れについても重大な支障をきたす」との見解を示し、各校と入試問題に関する折衝を進めていく。暮れも押し詰まった三〇日、学外で教授会が開催され、その場において入試実施が決定した。

しかし、実施には学内封鎖の解除が不可欠であった。

早期の学内封鎖解除が求められるなか、大学側は学生との宥和の道を模索し、寮生の負担分軽減を表明する。学生側でも、東外大改革連盟などが組織され、大学側と交渉が重ねられていく。しかし、事態の解決が思うように進まないなか、一九六九（昭和四四）年二月三日、大学側は「早急に正門および建造物の全ての封鎖・占拠状況を解除するよう要求する」との要求書を全学共闘会議議長宛に送付する。そして三月一六日午前八時、遂に三〇〇人の機動隊によりバリケードの封鎖解除（写真7－8）が強制的に進められることとなった。

封鎖解除後も、学生による占拠により荒廃した学内の復旧を進めるため、学生の学内立ち入りが禁止された。そのため、同年の入試は会場を学外の予備校などに分散のうえ、二次試験を省略し、例年の三分の一の時間で実施されることとなった。

一九六九年四月一日、紛争に対応するなか体調を崩した小川芳男学長の辞任が承認され、同日、鐘ヶ江信光が学長事務取扱に就任する。新たな鐘ヶ江体制のもと、一〇日からの授業再開を目指し、学内封鎖の解除が進められた。しかし、全共闘学生が乱入したことで、大学は再度機動隊の出動を要請し、一二八人もの学生が逮捕される事態となった。結局、授業再開は延期され、再び学生の学内立ち入りが禁止されることとなった。

写真 7-8　機動隊による封鎖解除

学内の立ち入り禁止が続くなか、卒業予定の学生の送り出しのためにも授業の実施が不可欠であった。そのため卒業予定者と新入生に対しては、教官の自宅等で授業が進められたという。六月二五日、教授会において一九六八年度卒業者の判定が行われ、学外授業受講者四〇四人のうち三七四人の六月二八日での卒業が決定する。約三か月遅れの卒業であった。
他方で、その間も全共闘学生による学内侵入や暴力事件、九月の進級試験への妨害が発生し、一九六九年度の授業再開は一〇月一三日まで引き伸ばされることとなった。授業再開後も、授業妨害をはじめ学内暴力事件は続き、大学は一九七一（昭和四六）年に学長事務取扱から学長に就任した鐘ヶ江学長のもとその対処に追われた。ようやく沈静化したのは一九七二（昭和四七）年度のことであった。

紛争後、大学がキャンパスの正常化に注力するなか、寮問題は次第に忘れ去られていく。学寮では紛争期の頃から入寮選考が停止し、寮内には無届けの在学生や不正規宿泊者（学外者）が増え、寮内の居住者を大学側が把握していない無秩序な状況が生まれる。その後、一九七五（昭和五〇）年一〇月には寮に居住した不正規宿泊者（学外者）を含む「寮生」による暴力事件が発生し、翌月新聞各紙にこの事件が掲載されたことで、無法な実態が明るみに出ることとなる。同年四月に第五代学長に就任していた坂本是忠は、この問題の解決に乗り出し、一一月五日の教授会に新規入寮の停止、学外者の立ち退き、寮の規模縮小、現寮生の就学期間を考慮した一九七九（昭和五四）年三月での廃寮を提起し、これが採決された。紛争から一〇年を経て日新学寮は廃寮されることとなった。

学内改革の契機としての学園紛争

東京外国語大学における学園紛争は、戦後の大学昇格以降も続く旧専門学校的性格からの脱却を目指す学内改革としての一面も有していた。学寮問題を発端としていたが、紛争のさなか、教員と学生の間では、大学のあり方そのものが論争の的となっていく。

一九六八（昭和四三）年一二月一二日、小川芳男学長と教授会代表委員会は『全学生諸君への提案』を発表した。そのなかでは、「新制大学発足以来二十余年を経た今日、ようやく大学のはらんでいる諸矛盾があらわになり、それへの批判が学生諸君の自己主張という形で展開されていることは、衆目の認めるところである」と、大学発足以来の「外語大の性格そのものの再検討」を行うことが表明される。そのなかには、当時設置されていた「語学文学コース」と「国際関係コース」の二コースを、学科、さらには学部として独立させることも検討事項に含まれていた。

学内封鎖が解除された一九六九（昭和四四）年四月には、学内には改革準備委員会（第一委員会）が設置され、改革の方向性についての検討がはじまる。鐘ヶ江信光学長事務取扱を委員長に七名の委員で構成された改革準備委員会は、教授会への意見聴取、教官へのアンケート分析を踏まえ、具体案の検討を重ねた。一二回にわたる議論の末、同年六月教授会に「学内改革案」が提出され、八月には改革準備委員会第一委員会答申がまとめられる。

答申案では、本学独自の理想像や大衆教育の可能性を探るとともに、専門分化した既成の学問分野の限界が、きびしく問われている事実に鑑み、それらの弊害をできるだけ克服した新しい知識形成の場としての大学像を求めることがうたわれた。加えて、「結論的には『外国語大学の理念』を不明確にしたまま、専門学校の継承として狭義の語学（語術）教育を教育体系の中心に置いてきた点に根本的欠陥があると思われる」と、戦前の専門学校から脱却できていない大学の教育体制の改革が指摘されるとともに、改革の方向性として、「外国研究」「地域研究」を深める研究活動の充実が目指された。

その後、改革の具体案として、カリキュラム改革と大学院の拡充が検討されていく。カリキュラム面では、基礎教育科目が新設され、社会科学概論、文化人類学、国際関係論などの学際領域が拡充され、国際関係論は一九七五（昭和五〇）年に講座化された。そして、一九七七（昭和五二）年には、国際関係が多様化していくなかで、「単に語学に堪能なばかりでなく、その言語が話される地域の歴史・文化・政治・経済等の知識の統合のうえに立つ多くの地域専門家」が要求されているとして、「本学外国語教育の成果の上に立って現実社会をトータルに捉え、かつ分析する道を開き応用学としての地域学の確立」を目的に、大学院地域研究研究科が設置される。

学部の改革については、一九七〇年代中頃より、坂本是忠学長のもとで、「国際関係学部」あるいは「国際関係学科」の設置が目指されていく。坂本学長は就任間もない一九七五年五月一四日の教授会において、改革の「私案」を提示した。その基本構想は、外国語学部一四語学科を改組し、「語文学科」および「国際関係学科」の二学科とすることを中心としており、「国際関係学科においては前期2年において一般教育および語学教育を中心に行」うこと、「英語

8単位を必修」とすること、「後期2年においては地域専攻制」をとることがうたわれた。またこの構想では「語文学科」に朝鮮語・ペルシア語専攻を増設し、「オランダ語、トルコ語、北欧諸語、ビルマ語の増設も考慮する」ことが示された。

この構想は同年九月までに結論を得ることができなかったため廃案となったが、「国際関係学科」の設置は概算要求の検討事項として継続していく。「国際関係学科」の新設は、一九八〇（昭和五五）年に教授会の承認を得て概算要求としてまとめられるが、この予算要求は通過することはなかった。

しかし、学園紛争のなかで生まれた議論の数々は、その後の一九九〇年代以降の学内改革の基盤となっていく。

第一次オイルショックと就職状況

大学紛争が収束を迎えた一九七〇年代初頭、世界経済は大きな転換点を迎えた。

一九六〇年代末にアメリカ大統領に就任したニクソンは、ベトナム戦争による軍事費の膨張や国際収支の悪化により低迷したアメリカ経済の立て直しを図るべく、一九七一（昭和四六）年八月、ドルと金の交換停止を含む新経済政策を発表した。このいわゆるニクソン・ショックは、世界経済に大きな混乱をもたらした。世界の主要一〇か国は、同年一二月スミソニアン協定を結び、固定相場制への復帰を目指すが挫折し、世界経済は固定相場制から変動相場制へと移行していくこととなる。

そして、一九七三（昭和四八）年一〇月、エジプトは第三次中東戦争で失ったシナイ半島などの奪還を目指し、シリアとともにイスラエルを急襲した。これにより第四次中東戦争が勃発する。この戦争のさなか、サウジアラビアをはじめとするアラブ石油輸出国機構（OAPEC）は、石油戦略を発動し、原油の供給制限と輸出価格の引き上げを進めた。このいわゆる第一次オイルショックに伴う原油価格の急騰は、主要国の経済に打撃を与え、とりわけ原油を輸入に依存する日本経済を直撃した。原油価格の上昇は、石油関連製品の値上げにとどまらず、物価の急騰へとつながり、翌一九七四（昭和四九）年度、日本経済は戦後初めてマイナス成長となり、高度経済成長が終焉する。

こうした第一次オイルショックの影響は、学生の就職状況にも影を落とし、東京外国語大学への求人数もまた大きく落ち込んだ。

表7－9は、一九七四年度から一九七六（昭和五一）年度にかけての卒業者に対する求人申込である。オイルショックによる買い占めなど社会混乱を経験した一九七四年度時点では、求人申込にまだその影響は見られず、全学合計して四九五二人の求人申込があった。この求人数は先に紹介した一九六四（昭和三九）年度の九七八人の五倍を超えるものであり、高度経済成

長が進んだ一〇年間にますます国際的人材への需要が高まっていたと推察される。

しかし、翌一九七五（昭和五〇）年度には求人申込は六割以下の二八六五人へと急減している。とりわけ「語学指定なし」の求人については、三四九六人から一六七九人へと半減するほどに落ち込みが激しく、業種別では貿易商事が九〇七人から三七三人、生産が一一五一人から四六五人へと約四割に激減しており、各企業の採用人事への締め付けが強まったことがうかがえる。

他方で、学科別に一九七四年度と一九七五年度の求人申込を比較すると、英米語学科（前年度比九六％）、スペイン語学科（同八七％）、ポルトガル・ブラジル語学科（同七九％）、フランス語学科（同七五％）、インド・パーキスターン語学科（同七五％、両年度ともに数人の求人申込のため参考）では、落ち込みはありながらも前年度の七割を超す求人申込があった。ロシヤ語学科とアラビア語学科に至っては、貿易商事の求人申込が増加しており、前年度比一四〇％と一一八％と、増加に転じている。

また一九七五年度には落ち込んだ求人数であったが、翌年には早くも回復の兆しを見せ、一九七六年三月卒業者数に対する求人申込数では卒業者数に対し、英米語学科一二・五倍、アラビア語学科五・九倍、ポルトガル・ブラジル語学科五・八倍、フランス語学科四・五倍、スペイン語学科四・二倍と卒業者数を大きく上回る求人申込があった。

（単位：人）

中国	モンゴル	インド・パーキスターン	インドネシア	インドシナ	アラビア	語学指定なし	合計
54	0	0	20	11	7	907	1,224
41	0	2	8	4	15	373	750
26	0	0	6	10	15	667	1,059
65	0	2	40	11	26	1,151	2,121
14	0	1	12	2	22	465	1,003
41	0	0	19	4	20	636	1,477
4	0	0	0	0	0	288	343
10	0	0	0	0	2	190	267
1	0	0	0	0	0	238	322
15	0	0	3	0	7	145	208
6	0	0	2	0	6	84	133
4	0	0	0	0	2	62	109
0	0	0	0	0	0	510	511
0	0	0	0	0	0	242	273
0	0	20	0	10	10	827	982
0	0	0	0	0	0	62	62
0	0	0	0	0	0	76	76
0	0	0	0	0	0	74	74
3	0	2	1	2	0	433	483
4	0	0	0	0	2	249	363
9	0	0	7	0	0	417	581
141	0	4	64	24	40	3,496	4,952
75	0	3	22	6	47	1,679	2,865
81	0	20	32	24	47	2,921	4,604
50	16	29	19	22	8		428

業種＼学科	英米	フランス	イタリア	ドイツ	ロシヤ	スペイン	ポルトガル・ブラジル
貿易商事							
1974 年度	75	50	7	31	13	29	20
1975 年度	123	47	6	32	24	51	24
1976 年度	136	48	7	35	38	65	6
生産（漁業を含む）							
1974 年度	369	122	27	100	22	106	80
1975 年度	229	69	6	46	18	71	48
1976 年度	329	113	17	82	24	141	51
金融保険							
1974 年度	23	9	0	6	0	9	4
1975 年度	16	10	4	8	6	14	7
1976 年度	46	13	0	9	1	11	3
運輸							
1974 年度	15	3	0	0	0	20	0
1975 年度	22	5	0	0	0	6	2
1976 年度	20	4	0	2	6	5	4
報道出版							
1974 年度	0	1	0	0	0	0	0
1975 年度	17	2	0	7	0	4	1
1976 年度	34	30	0	20	1	30	0
教育							
1974 年度	0	0	0	0	0	0	0
1975 年度	0	0	0	0	0	0	0
1976 年度	0	0	0	0	0	0	0
公務団体その他							
1974 年度	16	15	2	3	0	6	0
1975 年度	73	17	4	11	1	2	0
1976 年度	61	28	5	27	6	15	6
合計							
1974 年度	498	200	36	140	35	170	104
1975 年度	480	150	20	104	49	148	82
1976 年度	626	236	29	175	76	267	70
1976 年 3 月卒業者数	50	53	19	51	36	63	12

表 7-9　1974〜1976 年度の求人申込数
「最近三年間に於ける卒業者求人数調」（『昭和 52 年度概算要求書』所収）より作成。

他方で、『東京外国語大学新聞』（一五七号）によると、貿易商社関連企業が新規採用を維持した結果、他大学よりも幾分か救われる状況があったものの、増加分の多くは中小企業であり、「外大生の志望の多い大商社・銀行等の採用はむしろ減っており、中には外大を指定校からおろした会社もあって、就職課も驚いている」といった状況もあった。そのため、志望企業を下げる者や、就職先がなく留年する者もおり、高度経済成長期とは異なる厳しさがあったようである。

第一次オイルショックを受け、高度経済成長は止まったものの、日本政府は石油需給の適正化とその備蓄を進めるとともに、石油の代替エネルギーとして原子力や天然ガスに注目し、中東の石油一辺倒からの脱却を目指し、世界中の資源開発に目が向けられていく。世界もまた一九七五年以降、主要国首脳会議（サミット）を開催し、その立て直しが図られていく。そうしたなか、国際的な人材への需要は依然として高かったと言えよう。また、この間も大学進学者数は増加の一途を辿っており、東京外国語大学では国際情勢を踏まえた語学科の増設と学生定員の増加が図られていく。

なお貿易商事、生産以外にも、就職先として報道分野が根強い人気を誇っていた。戦前の東京外国語学校の卒業生のなかには、先に紹介した武野武治や、大戦中から従軍記者として各地を回りベトナム戦争の取材などで知られる丸山静雄など報道関係者も多く、戦後も多数の学生が新聞社・テレビ局・通信社など報道分野に就職している。一九六〇年代初頭においても、『東京外国語大学新聞』（第六四号）「報道・出版系に殺到　就職　もう六割が内定か」によると、報道・出版方面への志望者が多く、全就職志望学生の三分の一、求人の五倍強の学生が志望しており、学内の「就職係泣かせ」となっていた。とくに報道・出版関係では、就活解禁日の一〇月一日を固く守っていたこともあり、報道・出版方面での就職に失敗した学生は、再度受験するため留年するケースもあったという。

表7－9に見るように、一九七五年前後には、貿易商事、生産同様に不況のあおりを受け、一九七五年度には報道出版分野についても下落しているが、一九七六年度の求人数は、生産、貿易商事に次ぐ、九八二人を数え、東京外国語大学卒業生の主要な就職先の一つとなっていたと考えられる。

また正確な統計データはないものの、公務員、とりわけ外務省に就職する者も一定数いた。戦前の東京外国語学校時代では、サンパウロ総領事やアルゼンチン公使などを歴任し、戦後には神奈川県知事を務めた内山岩太郎をはじめ、国際関係の樹立に貢献した外交官がいたが、戦後においても外務省に入省した者のほか、在外公館専門調査員に多くの人材を輩出している。

一九七〇～一九八〇年代における学生定員の増員

一九七〇年代において、中南米との経済関係の緊密化を背景に、ポルトガル・ブラジル語学科とスペイン語学科の学生定員の増員が進められる。一九六四（昭和三九）年には中南米への日本の輸出額は四億四〇〇〇万ドル程度であったが、一九七四（昭和四九）年には四六億七〇〇〇万ドルと一〇倍以上に成長し、輸出総額の約九％を占めるに至っていた。加えて、第一次オイルショック以降、中南米の資源開発への関心が高まるなか、中南米の社会・経済事情に通じた国際的人材への需要が高まっていた。

東京外国語大学のポルトガル・ブラジル語学科については、一九七六（昭和五一）年度に学生定員の増加が目指された。戦後、本学のポルトガル学科においては、ブラジルとの関係が重要度を増していく。一九五二（昭和二七）年の日伯国交正常化を機にブラジル移民が再開され、一九五〇年代後半からは総合商社やメーカーをはじめとした日本企業のブラジル進出が盛んとなっていく。ポルトガル学科（一九五一年に第五部第二類〔ポルトガル語〕に改称）に在籍した学生の関心もまたブラジル経済に集中しており、一九六一（昭和三六）年の学科名称の改称に際しては、ポルトガル・ブラジル科とブラジルが付け加えられることとなった。

一九六八（昭和四三）～一九七四年にかけ、「ブラジルの奇跡」と呼ばれる高度経済成長が達成されると、日本企業のブラジル進出は一層加速していく。その結果、一九七四年度ポルトガル・ブラジル語学科への求人申込は、第一次オイルショック直後においても高い水準を保っていた。

こうした社会情勢を踏まえ、一九七六年度の概算要求において「近年はブラジル経済の驚異的発展に伴い、日伯関係はますます緊密化し、日本の商社や企業の進出は目覚ましいものがあり、その数は数百社にのぼる現状」があり、商社・企業からの求人申込が増加しているとして、学生定員の増加が要求された。翌年度には学生定員二〇名から三〇名への増員が認められた。同じく経済関係の強化を背景に、一九七八（昭和五三）年度には、スペイン語学科の学生定員一〇名の増員が要望され、翌年度より学生定員六〇名から七〇名への増員が認められている。

一九七〇〜一九八〇年代における語学科の新設

この時期の語学科の新設は、先に紹介した坂本是忠学長の就任後に、「私案」をもとに進められていく。

まず一九七七（昭和五二）年、長らく廃止されていた朝鮮語学科が復活する。朝鮮語学科は韓国併合から間もない一九一六（大正五）年生徒の募集を停止し、一九二七（昭和二）年に朝鮮語部は廃止されていた。先述の通り、一九六二（昭和三七）年度には概算要求としてその設置が要求されたが、実現しないままであった。

一九六五（昭和四〇）年に日韓基本条約が締結され、韓国との国交が正常化されると、文化・社会交流も拡大する。一九七〇年代に入ると朝鮮語学習への関心の高まりを背景に、朝鮮語学科の設置が求められていく。教授会記録（一九七四年一〇月一六日第三七号）によると、一九七四（昭和四九）年一〇月には、「韓国外国語大学理事長が来学し、学生交流についての協定締結と本学に朝鮮語学科を設置されたい」との要望があり、意見交換が行われている。

その後、坂本学長主導のもと朝鮮語学科設置に向けた検討が推進されていく。一九七五（昭和五〇）年一〇月の教授会においても学長より朝鮮語学科の新設についての意見が示される。翌年一月一四日の教授会においても、学長より「朝鮮語教育の実施についてなるべく早く検討結果を出し、できれば来年度設置を要求したい」との発言と設立準備委員会の設置が提起される。同月中には、「新設する方向」を前提に、「新設に伴う諸問題の調査をも含め担当する設立準備委員会」の設置が決定する。

一方で、学内には朝鮮語学科の設置は、朝鮮半島への再侵略の一環であるとの見方を持つ教員もいた。教授会記録（一九七六年二月一八日第六一号）には「朝鮮語学科設立準備委員会については、渡瀬助教授が委員に名乗り出られ、かつ、新設反対意見者を他にも加えてほしいとの意向があつた」と記載されている。

その後、一九七六（昭和五一）年四月、小沢重男を委員長に、朝鮮語学科設立準備委員会が発足し、委員会での議論が教授会において報告され、同年五月二六日、賛成多数をもって、翌年度の概算要求として朝鮮語学科の新設が要望されることとなった。概算要求では、反対意見を考慮してか、政治・経済的観点からの理由ではなく、「特に学術的観点に立っての朝鮮語、朝鮮文化の研究は今後の日本と朝鮮両地域の親善、文化交流の見地から不可欠の条件となっている」と学術的・文化的観点からの設置が要求された。

その後も、反対派は「朝鮮語学科を考える会」を設立し、一九七七年三月にも新入生募集中止の要望の提出やビラ配りが行われたが、四月、予定通り朝鮮語学科が設置された。ここに戦前の朝鮮語部廃止から五〇年を経て朝鮮語学科が復活した。

ペルシア語学科の新設については、第一次オイルショックに伴う社会情勢の変化のなか、新設が目指され、最終的に一九七九（昭和五四）年に発生したイラン革命がその後押しとなった。ペルシア語学科は、朝鮮語学科同様に、新制大学発足期からその増設が要望されていた学科の一つであった。戦前よりインド語の教員であった蒲生礼一によりペルシア語や文学、その歴史・文化の研究・教育が進められており、アラビア科が設置された直後の一九六四（昭和三九）年度には概算要求としてその新設が希望されていた。

第一次オイルショック以降、中東の石油依存からの脱却を目指し、インドネシアをはじめとする非中東地域からの輸入が模索されていく一方で、依然として原油の輸入先としての中東の重要性は高かった。なかでもイランについては、一九七〇（昭和四五）年には日本の原油輸入量の約四割を占め、石油化学プラントの建設など日本企業の進出が進み、イランとの経済関係は緊密になっていった。

一九七九年度の概算要求書では、こうした経済関係強化とともに、ペルシア語がイラン、アフガニスタンの公用語として「中近東においてアラビア語に次ぐ使用人口」を有し、かつ「言語・文学・宗教・歴史・美術等の伝統と歴史」を有しているという文化面を踏まえたペルシア語学科の新設が要望された。この予算要求は通らなかったものの、ときを同じくして一九七八（昭和五三）年にイラン情勢が激変し、遂に翌年二月、イラン革命によりパフレヴィー朝が打倒されると、世間の注目は一層高まっていく。結果、翌年度の概算要求によりその新設が認められ、一九八〇（昭和五五）年四月、学生定員一五名のペルシア語学科が設置された。同年の概算要求書では「先のイラン革命後の新生イランとの関係も、以前より増して重要な関係になることは、近い将来必ずや到来するであろう」とし、その人材養成の必要性がうたわれた。

語学科の新設に尽力した坂本学長が一九八一（昭和五六）年に病没すると、学生部長であった鈴木幸壽が学長事務取扱に就任し、同年一二月第六代学長に就任した。鈴木学長のもと語学科の設置はなかったものの、東南アジアとの政治・経済関係の活性化を背景に、東南アジア諸語の教育・研究環境が整えられていく。

一九六七（昭和四二）年、バンコク宣言によりインドネシア、マレーシア、タイ、フィリピン、シンガポールの五か国が、東南アジア諸国連合（ASEAN）を結成した。日本とは、一九七三（昭和四八）年の合成ゴムの輸出問題をめぐる協議を機に関係構築が推進され、一九七七年には福田赳夫首相が東南アジア諸国を訪問し、日本・ASEAN首脳会議が開催された。同年発表された「福田ドクトリン」では、日本とASEANが対等なパートナーとなることなどが確認された。こうしたなか、一九八〇年代にビルマ語専攻とマレーシア語専攻が設置されていく。

ビルマ語専攻については、先述の通り、東京外事専門学校時代の一九四四（昭和一九）年に設置されながらも、学生募集がないまま一九四九（昭和二四）年に廃止されており、戦後からその再設置が目指されていた。ビルマとの関係は、戦後の賠償協定を経て、経済技術協力と文化交流が進んでおり、一九七六年に第一回対ビルマ援助国会議が東京で開催されたことを機に、その関係強化が図られていく。一九八一年、インドシナ語学科にビルマ語専攻が追加されることとなった。

マレーシア語専攻については、一九八一年末にマハティール首相により提起された「ルック・イースト政策」を受け、日本企業のマレーシア進出が進むなか、一九八四（昭和五九）年にインドネシア語学科にマレーシア語が追加され、インドネシア・マレーシア語学科に改組されることとなった。

第八章　国際社会を覆う東京外国語大学の教育改革

グローバル化が進展し、英語力が前提となる時代を迎え、東京外国語大学には、その「存在意義」が問われていく。さらに、少子高齢化やＩＴ化など社会の流れが大きく変わるなか、大学全体に「改革」が求められていく。東京外国語大学はいかなる改革を経たのであろうか。

第一節　冷戦の終結と大学を取り巻く環境の変化

冷戦の終結と学科の統合

一九七九（昭和五四）年末、ソ連によるアフガニスタン侵攻は、国際社会から大きな反発を招いた。侵攻に伴う軍事費の増大と経済の行き詰まりのなか、一九八五（昭和六〇）年に書記長に就任したゴルバチョフは、グラスノスチ（情報公開）を推し進めるとともに、ソ連のペレストロイカ（立て直し）を進めた。翌年四月のチェルノブイリ原発事故を機に、この改革は促進され、「新思考外交」へと転換が図られるなか、東西の緊張緩和が進行した。

改革は東欧諸国、世界にも影響を与えていく。一九八〇年代初頭から、すでにハンガリーにおいて市場経済を目指す改革や、ポーランドにおけるワレサ率いる「連帯」による民主化など改革が試みられていた。ペレストロイカの影響を受け、一九八九（昭和六四／平成元）年、ポーランド、ハンガリー、東ドイツ、ルーマニア、ブルガリア、チェコスロヴァキアといった東欧諸国において共産党政権が倒れた（東欧革命）。そして、同年一一月には東西冷戦の象徴であった「ベルリンの壁」が開放され、ついに一二月には、マルタ島においてソ連書記長のゴルバチョフとアメリカ大統領ブッシュが会談し、冷戦の終結が宣言されることとなった。他方で、ソ連国内においては、一九九〇（平成二）年に共産党一党独裁が放棄されるなか、連邦解体の動きは強まり、翌年にはソ連共産党が解散し、ソ連は消滅することとなった。

こうした東欧を中心とした国際情勢の変動を受け、東京外国語大学ではソ連崩壊の年となる一九九一（平成三）年度の概算要求において、ロシヤ語学科のロシヤ・東欧語学科への改組を要求した。『平成3年度概算要求書説明資料』には「ソ連、東欧諸国は、いま大きな変革の時代を迎えている。社会主義体制下での経済停滞、国民の民主化要求などの対策として各種の改革構想が打ち出されている」と、東欧における社会変動のなか、経済的・文化的な「国際交流がいっそう活発になる」として、言語教育を充実させる必要性がうたわれている。

加えて、概算要求書では、「我が国の高等教育機関においては、ロシヤ語を除いて東欧諸国の教育については、基盤が整備されていない状況」があるとして、ポーランド語専攻・チェコ語専攻の追加が要求された。ロシアとは異なるスラヴ世界の言語と文化の教育・研究の必要性は、長年専門家の間では指摘されており、先述の通り、一九六〇年代の概算要求のなかでも、ロシヤ語学科の拡充改組により、「セルビヤ語学文学」「チェッコ語学文学」の学科目の追加が目指されていた。また、すでに当時学内では、ポーランド語については大学院外国語学研究科スラヴ系言語専攻課程の授業科目「各個言語」「スラヴ諸語比較研究」において、チェコ語については大学院や学部の授業科目「言語学特殊研究」において教授されていた。ロシヤ・東欧語学科への改組と日本初となるポーランド語とチェコ語の教育・研究環境の整備は、国際動向を踏まえたものであると同時に、多年にわたる学内関係者の願いを叶えたものでもあった。

冷戦が終結すると、世界各地域で地域統合の動きが加速化していく。ヨーロッパでは一九九三（平成五）年マーストリヒト条約の発効により、ヨーロッパ共同体（EC）を発展的に解消し、ヨーロッパ連合（EU）が成立し、市場統合が図られていった。東南アジアでは、東南アジア諸国連合（ASEAN）が台頭し、日本との経済協力は増進されていった。そうした地域統合の強化という国際動向を踏まえ、学内では学科の統合が進められていく。

一九九二（平成四）年度には、インドネシア・マレーシア語学科とインドシナ語学科が統合され、東南アジア語学科が成立する。既存のインドネシア語、マレーシア語、タイ語、ベトナム語、ビルマ語の五つの専攻語に、新たにフィリピン語、ラオス語、カンボジア語を加え、八つの専攻語への拡充改組となった。この時設置されたラオス語、カンボジア語専攻は日本初であり、新制大学発足期に廃止されたフィリピン語については、約四〇年ぶりの復活となった。

また同年には、ペルシア語学科の内にトルコ語専攻が設置され、ペルシア語学科一年生のうち八名が主専攻語としてトルコ語を学びはじめた。翌一九九三年には、アラビア語学科とトルコ語専攻者を含むペルシア語学科が統合され、中東語学科に改組された。

なお同時期には、大学院も大きな変革期を迎えた。

すでに学内には一九六六（昭和四一）年に大学院外国語学研究科（修士課程）が、一九七七（昭和五二）年に大学院地域研究研究科（修士課程）が発足し、大学院修士課程において「言語研究」と「地域研究」が並んでいたが、博士課程の設置はなく、その設置が望まれていた。一九九二年、人文社会系の単科大学としては日本初の博士課程となった大学院地域文化研究科博士前期課程・博士後期課程が発足した。

こうした語学科の地域的枠組みへの統合と大学院の改革は、一九九五（平成七）年度の七課程三大講座への外国語学部の再編（後述）につながっていく。

キャンパス移転と将来構想

先に見たように、一九四九（昭和二四）年の新制大学発足以来、東京外国語大学にとって手狭な校舎敷地は、重大な懸案事項の一つであり、一九六三（昭和三八）年には筑波移転について現地調査を実施し、議論が行われていた。学科の増設と統合が進むなか、この長年の懸案事項であったキャンパス移転に結論が出る。一九八五（昭和六〇）年七月、文部省より、府中地区旧関東村跡地への移転が打診される。

旧関東村跡地は、現在の府中市朝日町三丁目と調布市、三鷹市にまたがる土地で、一九四一（昭和一六）年に多磨村、調布町、三鷹町の雑木林を切り開き、調布飛行場が建設された。戦後、調布飛行場はアメリカ軍に接収され、一九四六（昭和二一）年より、調布水耕農園および補助飛行場として使用されていた。なお調布水耕農園は、世界最初の水耕栽培の実用施設であった。その後、一九六三年、東京オリンピックの開催を控え、代々木にあったワシントン・ハイツに代わって、アメリカ軍人とその家族らが居住する関東村住宅地区としての利用が決まると、その名称を「関東村住宅地区及び補助飛行場」へと変えた。

一九六〇年代に入ると、近隣市である府中市、調布市、三鷹市から基地の返還要請が行われ、一九七四（昭和四九）年一二月アメリカ軍から日本政府に正式に全面返還され、跡地利用の検討がはじめられていた。

他方で、都心部の大学においては、郊外移転が一つの潮流となっていく。一九五九（昭和三四）年に工場等制限法が成立すると、都市部での大学の新設・増設が規制される。一九五〇年代に大学の都市部への集中により進学機会の地域間格差が生まれたことを受け、一九七一（昭和四六）年の中央教育審議会答申において高等教育の計画的整備の必要性が指摘される。一九八四（昭和五九）年六月、大学設置審議会大学設置計画分科会の報告「昭和六十一年度以降の高等教育の計画的整備について」において、大都市への大学等の集中を抑制し引き続き地方に重点を置いた整備を進めることが示されると、大学の郊外移転は決定的となる。幸いにして、府中市の旧関東村跡地は制限地域の対象外であった。なお、二〇〇二（平成一四）年には工場等制限法が廃止され、大学学部設置の抑制方針が撤廃されている。

文部省からの打診を受け、一九八五年一〇月、教授会において移転希望について審議が行われた。投票の結果、賛成六〇、反対一三、白票一九、無効一となり、移転希望の方針が決定され、翌月の評議会を経て正式に移転希望が表明され、以後、文部省との交渉が進められていく。学内には学長の諮問機関として、移転問題検討委員会、施設計画委員会が設置されるとともに、移転と並行して教育・研究のあり方を検討するために、教育研究組織検討委員会が置かれることとなった。この検討結果は、鈴木幸壽学長の任期満了に伴い、同年に第七代学長に就任した長幸男学長のもと、一九八八（昭和六三）年『移転統合の基本構想』（写真8－1）としてまとめられた。

『移転統合の基本構想』では、「現在のキャンパスは、そのあまりにも狭隘なスペースという点においても、諸種の環境条件においても、本学が求めるべき教育・研究施設として不十分であり」、「本学の将来を展望するとき、現在のキャンパスにおいては、今日の地球大に拡大した国際化・情報化時代に対応すべき外国語教育の改善、教育対象言語圏の拡大、国際社会の多様な発展に対応すべき地域研究諸部門の拡充、近年諸方面から要請の強い留学生の受け入れ増進や国際学術交流の促進などはほとんど不可能であり、本学が求めるべき大学院、研究所の増設や将来構想され得る学部・学科の新設ないしは改編も不可能である」として、移転統合は、将来構想の基盤とされた。

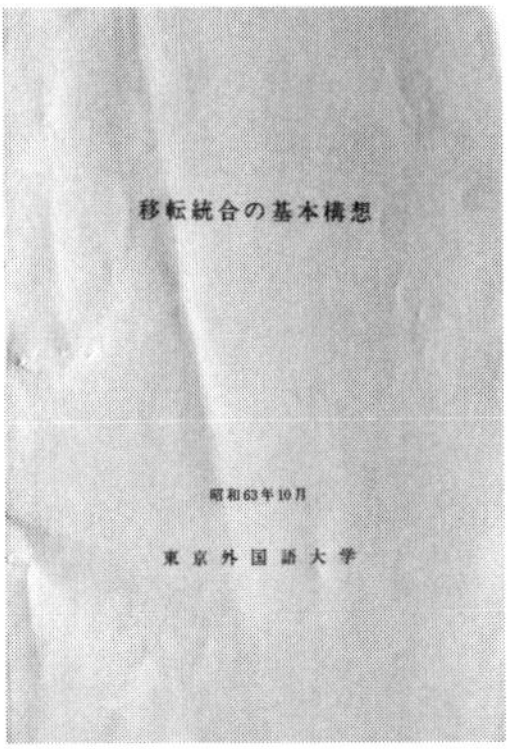

写真 8-1　『移転統合の基本構想』（1988年10月）

また新キャンパスづくりの基本方針として、「地域に根差したキャンパスづくり」「二十一世紀に向けたキャンパスづくり」「豊かな施設環境づくり」が掲げられた。具体的には多摩地区の歴史・気候・風土等地域の社会環境との調和と、野川公園、武蔵野公園、多摩川等の自然環境との整合や、国際的な研究交流の促進を目指し来日する留学生や外国人研究者等の宿泊施設の整備が計画されたほか、情報化社会や生涯学習に対応した施設整備が目指されることとなった。これらは施設計画に反映されていく。

このキャンパス移転（表8－1）については、一九八八年に閣議決定された。しかし旧関東村跡地利用を巡り、汚泥処理施設の設置や調布飛行場の恒久空港化を中心に、東京都と地元三市の協議が難航していた。そのため一九九二（平成四）年七月に調布飛行場が都営の飛行場として恒久化することが合意されるまで、大学移転の議論もまた数年の間停滞することとなる。

とくに後者の調布飛行場の恒久化問題は、「騒音」問題として、東京外国語大学にとっては移転上の課題となった。移転決定時点においては飛行場の移転が前提となっていたため、航空機騒音が「本学の使命であり、根幹である語学教育に多大な影響を及ぼすことになりかねないとの懸念」が噴出し、その実態調査が行われることとなった。結果、大学の教育に影響を及ぼすほどの騒音が発生しないことが明らかとなるが、移転上の検討課題の一つとなった。

一九九四（平成六）年には国有財産中央審議会において新キャンパスの位置・面積が決定し、学内でも将来計画検討委員会において移転計画の準備が本格的に再開される。その後、原卓也学長の任期満了に伴い、一九九五（平成七）年九月に第九代学長に就任した中嶋嶺雄学長のもと文部省との交渉が進められ、一九九六（平成八）年に入り、文部省により新キャンパス基本設計が承認される。翌年九月二六日新キャンパス起工式が催され、工事に着手することとなる。

	移転の経過
1985年11月6日	評議会において、移転希望を表明。
1986年2月10日	文部省の「国立学校の統合整備等に関する連絡調整会議」において、本学の移転について協議のうえ、了承。
1988年7月19日	「国の行政機関等の移転について」において、本学が首都機能移転の対象となる行政機関のひとつとして閣議決定。
1989年8月24日	「国の機関等移転推進連絡会議」において、本学の移転先が東京都府中市に決定。
1993年6月24日	「国の機関等移転推進連絡会議」において、本学の移転場所を東京都府中市（旧アメリカ軍）関東村住宅地区跡地に決定。
1994年6月21日	「国有財産中央審議会」において、関東村住宅地区返還国有地処理大綱を審議のうえ、新キャンパスの位置、面積(13ヘクタール)等が大臣に答申。
1996年8月18日	文部省の「国立学校の統合整備等に関する連絡調整会議」において、新キャンパス建設について1997年度工事着工が決定。
1996年8月21日	文部省の「国立学校施設計画調整会議」において、新キャンパス基本設計が了承。
1996年11月6日	評議会において、新キャンパス研究講義棟の基本設計を承認。
1997年2月18日	「国有財産関東地方審議会」において、関東村住宅地区返還国有地の一部を新キャンパス用地として本学に所管換えすることについて答申。
1997年9月26日	新キャンパス起工式を行い、工事に着手。
2000年8月11日	府中キャンパス移転。
2000年9月27日	府中新キャンパス・オープニング・セレモニー挙行。
2000年10月2日	新キャンパスにて授業開始。
2002年2月1日	アジア・アフリカ言語文化研究所が府中キャンパス移転。
2004年2月23日	留学生日本語教育センターが府中キャンパス移転。

表8-1　移転の経過

同年にまとめられた『東京外国語大学府中団地施設長期計画説明資料《抜粋》』では、東京外国語大学の教育研究対象である「外国学（世界の言語・文化・社会及び国際関係）」を推進するためには、「各専門分野だけでなく異分野間の学生及び教官との対話や世界の言語文化等に関する高等教育機関の学生、研究者との対話が重要」であるとして、「対話を核として世界に開かれたキャンパス」が、その設計コンセプトとして掲げられた。

二〇〇〇（平成一二）年、研究講義棟、附属図書館、大学会館が完成すると、同年八月一一日、府中キャンパスへの移転が達成され、同年一〇月二日、新キャンパスにおいて授業が開始される（写真8－2）。

写真 8-2　東京外国語大学府中キャンパス

九月二七日に挙行された府中新キャンパス・オープニング・セレモニーにおいて、中嶋学長は「本学は、永年の懸案であり、また悲願であった新キャンパスへの移転統合を実現しつつあるので、教職員、学生諸君はもとより、同窓生や本学関係者のすべてが喜びを分かち合っております」と述べている。

その後、二〇〇二年にはアジア・アフリカ言語文化研究所が、二〇〇四（平成一六）年には留学生日本語教育センターが移転し、全学の統合移転が達成されることとなった（表8－1）。二〇一〇（平成二二）年には、キャンパス内にアゴラ・グローバルが設置された。アゴラ・グローバル内には、プロメテウス・ホールが設けられ、入学式や卒業式等の式典、講演会、外語祭の語劇等が執り行われている。

また一九八五年から荒川区西尾久に国際交流会館が設置されていたが、府中キャンパスにおいても外国人留学生の受け入れを促進するべく、二〇〇四年に一号館、二〇〇六（平成一八）年に二号館が設置され、そして二〇一三（平成二五）年には外国人留学生と日本出身学生双方が居住し交流を深めることを目的に三号館が開設された。

こうした府中キャンパスの整備と移転完了を受け、西ヶ原キャンパスの跡地については、その大半の敷地がUR都市機構を経て、北区へと引き継がれた。跡地はその後「西ヶ原みんなの公園」と特別養護老人ホーム、高校のグラウンドになっている。その一角には「東京外国語大学西ヶ原キャンパス跡地記念碑」が設置され、二〇一三年三月にはその除幕式が行われた。

なお、府中キャンパスへの移転と同時期には、東京外国語大学創立百周年記念事業が進められており、『東京外国語大学史』の刊行のほか、「百周年記念会館」として二〇〇一（平成一三）年五月本郷サテライトが開設されている。

入試の多様化と女子学生数の増加

一九七九(昭和五四)年度に共通一次学力試験が導入されると、大学入試は多様化の時代を迎えていく。共通一次学力試験は、それまで各大学の個別学力検査において生じていた難問・奇問を排除し、高等学校の教育段階における基礎的な学習到達度を測ることが目的であり、国公立大学の志願者に対して、各大学の個別学力検査の前に五教科の同一問題を全国一斉に課すものであった。

他方で、共通一次学力試験の導入に伴い、各大学の個別学力検査の教科数はそれまでの平均五教科から二教科程度に削減された。加えて、選抜方法には面接や小論文、推薦入試等が導入され多様化していく。

東京外国語大学においても、共通一次学力試験の導入に伴い、個別学力検査は、外国語と社会(世界史)の二科目となった。そのため、一九七八(昭和五三)年度を最後に本学の個別学力試験から数学は姿を消した。個別学力検査の外国語では英語・フランス語・ドイツ語・ロシヤ語・中国語のうち一科目を選択して受験し、世界史については「近・現代を中心とし、かつ記述式を主とする」と出題範囲も限定された。その後、一九八二(昭和五七)年度より国語が復活して三科目となる。

一九九〇(平成二)年度に共通一次学力試験が大学入試センター試験に移行すると、五教科七科目（一九八七年度から原則五教科五科目）が課されていた教科数や利用の方法が、各大学の裁量に任されるようになった。このいわゆる「アラカルト方式」が導入されるなか、本学ではセンター試験を通じて外国語、国語、社会または数学の三科目を課し、本学学力検査において英語・小論文を実施する入試体制へと移行していく。

また、一九七九年度に一期校・二期校の枠組みが廃止されたことに対して、受験機会の複数化を求める声もあった。そこで、一九八七（昭和六二）年度には各大学・学部がA日程・B日程に分かれ試験を実施する「連続方式」が導入され、二つの異なる大学・学部を受験できるようになる。加えて、一九八九（昭和六四／平成元）年度からは各大学が学部の入学定員を前期と後期に分け、それぞれ試験・入学手続きを実施する「分離・分割方式」が採用され、受験機会の多様化が図られていく。本学では、一九九三（平成五）年度入試より前期・後期の二度にわたる入試が導入され、前期日程では外国語、後期日程では外国語と小論文が課されるようになった。

その後、二〇〇四（平成一六）年度以降センター試験の科目に理科が復活する（二〇〇六年度以降前期のみ）。前期日程では二〇〇六（平成一八）年度以降社会（世界史）が追加され、二〇一五（平成二七）年度からは世界史または日本史の選択が可能となる。他方で後期日程では二〇〇〇（平成一二）年度以降小論文のみが課されるようになり、二〇〇六年度以降には外

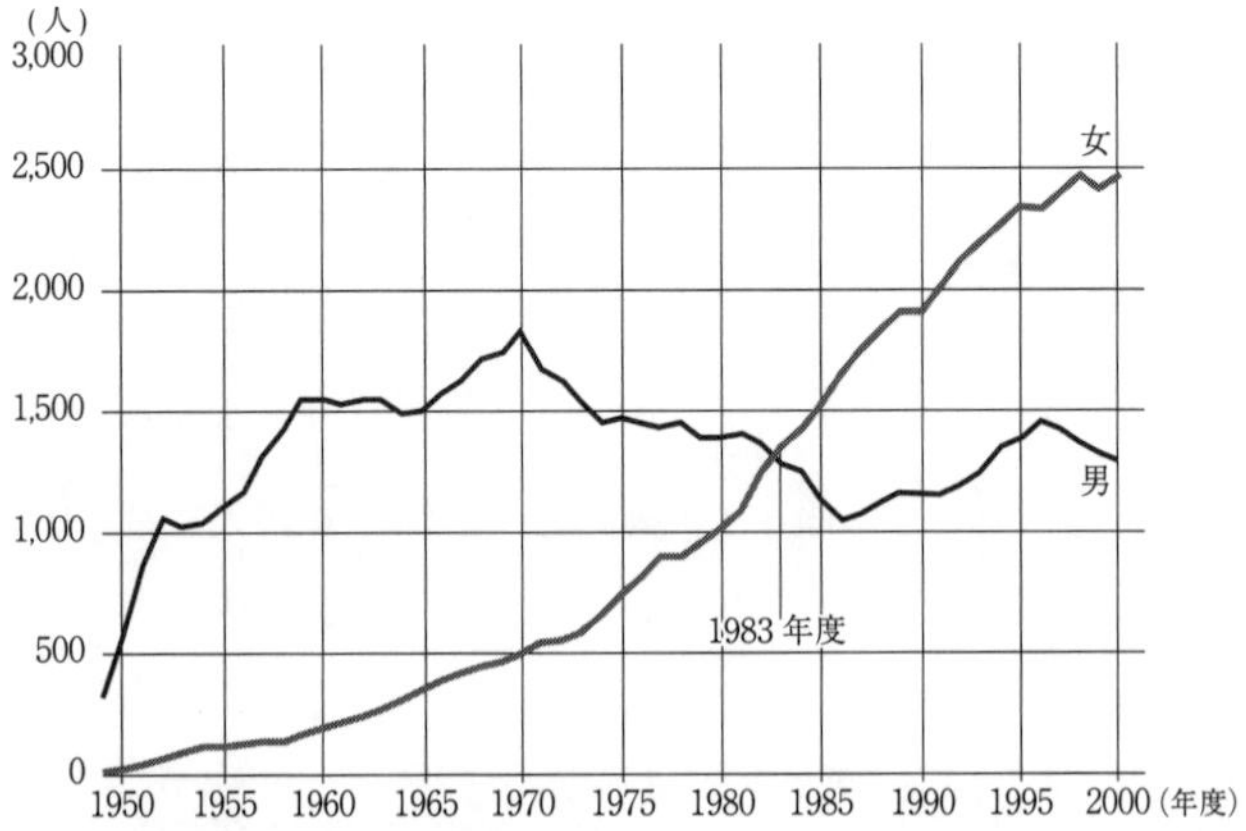

図 8-1　在籍者に占める男女の人数

国語による論述形式に変更されていく。

入試制度が刷新されていくなか、東京外国語大学の入学者・在籍者に占める男女比に大きな変化が生まれていく。戦前の東京外国語学校／東京外事専門学校の入学者は、男子学生に限定されていた。戦後、新制大学発足に伴い、女子学生の入学が認められるが、初年度となる一九四九（昭和二四）年度においては、入学志願者一〇七七人はすべて男子であった。翌一九五〇（昭和二五）年度に、初めて女子五七人が入学志願者となり、そのうち六人が入学した。この時点において入学志願者・入学者・在籍者に占める女子の割合は、それぞれ入学志願者二・二％、入学者一・八％、在籍者一・〇％に過ぎなかった。

その後、大学全体における女子学生の増加に伴い、東京外国語大学においても在籍者に占める女子学生の割合は一九六〇（昭和三五）年度に一〇・四％、一九七〇（昭和四五）年度に二〇・九％、一九八〇（昭和五五）年度に四一・九％と、年々増加していく。ついに一九八二年度には入学者に占める女子学生の割合が初めて過半数を超え（六〇・三％）、翌一九八三（昭和五六）年度には在籍者に占める男女の割合においても、女子学生が過半数（五〇・八％）を占めることとなった（図8－1）。この傾向は以後継続していく。

第二節　大学改革の時代と二学部化

高等教育改革の時代と改革の発端としての大学設置基準の大綱化

一九八〇年代を迎えると、第二次ベビーブームに伴う受験競争の低年齢化への対応など、教育環境の改善が求められるようになり、日本全体で高等教育の改革が模索されていく。中曽根康弘内閣は、一九八四（昭和五九）年三月「臨時教育審議会設置法案」を国会に提出し、総理大臣の諮問機関として臨時教育審議会を設置し、社会の変化に対応した教育のあり方について検討を進めた。そこでは高等教育全般にわたる改革課題が指摘され、一九八七（昭和六二）年からは大学審議会において改革の具体的方策が討議されていく。とりわけ大学教育においては、各大学の「個性化」が目指されることとなった。

一九九一（平成三）年に入り、大学審議会が「大学教育の改善について」の答申をまとめると、これを受けて、同年七月「大学設置基準」が改正される。

大学設置基準とは、戦後新制大学発足期の一九四七（昭和二二）年に、大学基準協会が大学設置認可の審査のために採択したもので、一九五六（昭和三一）年に入り、文部省が大学のあり方を規定するべく、文部省令として大学設置基準を制定していた。大学の組織・教員資格・学生定員・教育課程などの最低基準を定めることで、高等教育への進学者の拡大を背景に、新設が進んでいた大学に対し、一定の質的水準を要請した。他方で、この基準の存在が大学の自由な発展や改革を阻害する要因ともなっていた。

この「大学設置基準の大綱化」と呼ばれた一九九一年の改正により、大学における授業科目区分は廃止され、各大学はそれぞれの創意工夫により特色ある教育課程の編成が可能となった。同時に、この改正は各大学にその教育研究体制の「個性化」を求め、改革を促進することにつながった。これを機に、ほとんどの国立大学では教養部が廃止され、多大な労力を学内再編に費やすこととなっていく。

他方で、冷戦の終結に伴い、かつてない規模でグローバル化が進むなか、日本と諸外国との関係・交流は一層緊密となっていた。それまでの東京外国語大学は、諸外国・諸民族の言語と文化および世界の各地域・国際関係についての教育研究を担ってきたが、新たな時代に対応した「国際性を備えた人材の養成」を可能とする教育体制の確立が急務となっていく。

東京外国語大学における改革の萌芽――一九八〇～一九九〇年代初頭にはじまった改革の議論と「九十五年改革」

東京外国語大学においても、グローバル化という社会的要請に対応するため、一九八〇年代後半に入ると、改革の議論が本格化していく。一九八六（昭和六一）年・一九八七（昭和六二）年には「東京外国語大学の研究教育組織のあるべき姿をめぐって」と題した討論会が学内で開催される。そのなかで、原誠、山之内靖、増谷英樹、菅野裕臣、沓掛良彦、渡瀬嘉朗、上村忠男がそれぞれのイメージする大学像を提示していった。なかでも山之内による「国際社会学部（私案）」と題した報告では、「本学の一般諸科目に配置されている社会科学系の授業科目は、言語学・文学・地域研究を中心とする各語学科と相互補完の関係に立っている。だが、果して現在の配置は、十分に意味ある機能を果しているだろうか」と、「語学科」という語学単位を枠組みとする教育体制への疑問が投げかけられ、「国際社会学部」の設置が提案される。

一九九〇（平成二）年二月の外国語学部教授会に「学部・学科・教員組織の改編構想」案が提起される。そこでは、一学部体制のまま学科別編成を変更する案や、二学部体制案が提起される。のちの二〇一二（平成二四）年に二学部へと改組された際に、その学部名称として採用される「言語文化学部」と「国際社会学部」の名称が、この時に提起された。それ以外に名称案として、言語や人類学、文芸を学ぶ「国際教養学部」や、外交とビジネスに傾注した「国際経営学部」、地域研究に特化した「地域研究学部」、言語工学や情報工学の専攻を置く「言語科学学部」、人類学に重点を置きフィールドワーカーの養成を目指す「国際研究学部」の名称が挙げられており、様々な構想があったことがうかがえる。

改編構想のうち、とくに「国際社会学部」設置案については、その後も社会科学系教官会議において、山之内とのちに第九代学長となる中嶋嶺雄により「新学部（科）構想」として議論が重ねられていく。

大学設置基準が大綱化された翌一九九二（平成四）年、学内には将来計画検討委員会が発足し、改革構想の議論が再燃していく。東京外国語大学の場合、教養部を有していた他の国立大学とは異なり、他の国立大学が経験した教養部の廃止に伴う学内の教官配置・組織再編の混乱はなく、カリキュラムの検討を中心に改革が議論されていくことになる。

一九九三（平成五）年二月から五月にかけ、学内ヒアリングや他大学の改革状況の調査が進められ、学内の九割の教官の参加を得て、本学の現状や抱える問題点、将来計画の論点が整理されていく。調査結果をまとめた「ヒアリングの暫定的評価と将来構想モデル作成について」

（一九九三年七月一四日外国語学部教授会資料）によると、この時検討課題とされた事項は主として、①「前期および後期語学教育の現状をどのように評価し、また学生の動機づけを創出しつつそれをより効果的、かつより有用なものにするには、いかなる道があるか」という、言語教育のあり方、②前期・後期課程の一貫性の欠如の改善、③一般教育（いわゆる一般教養）と担当する一般諸科目教官の位置づけ、④語学科教官と一般諸科目教官の教育・研究上の関係性について、であった。

学内には三つの将来構想モデル作成チームが編成され、夏休みをかけ、具体的な改革案の検討が進められる。各チームのコンセプトはおよそ以下の通りであった。

①第一作成チーム：東京外国語大学の現在の研究教育体制を基本的に維持しつつ、その長所を活かし、とりわけ語学教育に焦点を置いたモデルをまとめる。

②第二作成チーム：言語教育に重心を置きつつ、専門性をより際だたせた教育研究体制を実現できるモデルを目指す。

③第三作成チーム：言語教育を基幹に据えながら、とくに語学科と専修（一般諸科目）との間の連関を抜本的に見直すことに重点を置いたモデルをまとめる。

夏休み明けの九月、各チームが作成した案は教授会に提起され、その後三チームの改革案の審議が進められていく。同年一一月、外国語学部教授会において第二作成チーム案が採用され、同案に基づいて最終案の作成が進められることとなる。改編の議論のなかで、本学の教育・研究の独自性は「言語を核とする地域文化の総合的理解」にあることが確認され、「言語」「地域」「学問的専門性(ディシプリン)」を三つの柱とした教育研究組織のあり方が模索されていく。

翌年四月には、改革最終案『東京外国語大学の改編構想について』がまとめられた。改編構想は、「従来の言語科目別の教育体制である小学科制から、地域文化研究に重点をおいた広域七課程制度に転換」するとともに、学問的専門領域を単位とする「言語・情報」「総合文化」「地域・国際」の三講座制が導入され、専門教育の充実を目指す改編が進められることとなった。

この結果、一九九五(平成七)年より、従来の一四語学科は「欧米第一」「欧米第二」「ロシア・東欧」「東アジア」「東南アジア」「南・西アジア」「日本」の七課程に再編される。教官もまたその「学問的専門性(ディシプリン)」をもとに「言語・情報」「総合文化」「地域・国際」の三講座に所属することとなった。この三大講座への教官の再編成は、従来、語科を単位に進められていた教員人事(昇進・採用)に風穴を開けることにつながり、これ以降徐々に、多様な地域や専門性に基づく教官の採用が進められ、研究領域の幅が広がっていく契機となった。

そして、学生たちは、一・二年次に専攻語とその地域について学んだ後に、語科の枠にとらわれることなく三年次から学術分野に沿った、①言語・情報、②地域・国際、③総合文化の三つのコースから選択して学ぶことが可能となった。

この一九九五年の改革は、「九十五年改革」と呼ばれ、戦後の新制大学発足以降、「語学科」を核に教育・研究が行われることで受け継がれてきた戦前の語学専門学校時代の体質を変革する機会となり、「学問的専門性（ディシプリン）」に基づく教育・研究体制が目指されていく。

「九十五年改革」以降の改革の議論と大学の法人化

東京外国語大学における「九十五年改革」は学部のカリキュラム改革を進める契機となったが、課題も残存していた。とくにグローバル化が進展するなか、国際社会で活躍できる職業人の養成が社会において求められていた。

一九九七（平成九）年、文部大臣は、少子高齢化、国際化、情報化が進み、産業構造が変化するなかで、「国際社会において主要な役割を果たしていくためには、その原動力たる国際社会で活躍できる優れた人材の確保、未来を拓く新しい知の創造に努めていくことが不可欠である」として大学審議会に「21世紀の大学像と今後の改革方策について」を諮問した。これを受け、大学審議会では国際的に評価される大学を創るため、二一世紀の大学像を明確にするべく、①大学院制度、②学部段階の改革、③大学の組織運営システムの改革、が審議されることとなった。大学審議会は翌年、「21世紀の大学像と今後の改革方策について――競争的環境の中で個性が輝く大学――（答申）」を示した。このなかで、大学院については、研究者の養成、高度専門職業人の養成と社会人の再学習、教育研究を通じた国際貢献の観点から、その整備が推進されることとなった。さらに一九九九（平成一一）年には「グローバル化時代に求められる高等教育の在り方について」が大学審議会に諮問された。翌年の答申では、外国語によるコミュニケーション能力の育成など、グローバル化時代を担う人材の教育の充実や、学生の海外派遣や留学生の受け入れの推進など、学生の国際的流動性の向上が指摘されている。

大学の一層の改革が求められるなか、東京外国語大学では、一九九九年に発足した外国語学部・大学院改革推進委員会や外国語学部教授会に、「外国語学部」「先端国際学部」の二学部案や、「広域言語学部」「世界文化学部」「国際政策学部」の三学部案、「外国語学部」のみを継続する一学部案が相次いで提起され、さらなる学部改革の議論が進められていく。当時の教授会資料によると、この改革の議論の根底には、「外語の存在感ないし存在理由を社会にどうアッピールしていくか」という問題意識があったという。またグローバル化が進展し、英語力が前提となる時代において、すでに英語をはじめとする主要な言語教育は私立大学を中心に多くの大学において進められており、そのなかでいかに東京外国語大学の存在意義を示していくのか、という点が重要課題であったと、のちに第一一代学長に就任した亀山郁夫は述べている。

教授会に提出された「学部組織改編に関する提案」によると、二〇〇〇（平成一二）年三月、前記の三案を調整した末、教授会において一度二学部案の申請にまとまった。その後、地域・国際講座の教官を中心に反対が起こり、再度改革案を検討するという混乱を経て、同年四月教授会において「現在の単一学部を複数学部」に分け、「言語・文化学部」（仮称）と「地域・国際学部」（仮称）の二学部化への改革案が審議・承認された。

改革案では、①入試は「言語・文化学部」では専攻語別に実施し、「地域・国際学部」では一括で実施すること、②「地域・国際学部」では入学半年後に「a．アジア太平洋、b．南・西アジア、c．ヨーロッパ・ロシア、d．南北アメリカの4地域」と言語を選択すること、③両学部とも「学生の一部は高度職業人養成のための五年制学部・大学院一貫コース（間地域コミュニケーションコース）に枝分かれする」こと、が挙げられた。

二〇〇〇年四月の教授会資料「学部教育の改革に案する主要な論点とスケジュール（案）」によると、取りまとめに苦労を重ねた改革案は、次年度の概算要求として申請されるが、行政改革と国立大学法人化の検討が進むなか、複数学部への改組は新たな財政的負担を意味するだけでなく、学部ごとの縦割りの弊害を生じさせるとして、文部省の承認を得るには至らなかった。翌二〇〇一（平成一三）年、遠山敦子文部科学大臣が国立大学法人化につながる「大学（国立大学）の構造改革の方針」（遠山プラン）を発表すると、学内の危機感は高まり、同年学内には将来計画検討委員会が発足され、カリキュラムや組織の再編に向けた議論が進められることになった。その後、国立大学の法人化が決定すると、学内ではその手続きや組織再編の議論に人員が割かれていく。こうした法人化に向けた組織再編に対応したのは、二〇〇一年九月に第一〇代学長に就任した池端雪浦学長であった。

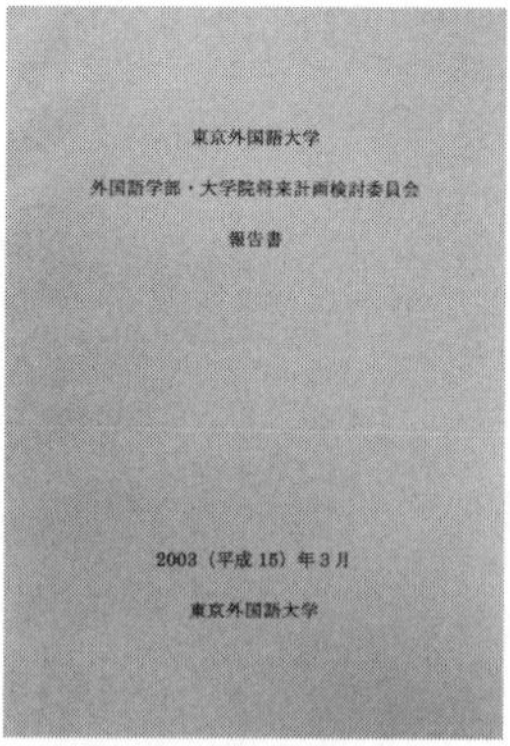
東京外国語大学

外国語学部・大学院将来計画検討委員会

報告書

2003（平成15）年3月

東京外国語大学

写真8-3　「東京外国大学外国語学部・大学院将来計画検討委員会報告書」（2003年）

二〇〇四（平成一六）年四月には、国立大学法人法に基づき国立大学法人東京外国語大学が設立された。また国立学校設置法の廃止に伴い、東京外国語大学は国立大学法人東京外国語大学が設置する国立大学となった。こうした国立大学法人化が進むなか先の二学部への改革案は立ち消えとなる。しかし、改革案のすべてが断念されたわけではなかった。議論の過程で提起された言語モジュール制と高度職業人養成のための五年制学部・大学院一貫コース（特化コース）については、その審議が継続された。

言語モジュール制の導入については、カリキュラム部会言語教育分科会により報告書『モジュール制導入に向けて』が作成された。それまで一・二年次の専攻語に関して、学年制が導入されていたことで、一学年で六コマをまとめて履修することが求められていたが、作文や読解、文法、会話のそれぞれの内容ごとに到達度別にモジュール化された言語教育プログラムを展開することが提起された。二〇〇二（平成一四）年一〇月の教授会において、その実現が了承された。

五年制学部大学院一貫コース（特化コース）については二〇〇四年入学の学生を対象に設置されることとなった。同コースに進学した学生は日本語教育学、英語教育学、言語情報工学、国際コミュニケーション・通訳、国際協力のいずれかを学び、五年間で修士論文を提出して大学院資格を得るものであった。

二〇〇七（平成一九）年九月、亀山が第一一代学長に就任する。亀山学長は、「東京外国語大学アクション・プラン２００７『世界知の輝ける殿堂』を築くために」を掲げ、「地球社会化時代にふさわしい人材養成のための学部教育の整備」を進めた。これを機に学部改革の議論は再興し、翌年には文部科学省との「入学定員」を巡る話し合いのなかで、改組の道が模索されていくこととなる。

「二学部化」に向けた議論

学部改編に向けた議論が本格化する直接の契機は、二〇一〇（平成二二）年二月二四日に文部科学省主催のもと開催された有識者会議「国立大学法人の在り方に関する意見聴取」に亀山郁夫学長が出席し、「グローバル化時代における『日本と人間』のサバイバルをかけたこんな教育戦略のもとでの人文科学の再興と21世紀型教養知の育成」と題した報告を行ったことであった。

報告では「現26専攻語体制を拡大し、流動するグローバル化時代に対応」することの必要性とともに、予算増額により、アジア・アフリカ言語文化研究所と併せ、「『世界一』の地域研究教育拠点形成が可能」と主張された。この報告を機に、のちの「二学部化」につながる学部改編の議論が開始されることとなった。

同年六月の「平成23年度特別経費（プロジェクト分）概算要求」の提出に向け、三月一九日外国語学部教授会において「外国語学部カリキュラム改編について」の報告と意見公募が行われる。意見公募に対しては教員個人・専攻・コースなどから計一二件の意見が表明され、概算要求に向けた議論が本格化することとなった。当初案では一・二年は言語で区分された一〇あるいは一一の学類で学び、三・四年に「言語文化学部」（仮称）、「国際社会学部」（仮称）に分岐する案が示された。

また学内での検討と並行して、改革の方向性についての文部科学省との協議も進められた。四月段階の資料「東京外国語大学の現代的意義〈地域研究の強化と新言語設置の必要性〉」では、政府の「新成長戦略を踏まえ、新たに重点的に取り組むことが必要な地域・言語」として「中

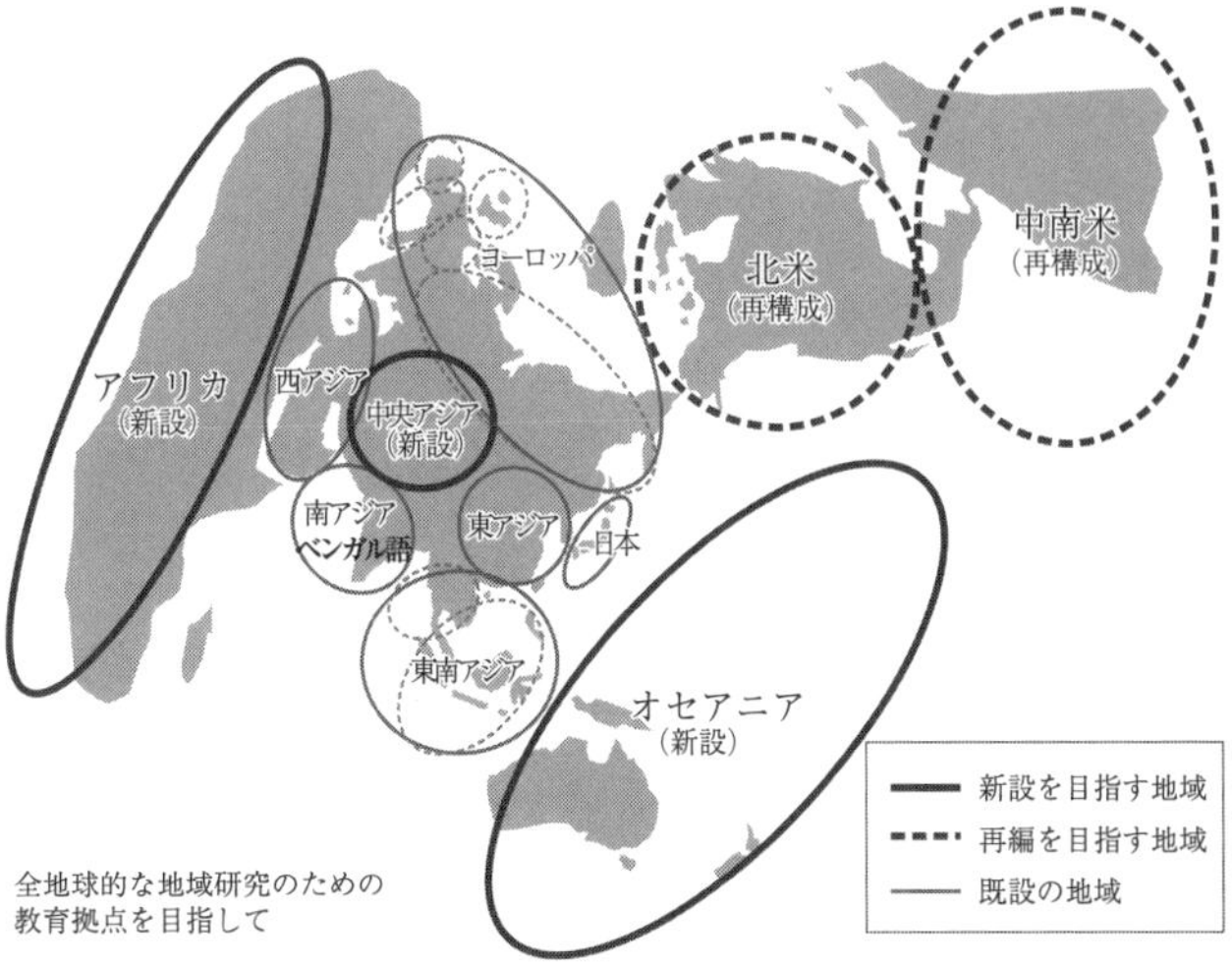

図 8-2　「平成 23 年度特別経費（プロジェクト分）概算要求」の「地域概念図」
「新たな学士課程の編成について」より作成。

央アジア」「ベンガル」が示された。また「国際戦略上、緊急に導入が必要な言語」として「ベンガル語」「スワヒリ語」「ハウサ語」「ウズベク語」「カザフ語」の必要性が主張されていく。

同二〇一〇年六月、「全地球的な地域研究に関する教育拠点の再構築」を事業名とする学部改編に向けた概算要求書が文部科学省に提出される。事業の目的として「全地球的な地域研究のための高等教育拠点の形成」がうたわれ、旧教育課程では対象としていなかったアフリカ、中央アジア、オセアニアの各地域の新設と、ヨーロッパ課程の再構成を通じた中南米諸国や北アメリカの各地域の再編成、南アジアにおける重要な言語であるベンガル語の追加が目指されていった（図8－2）。

概算要求がまとめられた一方で、教授会ではその「議論のプロセス（手順）」や改革の議論を主導する「意思決定の主体」について問題提起があった。これを受け、同年六月二九日学内に「外国語学部改編に関する検討会議」（以下改編検討会議）が発足する。以後、この改編検討会議が主体となって、学部改編に係る新学類・入試・教育目標・カリキュラムの詳細設計を進めることとなった。第一回改編検討会議では、改編検討のスケジュールとして、九月に詳細設計の方針を確定し、一一月に詳細設計に係る最終決定を外国語学部教授会で行うことが決定された。

カリキュラムの詳細案については、改編検討会議に設置された「学部改編ワーキンググループ」（以下WG）において設計された。WGは、①言語文化学部（仮称）、②国際社会学部（仮称）、③教養教育担当の三つに分かれ、各WGで検討作業を行うとともに、六度にわたる全体会を開き、その調整を進めていくこととなる。一〇月六日の外国語学部教授会においてWGの検討結果が報告された後、大学執行部との意見調整が進められ、一〇月二〇日学部企画運営会議「学部執行部と学部改編WGとのすり合わせ結果報告」が提出され、その後、これらを踏まえた学部改編案の調整が進められることとなった。

なお学部改編では「全地球的な地域研究のための高等教育拠点の形成」を目指し、対象とする地域の新設・再編が進められた。議論の過程で作成された資料には、対象地域・言語の新設・再編の根拠として、政治・経済上の「我が国の世界戦略」への貢献が掲げられた（表8－2）。

また新設する地域のうち、アフリカ、中央アジアについては、何語を両地域の言語教育の中心に据えるかについて議論が進められた。アフリカについては、当初ハウサ語あるいはスワヒリ語といった「現地語」での教育を行わないのであれば、外国語大学における地域研究とは何であるか、といった指摘も出たが、アフリカ地域の教育が「国際社会学部」に置かれ、言語は研究対象としてではなく、政治・経済・社会・歴史等を学ぶためのコミュニケーション・ツールとなること、学生の留学や就職時の必要性等を考慮し、「公用語」となる英語や、フランス語、ポルトガル語、アラビア語を重視すること、が決定された。

中央アジアについては、カザフ語、ウズベク語のどちらを中心とするか議論があったが、ウズベキスタンが西トルキスタン（旧ソ連領中央アジア）で歴史的・文化的に中核となった地域であり、ブハラ、サマルカンド、タシケントといった重要な都市を有し、ティムール朝以来の伝統があること、話者が多いこと、また担当できる人材の有無を理由に、最終的にウズベク語が選択された。

アフリカ（新設）
●アフリカ開発会議（日本政府主体で 1993 年から開催）における我が国の経済戦略の強化 ●対アフリカ直接投資額およびアフリカ諸国との貿易額の上昇 ●先端産業に不可欠な希少金属（レアメタル）等の天然資源の獲得戦略 ●我が国成長戦略の一つとしてのインフラ輸出相手国としての期待 ●アフリカ文化の魅力や歴史等を幅広く紹介する「アフリカン・フェスタ」来場者数が過去最高を記録するなど、我が国において高まるアフリカへの関心
中南米（再構成）
●伝統的に親日であることを背景に、主要課題についての連携強化 ●ブラジル、メキシコ、アルゼンチン等の国際的存在感の高まり ●我が国の世界戦略に沿った経済関係の強化（5億人の成長市場（GDP'08＝4.2兆ドル、中国と同規模、ASEAN の約3倍）。資源獲得競争激化への対応 ●「架け橋」となる日系人との連携、在日ブラジル、ペルー人に対する支援（日本で生活する外国人の総数の約2％。日系ブラジル人は30万人以上）
中央アジア（新設）
●「中央アジア＋日本」対話（2004年日本政府が立ち上げた協力枠組み）における協力の5本柱における「行動計画」（①政治対話、②地域内協力、③ビジネス振興、④知的対話、⑤文化交流・人的交流） ●世界有数の天然資源の宝庫（石油埋蔵量：カザフスタン世界第7位、ウラン埋蔵量：カザフスタン世界第2位、ウズベキスタン世界10位、その他：希少金属（レアメタル）、ボーキサイト、クローム、タングステン、リン等）
オセアニア（新設）
●政治・安全保障面の連携強化、経済成長分野における観光産業等への期待 ●域内における多くの姉妹都市交流や日本語教育支援等の人的交流 ●アジア太平洋経済協力（APEC）経済首脳の共通の宣言（ボゴール宣言） ●オセアニアを含む環太平洋地域の GDP は全世界の約5割 ●同じく貿易量および人口は全世界の約4割 ●2010年に日本を議長国として APEC 首脳会議開催
ベンガル語（新設）
●民間における経済関係の強化（日・バングラディシュ経済合同委員会の開催、現地生産拠点に加え、販売・調達拠点設立への投資の動きが活発化（繊維産業等）） ●独立以来、我が国と良好な関係（我が国は同国に対する最大援助国の一つ、1994年に南アジア諸国で初めて日本の国連安保理常任理事国入りに支持を表明） ●2006年グラミン銀行創立者ムハマド・ユヌスのノーベル平和賞受賞により国際的関心

表 8-2　地域・言語の新設・再編の根拠
「新たな学士課程の編成について」より作成。

学部改編案の検討

二〇一〇（平成二二）年一一月二日、東京外国語大学外国語学部教授会に「学部改編案」（二学部五コース〔言語文化学部二コース、国際社会学部三コース。最終的に改編時には両学部三コースの計六コースに修正〕）が提出され、採決が行われる。その結果、投票数一一六票中、賛成八二票、反対一五票、白票・無効一九票で改編案が承認された。他方で、この採択に「コース名称」や「入試実施方法」については含まれていなかった。

当初の改編構想案では、学部前期課程（一・二年次）に「世界教養部」を設け、学生は、入学時に選択した「学群（地域）」の枠内で地域言語等を学び、二年次の終わりに、言語文化学部、国際社会学部の二学部への進学を選択（進学振り分け）する計画であった（図8-3）。また入試についても、言語単位の偏差値の格差や入学辞退率の問題を解消するために、言語単位で実施されていた入試の間口を広げ、二学部一括で「地域」（学群）単位で入試を実施することを目指していた。

しかし、この「世界教養部」構想は、学部定員の管理が曖昧になるとの問題点もあり、卒業する学部は入学時の選択によることが原則との考えに基づき、最終的に入試段階から完全に二学部に分ける方針となった。

学内では一一月一〇日・一七日、一二月一日・一四日の四度にわたり「学部改編に関する説

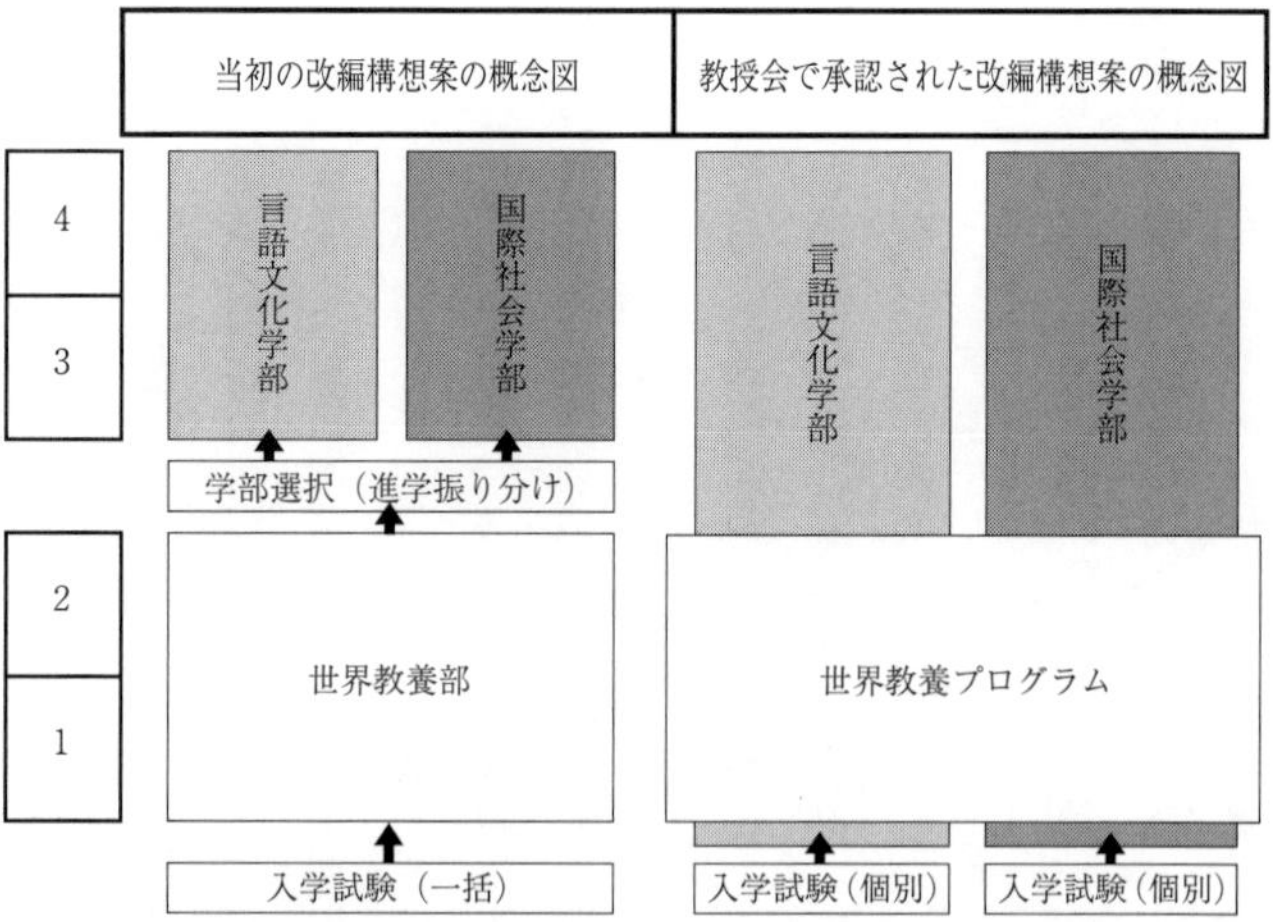

図 8-3　「2 学部入試と世界教養部との関係」（文部科学省事前相談資料）

明会」が、一二月八日には臨時教授会が開催され、入試段階からの二学部化を踏まえた学群の地域割りや入試の定員と、コース名称について議論が進められる。最終的に、一二月一五日外国語学部教授会において採決が行われ、投票数一二八票中、賛成七四票、反対三三票、白票二一票で二学部に分けた入試案が承認される。これにより言語文化学部は言語ごとに、国際社会学部は「学群」ごとに募集することとなった。

この承認を受け、文部科学省に提出する設置計画書の提出に向けた準備が進められる。また改編の骨子が固まったことで、改編検討会議およびWGは廃止され、新たに「新学部設置準備室」が設置された。

二学部化の達成へ

二〇一〇（平成二二）年一二月、次年度の概算要求の結果が発表されると、学部改編に係る概算要求に関して「ゼロ査定」（予算措置なし）となったことが発覚する。この事態に対して、亀山郁夫学長をはじめとする大学執行部は文部科学省への折衝を重ね、二〇一一（平成二三）年三月、一部予算が承認され、改編の手続きが進められることとなった。

その後、大学設置・学校法人審議会への届出の提出と設置審査を経て、同年八月、「言語文化学部」「国際社会学部」の二学部への改組が正式に認められた。

二〇一二（平成二四）年四月、東京外国語大学は、学部教育組織を再構成し、従来の外国語学部を「言語文化学部」（入学定員三七〇名、三年次編入一五名）と「国際社会学部」（入学定員三七五名、三年次編入一五名）の二学部に改編した。

言語文化学部では、世界諸地域の言語・文化に精通し、言語や文化の壁を越えたコミュニケーション能力とコーディネート能力を備え、国内外において言語間・文化間の架け橋となり、新たな価値観の創成に寄与する国際教養人の養成が、国際社会学部では、世界諸地域の複雑な仕組みを把握し、分析するリサーチ能力と、グローバルな視点から問題を解決する実践的な能力を備え、国内外において社会・政治・経済等の領域で活躍できる国際職業人の養成がそれぞれ目指された。

また学部一・二年次の教育は、当初構想にあった「世界教養部」が「世界教養プログラム」と名称を変え、両学部共通カリキュラムとして、選択した言語とその地域を巡る基礎的な教養の教育を担うこととなった（図8－4）。二年次後半から三・四年次に進むと、言語文化学部に

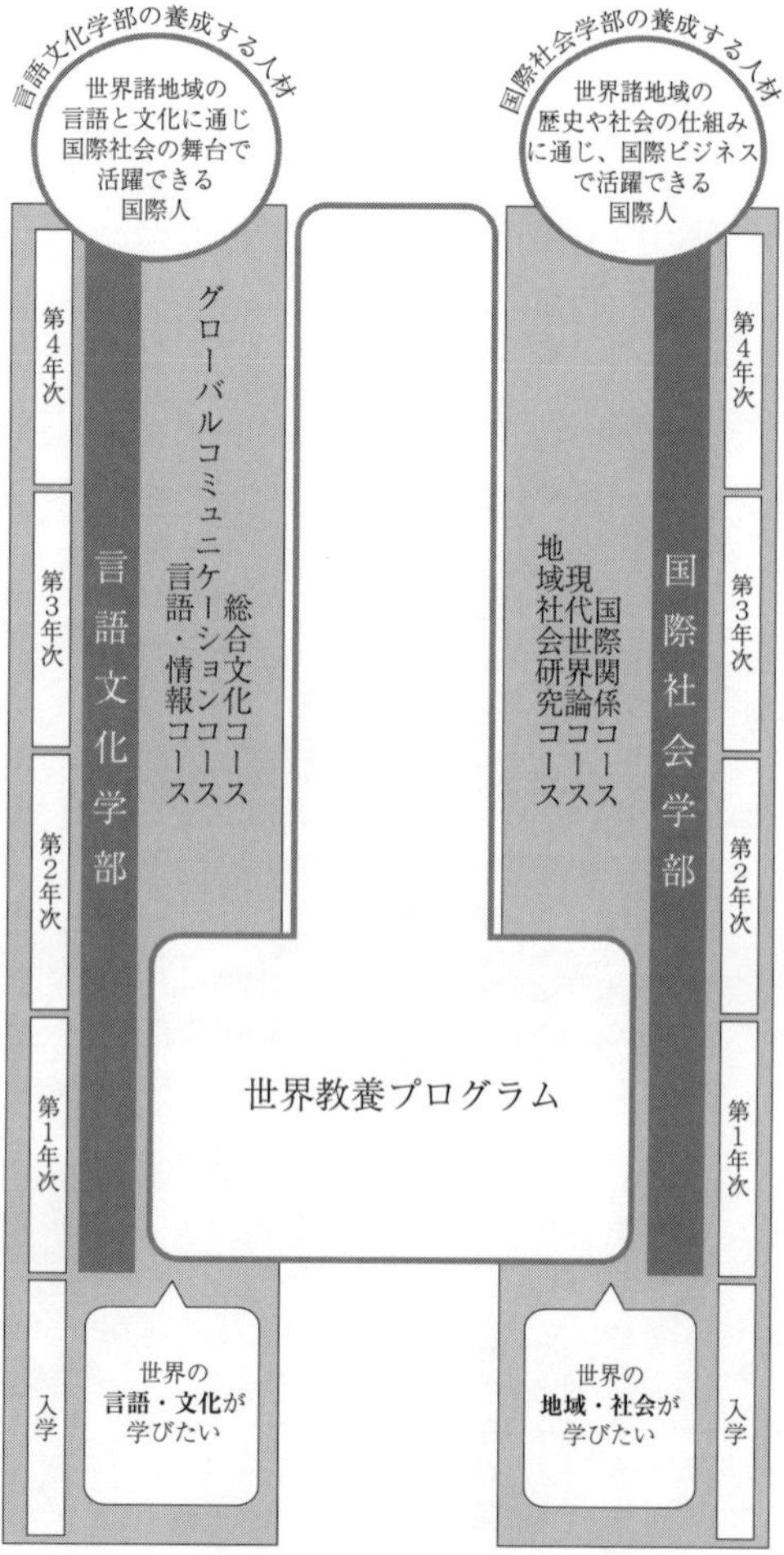

図8-4　二学部化の教育体制（『大学概要 平成24年度』より作成）

言語文化学部	
言語・情報コース	言語一般や特定の言語の構造や機能、社会や文化、人間心理などとの関係やコンピュータを用いた言語情報処理などを学ぶ
グローバルコミュニケーションコース	英語や日本語を中心にことばの教育や通訳・翻訳、多言語・多文化社会の問題などを実践的に扱う職業人を養成
総合文化コース	世界各地の文学や文化、芸術さらには人間の精神的営みやそれらを扱ううえで必要な批評理論を学ぶ
国際社会学部	
地域社会研究コース	国家間・地域間の関係を考慮しつつ、対象地域の歴史と社会を体系的に学ぶ
現代世界論コース	現代世界が直面する問題と向き合い、最先端の現代思想を介して民族問題やジェンダーなどの課題別に学ぶ
国際関係コース	社会科学の方法論を体系的に学ぶことを目的に、法学、政治学、経済学、国際関係論、国際協力論などの学問分野別に学ぶ

表8-3　各コースの内容（『大学概要 平成24年度』より作成）

置かれた①言語・情報コース、②グローバルコミュニケーションコース、③総合文化コース、と国際社会学部に置かれた①地域社会研究コース、②現代世界論コース、③国際関係コース、の計六コースにおいて、それぞれの特色を活かした専門領域について学ぶこととなった（表8−3）。

第三節　国際化の進展のなかで

「留学生10万人計画」「留学生30万人計画」と受け入れ留学生数の増加

日本における留学生数は、「21世紀への留学生政策懇談会」による提言などを受け、一九八三（昭和五八）年八月「留学生10万人計画」が発表されて以降、急激に増加した。同年には一万人程度であった留学生数は、その後急増し、一九九〇年代半ばにアジア通貨危機などの影響により一時停滞したものの、二〇〇三（平成一五）年には一〇万人を超えた。二〇〇八（平成二〇）年五月には、教育再生懇談会の第一次報告において「留学生30万人計画」に国家戦略として取り組む方針が明示され、同年七月「留学生30万人計画」が発表され、さらなる拡大が目指された。

こうした日本全体において留学生受け入れ政策が拡大されていくなか、東京外国語大学の受け入れ留学生数も増加していく。加えて、東京外国語大学では一九九六（平成八）年に将来計画検討委員会のなかに留学生問題検討分科会を設置し、その検討を進め、一九九八（平成一〇）年一〇月からはアジア・太平洋地域の諸国を中心に世界各国から学生を短期間受け入れる「ISEPTUFS（東京外国語大学国際教育プログラム、International Student Exchange Program of Tokyo University of Foreign Studies）」を開設している。また留学生の受け入れを推進するために、諸外国の大学との大学間国際交流協定の締結が促進された。

その結果、一九八三年には学部・大学院・研究生等（国費・私費を問わない）と留学生日本語教育センターにおける受け入れ留学生数は、二〇三人であったが、一九九七（平成九）年には四〇九人と倍増した。新型コロナウイルス感染症（COVID-19）に伴う緊急事態宣言が出される直前の二〇一九（平成三一／令和元）年度実績では、六六七人を数えた（表8－4）。受け入れ留

（単位：人）

区分	学部			大学院	その他	計
正規生	言語文化	57	174	252	-	426
	国際社会	53				
	国際日本	64				
研究生	言語文化	10	82	5	-	87
	国際社会	34				
	国際日本	38				
交換留学生			113	16	-	129
その他			0	0	25	25
合計			369	273	25	667

表 8-4　2019 年度実績　受け入れ留学生数
『2019〜2020 年度大学案内　概要データ 2020』より作成。

（単位：人）

地域名	学部	大学院	その他	計
アジア	247	191	7	445
中東	5	14	2	21
オセアニア	5	0	0	5
アフリカ	5	12	0	18
ヨーロッパ	43	16	9	68
ロシア連邦および NIS 諸国	23	30	2	55
北アメリカ・南アメリカ	40	10	5	55
合計	369	273	25	667

表 8-5　2019 年度実績　地域別留学生数
『2019〜2020 年度大学案内　概要データ 2020』より作成。

学生の出身地域は、その大半がアジアとなっているが、中東、アフリカ、ロシア連邦およびNIS諸国からの留学生も一定数いる（表8－5）。また提携校も二〇二一（令和三）年度には二三六大学・機関を数え、地球規模の広がりを見せている。

また二〇〇五（平成一七）年九月には、文部科学省大学国際戦略本部強化事業（二〇〇五〜二〇〇九年度）に採択され、「本学の教育研究の個性と資源を基盤としつつ、戦略性及び機動性を持った国際的な活動を推進するとともに、本部事業を通じて国際化を主導する人材の養成を図ることを目的」に、学内に国際学術戦略本部（OFIAS：Office for International Academic Strategy）が設置された。国際学術戦略本部は、海外諸機関との連携や海外研究拠点の運営を推進し、これにより海外の研究者とのネットワークの構築や外国人研究者の受け入れ体制が強化されることとなった。

日本出身学生への留学促進による「地球社会化時代にふさわしい人材」の養成

他方で、大学に対して国際社会で活躍できる国際的人材の養成が求められるなか、東京外国語大学においても日本出身学生の海外留学が推進されていく。「東京外国語大学アクション・プラン2007」では、二〇〇七（平成一九）年度より日本学術振興会の若手研究者養成事業の採択を受け開始した「若手研究者インターナショナル・トレーニング・プログラム」（IT

P-TUFS：International Training Program）の推進による「若手研究者の研究能力高度化」がうたわれた。二〇〇七年度から二〇一二（平成二四）年度にはアジア・アフリカ研究における次世代の世界的研究者を養成するためのプログラムが、二〇〇九（平成二一）度から二〇一三（平成二五）年度には非英語圏ヨーロッパ諸地域研究を対象に同様のプログラムが開始され、若手研究者の海外派遣が推進されることとなった。

「アクションプラン2009」には、「地球社会化時代にふさわしい人材を養成する教育の推進」が掲げられ、教育の国際化に向けた基盤整備の一つとして「留学促進のための環境整備」が進められることとなった。二〇一三年に第一二代学長に就任した立石博高学長は、「TUFSアクションプラン2013-2017」の冒頭において、「東京外大を、21世紀を切り拓く『対話Dialogue』と『共創Co-creation』の場に！」というスローガンを掲げ、大学の目指すグローバル人材育成の目標として「東京外大を、地球社会化時代に活躍する、卓越した教養と専門知を備えたグローバル人材養成の場に！」とした。アクションプランでは、その方策として、国際学術戦略本部の強化や海外諸機関との協定締結に加えて、「留学支援体制の強化」や「学生のニーズに応じた留学プログラムの開発・推進」が挙げられた。

折しも、このアクションプランが発表された同じ年の六月には「日本再興戦略――Japan is Back――」が閣議決定され、二〇二〇（令和二）年までに大学生の日本人留学生を当時の六万人から一二万人にまで倍増させることが目標とされる。同年一〇月、文部科学省は海外留学の促進キャンペーンである「トビタテ！留学JAPAN」を開始した。これらは東京外国語大学における日本出身学生の海外留学を後押しすることとなった。

加えて、二〇一四(平成二六)年九月二六日には文部科学省スーパーグローバル大学構想(タイプB：グローバル化牽引型)に東京外国語大学構想「世界から日本へ、日本から世界へ――人と知の循環を支えるネットワーク中核大学――」が採択された。これにより本学はネットワーク中核大学として、「多言語グローバル人材の育成」「日本の発信力の強化」「他大学の国際化への支援」を担うこととなった。この構想においては、「多言語グローバル人材の育成」計画として、受け入れ留学生を二倍とする目標とともに、日本出身学生の留学支援体制の構築により、一人二回以上留学する「留学200%」が目標として掲げられ、日本出身学生の留学促進が一層強化されていくこととなる。そして、二〇一七(平成二九)年に立石学長が学長に再選し、第二期がはじまるなか示された「TUFSアクションプラン2017－2019」においても、多言語グローバル人材の養成と「留学200%」が掲げられることとなった。

なおグローバル人材の育成に向け、「アクションプラン2009」では、「キャリア教育の推進」も掲げられている。そのなかには産業界等の人材による講義の実施とともに、「国際機関や外務省等への就職に向けた資格取得支援」が挙げられた。その具体的な方策として、二〇一〇〔平成二二〕年からは「外交官試験受験支援プログラム」が開始された。プログラム導入を決定した二〇一〇年五月の評議会の資料「外交官試験受験支援プログラムについて」によると、導入の背景には、本学から外務省への就職者、とりわけ外務省専門職採用試験合格者数が「上位にあるものの伸び悩んでいる」状況があり、経済的事情などから受験対策に必要な予備校での補習授業を受けられない学生を支援するとの目的があった。同プログラムでは「外交官を志す本学学生に対し、外交官の職務や採用試験〔外務省専門職採用試験、国家公務員I種試験〕について的確な情報提供を行うとともに、実践的な知識やスキルを習得させ、受験を支援する」ことが目指されている。

国際日本学部の設置

東京外国語大学では第六章において紹介した通り、一九五四〔昭和二九〕年に留学生別科を設置し、留学生の予備教育をはじめ、一九六八〔昭和四三〕年には外国語学部特設日本語学科を設置し、日本語と日本の政治・文化などを学ぶ留学生の受け皿となってきた。一九八五〔昭和六〇〕年には日本語学科へと改組し、日本出身学生の受け入れもはじめ、留学生と日本出身学生が共に学ぶ体制を整備してきた。その後、日本語学科は日本課程となり、二〇一二〔平成二四〕年の二学部化以降には、言語文化学部日本語、国際社会学部日本地域として、日本語・

日本地域の教育を担ってきた。

しかし、世界における日本の相対的な地位が低下し、政治・経済・文化の各方面における日本のプレゼンス向上が課題となるなか、日本の発信力強化は課題となった。加えて、グローバル化が進むなか日本社会には外国人労働者など外国にルーツを持つ人々が急速に増加しており、そうした多言語・多文化状況に対応し、共生する体制を構築するための人材育成もまた急務となった。

二〇〇九（平成二一）年、国際的な視座から日本研究の推進を目指し、本学は国際日本研究センターを設置した。二〇一五（平成二七）年には学内の日本関係教員をまとめ国際日本学研究院を発足させ、二〇一六（平成二八）年には大学院総合国際学研究科に国際日本専攻博士前期課程、二〇一八（平成三〇）年には国際日本専攻博士後期課程を設置し、国際的な視座に立った日本研究の担い手の育成を進めてきた。

こうした日本研究の蓄積を踏まえ、二〇一九（平成三一）年四月、新たな学部となる国際日本学部が設置された。これにより、本学には学部から大学院博士課程までの国際日本学の教育・研究体制が確立されることとなった。同月、第一三代学長に就任した林佳世子学長のもと、国際日本学部は、「世界の中における日本を正しく理解し、世界の人々と共生し、多文化共生の実現に貢献できる人材、また、社会の中でリーダーシップを発揮し、世界に向けて日本を発信することのできる人材」の育成を進めている。

これまで見てきたように、東京外国語大学は、一八七三（明治六）年の東京外国語学校の設置以来、一五〇年にわたって言語教育を礎としながら、世界の諸地域の政治・経済・文化に精通した人材の育成を担ってきた。東京外国語大学一五〇年のあゆみは、ときの政治に翻弄されながら紆余曲折を経てきたが、その人材育成の精神は連綿と受け継がれてきた。二〇二三（令和五）年現在、東京外国語大学は、その学則第一条において「世界の言語とそれを基底とする文化一般につき、理論と実際にわたり研究教授し、国際的な活動をするために必要な高い教養を与え、言語を通して世界の諸地域に関する理解を深めること」を目的に掲げている。グローバル化が進み、地球規模での多文化共生が当たり前となるなか、東京外国語大学が輩出してきた言語と世界の諸地域の文化に通じた人材が果たすべき役割は、より大きなものとなっている。

おわりに

本書は、一八七三（明治六）年に東京外国語学校が設置されてから一五〇周年の節目の年を迎えた二〇二三（令和五）年に周年事業の一環として刊行された。いわば東京外国語大学の「一五〇周年史」として位置づけられる。本学では、すでに一九九九（平成一一）年の独立一〇〇周年を機に、二〇〇〇（平成一二）年に『東京外国語大学史――独立百周年（建学百二十六年）記念』が刊行されており、一九九〇年代までの事象については本書と重複するところも少なくない。本書の刊行に当たっても、その内容を一八七三年に遡ったものとするか、二〇〇〇年代以降の新たな事象を中心とするか、議論があった。

しかし、本書でも触れた通り、「大学設置基準の大綱化」にはじまる一九九〇年代以降の大学改革のうねりは、本学では一九九五（平成七）年の「九十五年改革」と呼ばれる教育課程の改革にとどまらず、二〇〇〇年代以降もグローバル化への対応という形で議論が続いていき、二〇一二（平成二四）年の言語文化学部、国際社会学部の設置、二〇一九（平成三一）年の国際日本学部の設置につながっていった。とりわけ、外国語学部単独から言語文化学部、国際社会学部の二学部への転換は、一九九〇年代から続く大学改革への対応として位置づけられるだけではなく、本学が一五〇年のあゆみのなかで、言語教育を基礎としながら、世界の諸地域の文化・社会に精通した人材の育成を行っていながらも、世間からは「外国語学校」「外国語大学」として、一見すると「外国語」のみを担っていると見えてしまうという積年の「弊害」を取り除き、本学の教育・研究の「役割」をより明確にした歴史的な転換点であった、とみなすこともできる。

本書では、そうした一五〇年にわたり続いてきた外国語と地域事情に関する教育・研究機関としての本学の役割を紹介することを目指し、一八七三年の建学に遡り、その歴史的変遷を概観した。

また、二〇一二年には、先の『東京外国語大学史』編纂時に収集した歴史資料の整理・保存や、その活用、そして学内外に眠る本学関係資料の収集・整理を主たる目的に「東京外国語大学文書館」が設置された。そうした新たな資料収集、企画展の開催などを通じた関係資料の調査・研究の蓄積により、『東京外国語大学史』編纂以降、明らかとなった事象も多い。紙面の都合上、そのすべてを紹介できたわけではないが、大学文書館設置を経て、改めて一八七三年から歴史を振り返ったことには一定の意義があったと考えている。

他方で、一八七三年を起点としたことで、近年の出来事で詳述できなかった事象があることもまた事実である。例えば、本書では触れることができなかったが、二〇〇〇年代以降、大学は教育研究の領域にとどまらない様々な「危機」への対応を迫られてきた。二〇〇二（平成一四）年以降の重症急性呼吸器症候群（ＳＡＲＳ）の伝播は、本学の学生・研究者の移動に影響を与え、二〇〇八（平成二〇）年のリーマンショックに伴う円高は留学生の学生生活を脅かし、二〇一一（平成二三）年の東日本大震災の発生は学生たちの就学基盤を侵食した。そして、二〇一九（令和元）年一二月以降の新型コロナウイルス感染症（COVID-19）の流行は、地球規模での人の移動に甚大な影響を及ぼし、在学中に留学を志していた学生たちの留学（派遣・受け入れ）にも大きな影を落とした。こうしたグローバル化に伴う地球規模の「危機」は、諸外国との交流を旨とする本学の学生・研究者に、大きな被害をもたらしており、大学は対応マニュアルの策定、基金の創設、オンライン授業の環境整備など都度その対応を進めてきた。こうした「危機」への対応については、後年において改めてその検証がなされるべきであろう。

幸いにして、大学文書館は二〇一六（平成二八）年四月に国立大学法人の文書館として一〇校目となる「国立公文書館等」の指定を受け、その後二〇一九年三月、数年に及ぶ公文書（法人文書）の実態調査を踏まえ「法人文書管理規程」が改訂された。この結果、本学の歴史に係る重要な公文書は、大学文書館に受け継がれ、体系的に整理・保存され、学内外を問わず一般の閲覧に供する環境が整備された。そのため、大学文書館を活用することで、前記の事案に限らず、本書において紹介しきれなかった本学の歴史について、調査することが可能である。また本書を補完する意味で、『東京外国語大学１５０年史』（資料編）の刊行を予定している。あわせて参照されたい。

本書の執筆に当たり、学内外の本学関係資料を捜索し、その調査を行う機会を得た。調査のなかで、新たな発見がある一方で、現時点では体系的な原資料が確認できず執筆を断念した事案も数多く存在する。年史編纂とは「締切」という終わりがある一方で、その調査および関係資料の収集には終わりがない。そのため、今後も大学文書館として、関係資料の調査収集を継続的に進めていくべきであろう。

東京外国語大学文書館研究員　倉方慶明

主要参考文献・資料一覧

●全体に関係するもの

文部省『学制百年史』一九八一年

文部省『学制百年史資料編』一九八一年

東京外国語大学史編纂委員会『東京外国語大学史　独立百周年（建学百二十六年）記念』東京外国語大学出版会、二〇〇〇年

東京外国語大学史編纂委員会『東京外国語大学史　資料編一』東京外国語大学出版会、二〇〇一年

東京外国語大学史編纂委員会『東京外国語大学史　資料編二』東京外国語大学出版会、二〇〇一年

東京外国語大学史編纂委員会『東京外国語大学史　資料編三』東京外国語大学出版会、二〇〇二年

野中正孝『東京外国語学校史　外国語を学んだ人たち』不二出版、二〇〇八年

※東京外国語大学史編纂委員会『東京外国語大学史　資料編一』・『東京外国語大学史　資料編二』・『東京外国語大学史　資料編三』所収の資料については、以下のように記載する。

例　『東京外国語大学史　資料編二』所収の場合：『資料編二』所収

※東京外国語大学が保有する法人文書ファイルに含まれている資料および東京外国語大学ウェブサイトに掲載された資料については「本学所蔵」・「本学ウェブサイト掲載」と記載する。

●第一章

「飯田町駿河台　小川町絵図（嘉永三年尾張屋版）」一八五〇年（国立国会図書館所蔵）

『和蘭文典前編』江都・須原屋伊八ほか、一八五七年（原書 *Grammatica of Nederduitsche spraakkunst*, Uitgegeven

door de Maatschappij tot Nut van't Algemeen. 2. Druk. Leyden, D. Du Mortier en Zoon, 1822)
『和蘭文典後編』作州・箕作氏蔵版、一八四八年（原書 *Syntaxis, of woordvoeging der Nederduitsche taal*, Uitgegeven door de Maatschappij tot Nut van't Algemeen. Leyden, D. Du Mortier en Zoon, 1810）
加藤弘蔵「蕃書調所に就いて」『史学雑誌』一九〇九年
東京外国語学校『東京外國語學校沿革』東京外国語学校、一九三二年（『資料編一』所収）
東京大学百年史編集委員会『東京大学百年史 通史一』東京大学、一九八四年
原平三『幕末洋学史の研究』新人物往来社、一九九二年
宮地正人「混沌の中の開成所」『学問のアルケオロジー』東京大学出版会、一九九七年

●第二章

「支那語学所取設ノ儀伺」（国立公文書館所蔵『公文録・明治三年・第五十二巻・庚午五月・外務省伺』所収、請求番号：公00366100-00100）
「外務省漢洋語学所ヲ福岡藩邸ニ設ク」（国立公文書館所蔵『太政類典太政類典草稿太政類典草稿・第一編・慶応三年～明治四年・第百二十七巻・学制・学校建置』所収、請求番号：太草00128100-087）
「外務省洋語学所ヲ設ク」（国立公文書館所蔵『太政類典太政類典草稿太政類典草稿・第一編・慶応三年～明治四年・第百二十六巻・学制・学制第二』所収、請求番号：太草00127100-057）
「魯人ロセレウイチ語学所へ御傭ノ儀伺」（国立公文書館所蔵『公文録公文録・明治四年公文録・明治四年・第三十三巻・辛未一月～二月・外務省伺』所収、請求番号：公00485100-024）
「米人ジョートン語学所へ御傭ノ儀伺」（国立公文書館所蔵『公文録公文録・明治四年公文録・明治四年・第三十三巻・辛未一月～二月・外務省伺』所収、請求番号：公00485100-033）
「七十三号外務省附属外国語学所文部省管轄ノ旨布達」（国立公文書館所蔵『公文録公文録・明治六年公文録・明

治六年・第五十巻・明治六年五月・文部省伺一』所収、請求番号：公00780100-032）
「語学所生徒ヲ試験ス」（国立公文書館所蔵『太政類典太政類典・外編太政類典・外編・明治四年～明治十年・学制・租税・理財』所収、請求番号：太00873100-026）
「第五十七号学制二編追加ノ条」（国立公文書館所蔵『公文録公文録・明治六年公文録・明治六年・第四十九巻・明治六年四月・文部省伺目録（布達二十三通）』所収、請求番号：公00779100-031）
「外国語学校教則并改正・二条」（国立公文書館所蔵『太政類典太政類典・第二編・明治四年～明治十年太政類典・第二編・明治四年～明治十年・第二百四十四巻・学制二・教員制置及属員学制二』所収、請求番号：太00467100-012）
『文部省第一年報　明治六年』一八七五年（『資料編一』所収）
『文部省第二年報　明治七年』一八七五年（『資料編一』所収）
『文部省往復及同省直轄学校往復』一八七四～一八七五年（『資料編一』所収）
「1875～78年の仏語成績表」一八七五～一八七八年（資料番号：大学史ロ7-1-42）
「東京英語学校設立」（国立公文書館所蔵『太政類典太政類典・第二編・明治四年～明治十年太政類典・第二編・明治四年～明治十年・第二百四十五巻・学制三・学校』所収、請求番号：太00468100-060）
『文部省第四年報　明治九年』一八七七年（『資料編一』所収）
『文部省第六年報　明治十一年』一八七九年（『資料編一』所収）
「東京外國語學校ノ所属トシテ該校内ニ商業学校ヲ設置スルノ儀ニ付上申」（国立公文書館所蔵『公文録公文録・明治十七年公文録・第百七巻・明治十七年一月～六月・文部省』所収、請求番号：公03771100-006）
『東京外国語学校一覧畧　本校所属高等商業学校規則　明治十七、八年』一八八四・一八八五年
「東京外国語学校所属高等商業学校及東京商業学校合併ノ件」（国立公文書館所蔵『公文録公文録・明治十八年公文録・明治十八年・第八十九巻・明治十八年七月～十二月・文部省』所収、請求番号：公03984100-034）

「東京外国語学校同校所属高等商業学校及東京商業学校ヲ合併シテ東京商業学校ト称ス」（国立公文書館所蔵『公文類聚公文類聚・第九編・明治十八年公文類聚・第九編・明治十八年・第十六巻・租税・租税総・徴収諸規、学政・学政総〜雑載』所収、請求番号：類00241100-041）
『文部省第十三年報 明治十八年』一八八五年（『資料編一』所収）
藤村義苗「旧外国語学校時代」坪内逍遥・内田魯庵編輯『二葉亭四迷』易風社、一九〇九年
東京外国語学校『東京外国語学校沿革』東京外国語学校、一九三二年（『資料編一』所収）
河野磐城『大田黒重五郎翁口述 思ひ出を語る』大田黒重五郎翁逸話刊行会、一九三六年
内田魯庵「二葉亭四迷の一生」『内田魯庵全集3』ゆまに書房、一九八三年
安西敏三校訂『平生釟三郎自伝』名古屋大学出版会、一九九六年

●第三章

『清国ニ対シ宣戦・御署名原本・明治二十七年・詔勅八月一日』（国立公文書館所蔵、請求番号：御01620100）
「大本営より清語通訳官身分取扱の件（勅令）」（防衛省防衛研究所所蔵『明治二十七八年戦役日記 甲』所収、アジア歴史資料センター：C06022124100、請求番号：陸軍省-日清戦役日記-M28-17-93）
「二月四日 第四師団参謀長原口兼済発 大本営副官大生定孝宛 清国通訳官下士卒教育方到底為し能はざる旨回答」（防衛省防衛研究所所蔵『臨着書類綴 庶』所収、アジア歴史資料センター：C06061400700、請求番号：大本営-日清戦役書類綴-M28-17-143）
『日清両国媾和条約及別約・御署名原本・明治二十八年・条約五月十日』（国立公文書館所蔵、請求番号：御02085100）
「外国語学校設立ニ関スル建議案」（「貴族院議事速記録第四号」『官報号外』一八九六年一月一四日所収）
「外国語学校設立ノ建議案」（「衆議院議事速記録第九号」『官報号外』一八九六年一月一七日所収）

大村仁太郎「帝国外国語学校設立趣意書ノ綱要」『教育時論』第三九一号、一八九六年
「文部省直轄諸学校官制中ヲ改正ス」（国立公文書館所蔵『公文類聚公文類聚・第二十一編・明治三十年公文類聚・第二十一編・明治三十年・第十巻・官職四・官制四・官制四（司法省・文部省・農商務省・逓信省）』所収、請求番号：類00780100-003）
『高等商業学校一覧　従明治三十年至明治三十一年』一八九八年
「同窓会の創立を賀し併せて委員諸氏の労を謝す」『外国語学校同窓会会報』第一号、一八九八年
『日本帝国文部省第二十七年報　自明治三十二年至明治三十三年』〜『日本帝国文部省第三十三年報　自明治三十八年至明治三十九年　上巻』一九〇〇〜一九〇七年（『資料編一』所収）
「一年級諸氏に告ぐ」作成年不明（周南市立中央図書館所蔵）
「東京外國語学校第一回卒業生諸氏を送る」一九〇〇年（周南市立中央図書館所蔵）
『校友會雑誌』第一号、一九〇〇年
『日本帝国文部省第二十九年報　自明治三十四年至明治三十五年』一九〇二年（『資料編一』所収）
『日本エスペラント』第一巻第四号、一九〇六年
『教育学術界』第一四巻第二号、一九〇六年
『語学』第一号、一九〇六年
浅田みか子編『淺田榮次追懐録』浅田みか子、一九一六年
片山寛編『浅田先生遺稿英文日誌』文会堂、一九一六年
石川文吾「創立当時の外国語学校（其一）」『外語同窓會誌』第七二号、一九四一年
徳山大学総合経済研究所編集委員会編『総研レビューNo.8　黎明の英学者　浅田栄次』徳山大学総合経済研究所、一九九五年
初芝武美『エスペラント運動史』日本エスペラント学会、一九九八年

冨田哲『植民地統治下での通訳・翻訳――世紀転換期台湾と東アジア』致良出版社、二〇一三年
岡本真希子「日清戦争期における清国語通訳官――陸軍における人材確保をめぐる政治過程」『国際関係学研究』第四五号、二〇一八年

●第四章

『日本帝国文部省第三十二年報　自明治三十七年至明治三十八年』一九〇四～一九〇五年（『資料編一』所収）
「彙報　日露戦役中の東京外国語学校（明治三十七八年戦役中に於ける本校の情況）」『校友會雑誌』一九〇六年（『資料編一』所収）
竹越與三郎『南国記』二酉社、一九一〇年
『日本帝国文部省第二十七年報　自明治三十二年至明治三十三年』～『日本帝国文部省第三十九年報　自明治四十四年四月至明治四十五年三月　上巻』一八九九～一九一二年（『資料編一』所収）
「名古屋商業会議所会頭開申外国語学校設立建議ノ件」（国立公文書館所蔵『公文雑纂公文雑纂・明治三十八年公文雑纂・明治三十八年・第百七巻・建議三』所収、請求番号：纂00969100）
『日本帝国文部省第三十六年報　自明治四十一年至明治四十二年』～『日本帝国文部省第四十七年報　自大正八年四月至大正九年三月　上巻』一九〇八～一九一八年（『資料編一』所収）
滝村立太郎「戦争と母校」『外語同窓會誌』第五〇号、一九三八年
八杉貞利「貝加爾日記」『ろしや路』図書新聞社、一九六七年
『日本帝国文部省第四十二年報　自大正三年四月至大正四年三月　上巻』～『日本帝国文部省第五十一年報　自大正十二年四月至大正十三年三月　上巻』一九一四～一九二四年（『資料編一』所収）
「貴族院予算分科会議速記録抜粋」『会報』第一号、一九一九年（『資料編一』所収）
「外国語学校校名存続ニ関スル質問」（『衆議院議事速記録第十九号』『官報号外』一九一八年三月六日、『資料編一』

所収）
『東京外国語学校一覧　従明治四十四年至明治四十五年』一九一一〜一九一二年（『資料編一』所収）
「年限延長運動の経過」『英語科同窓会会報』第一七号、一九二一年（『資料編一』所収）
「東京外国語学校修業年限延長ニ関スル建議案」（「衆議院議事速記録第三十号」『官報号外』一九二一年三月一九日、『資料編一』所収）
『東京外国語学校一覧　昭和二年度』一九二七年（『資料編一』所収）
長屋校長「内容充実に就て」『校友會雑誌』一九二〇年（『資料編一』所収）
『メドレー先生を偲ぶ』メドレー先生を偲ぶ会、一九七五年

●第五章
『文部省第一年報　明治六年』〜『文部省第十二年報　明治十七年』一八七五〜一八八四年（『資料編一』所収）
『東京外国語学校一覧　従明治三十年至明治三十一年』〜『東京外国語学校一覧　昭和十二年度』一八九九〜一九三七年（『資料編一』所収）
『日本帝国文部省第四十八年報　自大正九年四月至大正十年三月　上巻』〜『日本帝国文部省第六十五年報　自昭和十二年四月至昭和十三年三月　上巻』一九二〇〜一九三八年（『資料編一』所収）
『東京外語スペイン語部八十年史――内外活動異色ドキュメント』「東京外語スペイン語部八十年史」刊行会、一九七九年
島崎愛之助「説苑　偶感」東京外語露西亜会『会報』第六号、一九二八年
『外語同窓會誌』第六号・第三五号・第三六号・第三八号・第四〇号・第四六号、一九三五年・一九三七〜一九三八年
守田基礎「答辞〔東京外国語学校出陣学徒壮行会答辞、一九四三年一一月一五日〕」（資料番号：戦後70周年調査

資料）

「瀬田万之助」日本戦歿学生手記編集委員会編『きけ　わだつみのこえ　日本戦歿学生の手記』東大協同組合出版部、一九四七年

「勅令第百六十五号〔東京外国語学校の東京外事専門学校への改称、一九四四年三月二八日〕」（『資料編一』所収）

「文部省令第二十九号〔官立外事専門学校規程の公布、一九四四年四月二六日〕」（『資料編一』所収）

「種類別官立専門学校規程制定ニ関スル件〔一九九四年六月二四日〕」（『資料編一』所収）

「東京外事専門学校学則〔一九四四年年四月一日制定〕」（『資料編一』所収）

『昭和十九年八月起　仝廿四年十二月迄　掲示及教官通知案』一九四四〜一九四九年（資料番号：大学史ロ7-1-15）

原卓也「広い！西ヶ原」『東外大ニュース』No.105、二〇〇〇年（資料番号：大学史ロ4-1-94）

千葉勉・千葉亨・堀憲義『千葉勉の仕事と思い出』千葉亨、一九六四年

前川喜久雄・本多清志「千葉・梶山の『母音論』について」『音声研究』第五巻第二号、二〇〇一年

吉沢典男教授追悼論文集編集委員会編『吉沢典男教授追悼論文集』東京外国語大学音声学研究室、一九八九年

●第六章

『連合国軍最高司令官に提出されたる米国教育使節団報告書〔一九四六年三月三〇日〕』（国立公文書館所蔵、請求番号：昭57総00130100）

「学校系統図　大正８年」文部省『学制百年史　資料編』一九八一年

「学校系統図　昭和24年」文部省『学制百年史　資料編』一九八一年

『学校昇格準備委員会綴』一九四七〜一九四九年（資料番号：大学史ロ7-1-2）

『大学設置申請書』一九四八年（資料番号：大学史ロ7-1-48）

『大学昇格上申書類綴』一九四八年（資料番号：大学史ロ7-1-49）

「教育刷新委員会・第十一特別委員会速記録（一九四八年十二月三日）」（『資料編二』所収）
「外国事情の研究を目的とする教育機関設置の必要（教育刷新委員会第九十回総会採択『外国語教育について』の一部）」（国立公文書館所蔵『第三次吉田内閣次官会議書類綴（その一）昭和二四年二月一七日～昭和二四年二月二八日』所収、請求番号：平14内閣00061100）
「東京外国語大学学則（一九四九年六月一日制定）」（『資料編二』所収）
「昭和二十四年度東京外国語大学入学者手引き（七月九日交付）」『昭和二十四年一月起 新制大學に関する綴』一九四九年（資料番号：2019–教追–059）
「制度委員会答申」『昭和二十四年十一月より仝二十五年十一月まで 大学講座編成に関する綴』一九五〇年（資料番号：2019–教追–060）
「教授法研究会中間報告書」『昭和二十四年十一月より仝二十五年十一月まで 大学講座編成に関する綴』一九五〇年（資料番号：2019–教追–060）
「現行制度修正案（制度委員会昭二五・八・二四）」『昭和二十四年十一月より仝二十五年十一月まで 大学講座編成に関する綴』一九五〇年（資料番号：2019–教追–060）
河部利夫「地域学について」東京外国語大学『東京外国語大学論集』第一号、一九五一年
「海外からの留学生受け入れについて（照会）（一九五三年九月二五日）」（『資料編二』所収）
「国費外国人留学生制度により東南アジア諸国から来朝する留学生の受入れについて（依頼）（一九五四年六月二二日）」（『資料編二』所収）
「東京外国語大学留学生別科規程（一九五四年七月七日制定）」（『資料編二』所収）
「研究所の発足にあたって」海外事情研究所『月報』第一号、一九五四年
佐藤純一「留学生別科の現況」『学報』第一七号、一九五八年
「留学生課程の設置について（一九五九年九月）」（『資料編二』所収）

「日本語教育の改善充実に関する方策について（案）〔「外国人留学生教育に関する調査研究会議」の文部省への答申、一九六五年八月三〇日〕」（『資料編二』所収）
「日本語学部設置計画案〔日本語学部設置準備委員会記録の一部、一九六六年二月一八日〕」（『資料編二』所収）
菊池武弘・窪田富男・国松昭・松田徳一郎『特設日本語学科の構想と問題点』一九六九年
窪田富男「特設日本語学科の歩み」『特設日本語学科年報一』一九七八年
「特設日本語学科から日本語学科へ」『特設日本語学科年報九』一九八五年
澤田寿夫編『澤田節蔵回想録』有斐閣、一九八五年

●第七章

「寮則〔一九三二年度〕」『東京外国語学校一覧 昭和7年度』一九三二年
『大学設置申請書』一九四八年（資料番号：大学史ロ7-1-48）
「昭和28年度学生募集要項」（資料番号：大学史ロ4-3-133）
『学報』第一〇号、一九五五年
「昭和31年度入学試験に関する綴〔一九五六年度〕」（資料番号：2019-教追-054）
『昭和二十五年度概算書〔一九五〇年度〕』（資料番号：2020-会追-001）
『昭和32年度概算要求書〔一九五七年度〕』（資料番号：2020-会追-001）
『昭和33年度概算要求書〔一九五八年度〕』（資料番号：2020-会追-001）
『昭和34年度概算要求書〔一九五九年度〕』（資料番号：2020-会追-003）
『昭和35年度概算要求書〔一九六〇年度〕』（資料番号：2020-会追-003）
『昭和36年度概算要求書〔一九六一年度〕』（資料番号：2020-会追-003）
「アジア・アフリカ言語文化研究センターの設立について（勧告）〔日本学術会議第三三回総会、一九六一年五月

二四日）」

「報道・出版系に殺到　就職　もう六割が内定か」『東京外国語大学新聞』第六四号、一九六一年

『昭和37年度概算要求書（一九六二年度）』（資料番号：2020‒会追‒003）

黒柳恒男「日新寮の思い出」『にっしん4』一九六三年

『昭和39年度概算要求書（一九六四年度）』（資料番号：2020‒会追‒004）

「アジア・アフリカ言語文化研究センターの新設（共同利用施設）」『昭和39年度概算要求書（一九六四年度）』（資料番号：2020‒会追‒004）

文部省通達「学寮における経費の負担区分について（一九六四年二月一八日）」（『資料編二』所収）

文部省通達「〇〇大学学寮管理運営規則（一九六四年八月）」（『資料編二』所収）

『昭和40年度概算要求書（一九六五年度）』（資料番号：2020‒会追‒005）

オリンピック東京大会組織委員会『オリンピック東京大会資料集　資料編3渉外部』一九六五年

「外語大の就職状況　多岐にわたる進路『就職六大学』の一翼担う」『東京外国語大学新聞』第九七号、一九六五年

『昭和41年度概算要求書（一九六六年度）』（資料番号：2020‒会追‒006）

「外語大の就職　もてはやされる希少価値　求人は英米科がトップ」『東京外国語大学新聞』第一一一号、一九六七年

「9・21大衆団交確認書（一九六八年九月二一日）」（『資料編二』所収）

全学共闘会議「全学生の意志を問う（一九六八年一〇月三日）」（『資料編二』所収）

東京外国語大学長小川芳男・同教授会代表委員会「全学生諸君への提案（一九六八年一二月一二日）」（『資料編二』所収）

東京外国語大学長小川芳男・同教授会代表委員会「二月一日教授会決議に関して学生諸君に訴える（一九六九年二月五日）」（『資料編二』所収）

「改革準備委員会の動き」『東外大ニュース』No.1、一九六九年
「東外大改革準備委員会（第一委員会）答申案〔一九六九年八月一五日〕」（『資料編三』所収）
「日新学寮問題特集」『東外大ニュース』No.20–No.22、No.25–No.26、No.28、一九七五〜一九七七年
『昭和52年度 国立学校概算要求重点事項等説明資料〔一九七七年度〕』（資料番号：2020–会追–016）
「就職」『東京外国語大学新聞』第一五七号、一九七七年
河合弘『友、新美南吉の思い出』大日本図書株式会社、一九七三年
「教授会記録」第三七号・第六一号、一九七四年・一九七六年（資料番号：2019–教追–008）
『昭和51年度概算要求書〔一九七六年度〕』（資料番号：2020–会追–015）
『昭和52年度概算要求書〔一九七七年度〕』（資料番号：2020–会追–016）
『昭和55年度概算要求書〔一九八〇年度〕』（資料番号：2020–会追–017）
新美南吉著・渡辺正男編『新美南吉・青春日記１９３３年東京外語時代』明治書院、一九八五年
新美南吉記念館編『生誕百年 新美南吉』新美南吉記念館、二〇一二年

●第八章

「学生募集要項〔一九五二〜二〇〇六年度〕」（資料番号：大学史ロ4–3–131〜134、本学所蔵）
『移転統合の基本構想』一九八八年（資料番号：大学史ロ4–2–23）
『平成３年度歳出概算要求書説明資料〔一九九一年度〕』（資料番号：2020–会追–022）
『平成４年度歳出概算要求書説明資料〔一九九二年度〕』（資料番号：2020–会追–023）
『東京外国語大学府中団地施設長期計画説明資料《抜粋》』一九九六年（『資料編三』所収）
「府中新キャンパス・オープニング・セレモニー　中嶋嶺雄学長挨拶〔二〇〇〇年九月二七日〕」（『資料編三』所収）
「ヒアリングの暫定的評価と将来構想モデル作成について〔外国語学部教授会資料、一九九三年七月一四〕」（『資

料編三』所収）
山之内靖「国際社会学部の使命（私案）（一九八六年一一月一九日）」（『資料編三』所収）
「第一チーム将来構想モデル　第一次ドラフト要旨（一九九三年九月二二日）」『改革案』（資料番号：2019-教追-188、『資料編三』所収）
「第二作業チーム作成　第一次ドラフト（一九九三年九月二二日）」『改革案』（資料番号：2019-教追-188、『資料編三』所収）
「第三チーム改革案　第一次ドラフト（一九九三年九月二〇日）」『改革案』（資料番号：2019-教追-188、『資料編三』所収）
「東京外国語大学の改編構想について」『改編構想（将来計画検討委員会・カリキュラム小委員会）』一九九四年（資料番号：2019-教追-189）
「学部組織改編に関する提案（外国語学部教授会資料、二〇〇〇年四月一九日）」『学部改編関係資料』二〇〇〇年（本学所蔵）
「東京外国語大学外国語学部・大学院将来計画検討委員会報告書（二〇〇三年三月）」『学部改編関係資料』二〇〇三年（本学所蔵）
亀山郁夫「グローバル化時代における『日本と人間』のサバイバルをかけたこんな教育戦略のもとでの人文科学の再興と21世紀型教養知の育成（文部科学省「国立大学法人の在り方に関する有識者からの意見聴取（第二回）」での報告レジュメ、二〇一〇年二月二四日）」『平成24年度外国語学部改組』（本学所蔵）
「学部長報告（外国語学部教授会資料、二〇一〇年三月一九日）」『平成24年度外国語学部改組』二〇一〇年（本学所蔵）
「東京外国語大学の現代的意義〈地域研究の強化と新言語設置の必要性〉（概算要求に係る文部科学省との打合せ資料、二〇一〇年四月八日）」『平成24年度外国語学部改組』二〇一〇年（本学所蔵）

「平成23年度概算要求説明資料（二〇一〇年六月一七日）」『外国語学部改編関係 平成22年7月～12月』二〇一〇年（本学所蔵）
「学部執行部と学部改編WGとのすり合わせ結果報告（コース会議資料、二〇一〇年一〇月二〇日）」『外国語学部改編関係 平成22年7月～12月』二〇一〇年（本学所蔵）
「新たな学士課程の編成について（学部改編に関する打合せ資料、二〇一〇年一一月一一日）」『外国語学部改編関係 平成22年7月～12月』二〇一〇年（本学所蔵）
「2学部入試と世界教養部との関係（11／30文部科学省へ説明した枠組みの概念図）（改編に関する説明会資料、二〇一〇年一二月一日）」『外国語学部改編関係 平成22年7月～12月』二〇一〇年（本学所蔵）
「事前伺いの結果について（二〇一一年六月一六日）」『平成24年度外国語学部改組』二〇一一年（本学所蔵）
「事前伺いの結果について（二〇一一年八月二三日）」『平成24年度外国語学部改組』二〇一一年（本学所蔵）
『大学概要 平成24年度』二〇一二年（本学ウェブサイト掲載）
「東京外国語大学アクション・プラン２００７」二〇〇七年（本学ウェブサイト掲載）
「アクションプラン２００９」二〇〇九年（本学ウェブサイト掲載）
「ＴＵＦＳアクションプラン２０１３‐２０１７」二〇一三年（本学ウェブサイト掲載）
「ＴＵＦＳアクションプラン２０１７‐２０１９」二〇一七年（本学ウェブサイト掲載）
「平成31年度設置国際日本学部設置計画の概要等（二〇一九年度）」二〇一九年（本学ウェブサイト掲載）
『２０１９～２０２０年度大学案内　概要データ２０２０』二〇二〇年（本学ウェブサイト掲載）

略年表——東京外国語大学と近現代日本のあゆみ

西暦	和暦	本学での出来事	主な出来事
一八五三年	嘉永 六 年		ペリーが浦賀に来航
一八五七年	安政 四 年	蕃書調所が開校（一月一八日）	
一八五八年	安政 五 年		日米修好通商条約調印
一八六八年	慶応 四 年 明治 元 年		戊辰戦争（〜一八六九年）
一八七三年	明治 六 年	開成学校より分離し、東京外国語学校として建学。五学科（英・仏・独・露・清語）を設置（一一月四日）	
一八七四年	明治 七 年	英語学科が東京英語学校設置に伴い同校に移行（一二月）	
一八八〇年	明治一三年	朝鮮語学科を設置（三月）	
一八八四年	明治一七年	東京外国語学校に所属高等商業学校を設置（三月）	
一八八五年	明治一八年	仏・独語学科が東京大学予備門に移行（八月） 東京外国語学校と同校所属高等商業学校、および東京商業学校の三校が合併（九月）	

一八八六年	明治一九年	語学部（旧東京外国語学校）が廃止	
一八八九年	明治二二年		大日本帝国憲法発布
一八九四年	明治二七年		日清戦争（〜一八九五年）
一八九六年	明治二九年	第九帝国議会衆議院・貴族院が外国語学校の開設を建議（一月）	
一八九七年	明治三〇年	高等商業学校に附属外国語学校を附設（本学創立、四月二二日）七学科（英・仏・独・露・西・清・韓語）を設置。修業年限三年	
一八九八年	明治三一年		義和団事件（〜一九〇〇年）
一八九九年	明治三二年	高等商業学校附属外国語学校が東京外国語学校と改称、専門学校として独立（本学独立、四月四日）伊語学科を設置	
一九〇〇年	明治三三年	第一回講演会を開催（外語祭の起源、四月）	
一九〇二年	明治三五年	第一回学内競漕大会を開催（秋）	日英同盟
一九〇三年	明治三六年	神田区錦町に移転（一月）	
一九〇四年	明治三七年		日露戦争（〜一九〇五年）
一九一〇年	明治四三年		韓国併合

一九一一年	明治四四年	新たに五学科（蒙古語、暹羅語、馬来語、ヒンドスタニー語、タミル語）を設置（一月） 韓語学科を朝鮮語学科に改称	
一九一三年	大正二年	神田大火災により校舎全焼（二月） 仮校舎を新築し移転（九月） 清語学科を支那語学科に改称	
一九一四年	大正三年		第一次世界大戦（～一九一八年）
一九一六年	大正五年	葡語学科を設置し、一四学科となる（一月）	
一九一七年	大正六年	本校を貿易植民学校へと改称・改組する文部省の意向発表を受け、校友会・同窓会による反対運動開始（校名存続運動の開始、一二月）	
一九一八年	大正七年		シベリア出兵（～一九二二年）
一九一九年	大正八年	修業年限二か年延長を求める運動開始（一月） 各学科の名称を部に改正し、各部に文科、貿易科、拓殖科を設置（九月）	
一九二一年	大正一〇年	麴町区元衛町に移転（四月）	
一九二三年	大正一二年	関東大震災により一部施設を除き校舎全焼（九月）	関東大震災

一九二四年	大正一三年	麹町区竹平町に移転（三月）	
一九二七年	昭和 二 年	朝鮮語部廃止、修業年限を三年から四年に改正（四月）	山東出兵（〜一九二八年）
一九二九年	昭和 四 年		世界恐慌
一九三一年	昭和 六 年		「満洲事変」
一九三七年	昭和一二年		日中戦争（〜一九四五年）
一九三九年	昭和一四年		第二次世界大戦（〜一九四五年）
一九四一年	昭和一六年	暹羅語部を泰語部に改称（五月）	太平洋戦争（〜一九四五年）
一九四三年	昭和一八年		学徒出陣開始
一九四四年	昭和一九年	東京外事専門学校と改称。第一部（支那、蒙古、タイ、マライ、インド、ビルマ、フィリピン、イスパニヤ、ポルトガルの九科）および第二部（ドイツ、フランス、ロシヤ、イタリヤ、英米の五科）を設置。修業年限を四年から三年に改正（四月）	
		滝野川区西ヶ原町に移転	
一九四五年	昭和二〇年	城北大空襲により校舎全焼（四月） 東京美術学校ほかに移転（五月）	ポツダム宣言受諾
一九四六年	昭和二一年	支那科を中国科に、タイ科をシャム科に改正（七月） 板橋区上石神井の借用校舎に移転（八月）	日本国憲法公布

		マライ科をインドネシヤ科に、フイリピン科をフイリッピン科に改称（八月）	
一九四七年	昭和二二年		教育基本法・学校教育法公布
一九四九年	昭和二四年	国立学校設置法の施行により東京外国語大学設置（東京外事専門学校を包括、五月三一日。一九五一年東京外事専門学校廃止）。一二学科（英米、フランス、ドイツ、ロシヤ、イタリヤ、イスパニヤ、ポルトガル、中国、蒙古、インド、インドネシヤ、シャム）を設置。修業年限四年	
		北区西ヶ原町に一部移転	
一九五一年	昭和二六年		サンフランシスコ平和条約・日米安全保障条約調印
一九五四年	昭和二九年	留学生別科を設置（九月、一九六〇年廃止）	
一九五六年	昭和三一年	専攻科を設置（三月）	日ソ共同宣言、日本が国際連合に加盟
一九六〇年	昭和三五年	留学生課程を設置（四月、一九七二年廃止）	
一九六一年	昭和三六年	学科を科に改称。イスパニヤ学科、ポルトガル学科、蒙古学科、インド学科、シャム学科をそれぞれスペイン科、ポルトガル・ブラジル科、モンゴル科、インド・パーキスターン科、タイ科に改称。アラビア科設置（四月）	

一九六四年	昭和三九年	科を語学科に改称。タイ科をインドシナ語学科に改称。アジア・アフリカ言語文化研究所を設置（四月）	東京オリンピック開催
一九六六年	昭和四一年	大学院外国語学研究科修士課程を設置（四月）	
一九六七年	昭和四二年		東南アジア諸国連合（ASEAN）結成
一九六八年	昭和四三年	特設日本語学科を設置（四月） 学園紛争開始（六月）	
一九七〇年	昭和四五年	北区西ヶ原に附属日本語学校を設置（四月）	日本万国博覧会（大阪）開催
一九七二年	昭和四七年		札幌オリンピック開催、沖縄返還、日中国交正常化
一九七三年	昭和四八年		石油危機
一九七七年	昭和五二年	朝鮮語学科を設置。大学院地域研究研究科修士課程を設置（四月）	
一九七九年	昭和五四年		イラン革命
一九八〇年	昭和五五年	ペルシア語学科を設置（四月）	
一九八三年	昭和五八年		「留学生10万人計画」提言

一九八四年	昭和五九年	インドネシア語学科をインドネシア・マレーシア語学科に改称（四月）	
一九八五年	昭和六〇年	特設日本語学科を日本語学科に改組。国際交流会館開設（四月）	
一九八六年	昭和六一年	附属日本語学校地に留学生教育教材開発センターを設置（四月）	
一九八九年	昭和六四年 平成元年		東欧革命
一九九一年	平成　三　年	ロシヤ語学科をロシヤ・東欧語学科に改組（四月）	
一九九二年	平成　四　年	大学院地域文化研究科博士課程（前期・後期）を設置。インドネシア・マレーシア語学科とインドシナ語学科を東南アジア語学科に改組。附属日本語学校と留学生教育教材開発センターを留学生日本語教育センターに改組（四月）	
一九九三年	平成　五　年	アラビア語学科とペルシア語学科を中東語学科に改組（四月）	
一九九五年	平成　七　年	外国語学部を（欧米第一、欧米第二、ロシア・東欧、東アジア、東南アジア、南・西アジア、日本）三大講座（言語・情報、総合文化、地域・国際）に改組（四月）	阪神淡路大震災
一九九八年	平成一〇年		長野オリンピック開催
二〇〇〇年	平成一二年	府中キャンパスに移転（八月）	

二〇〇一年	平成一三年	本郷サテライト開設（五月）	
二〇〇四年	平成一六年	国立大学法人法に基づき国立大学法人東京外国語大学設立（四月）	
二〇〇八年	平成二〇年		リーマンショック
二〇〇九年	平成二一年	大学院総合国際学研究院を設置（五月）	
二〇一〇年	平成二二年	アゴラ・グローバルを開設（六月）	
二〇一一年	平成二三年		東日本大震災
二〇一二年	平成二四年	外国語学部を改編し、言語文化学部、国際社会学部を設置（七月）	
二〇一五年	平成二七年	国際日本学研究院を設置（八月）	
二〇一九年	平成三一年 令和　元年	国際日本学部を設置（九月）	新型コロナウイルス感染症の流行
二〇二一年	令和　三　年		東京オリンピック開催

東京外国語大学文書館

東京外国語大学の歴史に係る資料の収集・整理・保存、調査研究、公開を担う組織。教職員を構成員とする文書館員、文書館運営委員会により運営される。二〇一一年七月「大学文書館設置準備室」が発足。翌二〇一二年四月、東京外国語大学文書館として正式に発足。以降、閲覧体制の構築、附属図書館一階の常設展示の整備、Digital Archiveの設置を進め、二〇一四年度からは世界教養科目「近代日本の中の東京外国語大学」を開講し、本学の歴史を内外に発信。二〇一六年四月には内閣府より国立大学法人で一〇校目となる「国立公文書館等」指定施設として認定される。

https://www.tufs.ac.jp/common/archives/

執筆者

倉方慶明（くらかた・よしあき）

東京外国語大学文書館研究員。大学文書館設置準備室の立ち上げより文書館整備・運営を担う。専門はアーカイブズ学、教育学（教育史）、地域連携。

東京外国語大学150年のあゆみ

二〇二三年一一月四日　初版第一刷発行

編　者　東京外国語大学文書館
発行者　林佳世子
発行所　東京外国語大学出版会
〒一八三―八五三四
東京都府中市朝日町三―一一―一
電　話　〇四二（三三〇）五五五九
FAX　〇四二（三三〇）五一九九
e-mail : tufspub@tufs.ac.jp

装丁・本文組版　安藤剛史
印刷・製本　シナノ印刷株式会社

Printed in Japan　ISBN978-4-910635-05-7